Thomas Kleine-Brockhoff/
Bruno Schirra

Das System Leuna

**Wie Politiker gekauft werden
Warum die Justiz wegschaut**

Rowohlt Taschenbuch Verlag

rororo aktuell

Herausgegeben von Frank Strickstrock

Originalausgabe
Veröffentlicht im Rowohlt Taschenbuch Verlag GmbH,
Reinbek bei Hamburg, Oktober 2001
Copyright © 2001 by Rowohlt Taschenbuch Verlag GmbH,
Reinbek bei Hamburg
Alle Rechte vorbehalten
Redaktion: Martina Bergmann
Umschlaggestaltung Susanne Heeder / Philipp Starke
(Foto: dpa, Deutsche Presse-Agentur, Frankfurt)
Satz aus der Sabon PostScript (PageOne)
Gesamtherstellung Clausen & Bosse, Leck
Printed in Germany
ISBN 3 499 23237 5

Die Schreibweise entspricht den Regeln
der neuen Rechtschreibung.

Inhalt

Einleitung:
Eine ehrenwerte Gesellschaft

Die große Demütigung kommt über den Spenden-Untersuchungsausschuss des Deutschen Bundestages, als am 21. Juni 2001, gegen Mittag, ein feiner Herr in dunkelblauem Tuch den Tagungsort betritt. Beim Friseur war er, Rasierwasser hat er aufgelegt, sein Sakko ziert ein Einstecktuch. So strebt Dieter Holzer dem Zeugenstuhl entgegen. Nun, das hoffen alle im Saal, wird mehr zu erfahren sein über den Korruptionsvorwurf beim Verkauf der ehemaligen DDR-Raffinerie Leuna an Frankreichs staatlichen Ölkonzern Elf Aquitaine. Endlich wird Holzer, der Geschäftsmann und Hauptverdächtige, im Kreuzfeuer der Abgeordneten stehen. Endlich wird niemand ihm mehr Ausflüchte gestatten, jenem Mann, der 50 Millionen Mark «Provision» erhielt und im Verdacht steht, viele davon weitergereicht zu haben an hilfreiche deutsche Politiker und beamtete Lakaien seiner Interessen. Ein paar geschickte Fragen, ein paar unvorsichtige Antworten, ein paar Aktenvorhalte, und vielleicht würde eine Wende erfahren, was seit 1999 unpräzise «CDU-Finanzaffäre» heißt.

Dieter Holzer setzt sich also und rückt seine Breschnew-Brille zurecht. Er nennt Name, Adresse, Geburtsdatum und verkündet dann, er verweigere im Übrigen die Aussage. Entsetzen im Saale. Hatte Holzer seine Vernehmung nicht selbst angeboten? Hatte er nicht alle Verdachtsmomente widerlegen wollen? «Das war», sagt er kühl, «vor eineinhalb Jahren.»

Die Sitzung ist geschlossen, der Zeuge schreitet die Treppenflucht hinunter auf das bunte Knäuel der Mikrophone zu. Jetzt erst gönnt er sich seinen Auftritt. Hier, wo kein Widerspruch droht und schon gar kein Meineid, hier wird der Schweigsame plötzlich redselig: «Es ist kein Geld geflossen, nicht an Amtsträger, nicht an Politiker, an niemand», alles nur «Geschichten aus tausendundeiner Nacht». Allein ein Ziel verfolge der Ausschuss: «Die historische Leistung von Helmut Kohl zu beschmutzen. Und da mache ich nicht mit.»

Als Mitarbeiter des Ausschusses entdecken, wie Holzer sich im Bildkegel der Kameras spreizt, kommt es beinahe zu Handgreiflichkeiten. So empört sind die erniedrigten Aufklärer, dass nur noch der Kordon der Berichterstatter den geschwätzigen Schweiger schützt. «Welche Missachtung des Parlaments!», brüllt ein Abgeordneter. Und ein anderer: «Hier, ja hier können Sie lügen!»

Es ist dies ein symbolischer Moment, in dem sich aufgestaute Frustration aus vielen Monaten mühsamer Arbeit im Ausschuss entlädt: die Bändigung der Aktenberge, die institutionellen Schranken des Gremiums, die Scharmützel der Parteien, die Vertuschungen, und nun dieser Holzer, der die Abgeordneten stehen lässt wie Schulbuben. Dabei ist Holzer nur der dreisteste, nicht aber der erste Zeuge, der dem Ausschuss eine Nase dreht und sich auf das Zeugenrecht der Auskunftsverweigerung beruft. So kommen die Aufklärer nur mühsam voran bei der Beantwortung jener Frage, die ihnen das Parlament aufgegeben hat: zu klären, «inwieweit Spenden, Provisionen, andere finanzielle Zuwendungen oder Vorteile direkt oder indirekt» Entscheidungen der früheren Bundesregierung unter Helmut Kohl «beeinflusst haben».

Trotzdem wird, wenn die Legislaturperiode zu Ende geht, die Arbeit des Gremiums nicht vergeblich gewesen sein. Denn inzwischen gibt es, wie dieses Buch zeigen wird, Hinweise in Hülle und Fülle. Und wird die Wahrheit auch nicht im Untersuchungsausschuss gefunden werden, so wäre doch ohne ihn die Indizienkette nicht so dicht. Mag der Kreis der gleich gesinnten Ehrenmänner Parlament und Öffentlichkeit auch noch so sehr beschweigen, belügen oder verwirren wollen: Langsam wird mehr sichtbar als jene Affäre um die CDU-Parteienfinanzierung, mit der alles begann. Zwei Jahre nach den ersten Hinweisen geht es um große Regierungskriminalität, um den wohl schlimmsten Schmiergeldskandal der deutschen Nachkriegsgeschichte. Ein ganzes System des Gebens und des Nehmens gewinnt Konturen, eine Republik der milden Gaben und der offenen Hände. Waffen-, Flugzeug-, Wohnungs- und Ölgeschäfte sind Anfang der 90er Jahre alle nach demselben Muster abgelaufen: Eine deutsche Regierung begünstigt ein Unternehmen, und wie es der Zufall will, begünstigt das Unternehmen einen Regierungspolitiker oder eine Parteikasse oder beides. Dazwischen stehen Briefkastenfirmen, Stiftungen, Treuhänder, Mittelsleute. Wie gute Bekannte tauchen fast immer dieselben Akteure auf. Mögen Details – also die Namen und die Orte, die Konten und die Geschäfte – zunächst unzusammenhängend erscheinen, so vereinigt sich das komplexe Gebilde am Ende im großen Bogen der einen Affäre.

Manche Summe wechselt in bar den Besitzer und manche als Überweisung; manche heißt «Spende» und manche «Kommission». Beim Auftraggeber werden sie abgebucht als «Sonderausgabe» oder «Lobbying-Maßnahme» oder «Marketing-Aufwendung». Besonders gern bieten sich die Käufer der deutschen Politik den Staatssekretären der jeweiligen Ministerien an, die qua Amt hinreichend einflussreich und gleichzeitig hinreichend unauffällig sind. Unauffällig haben auch die Vermittler dieser Geschäfte zu sein. Denn deren wichtigste Aufgabe ist es, sicherzustellen, dass zwischen Zahlung und politischer Entscheidung niemals ein Zusammenhang erkennbar wird. Sonst würde aus einer «Spende» flugs eine Bestechung. Dass dieses Wort, bewahre, niemand benutzt, darauf achtet diese ehrenwerte Gesellschaft bis heute. Noch immer mit Macht und Einfluss ausgestattet, übt sie Druck aus auf die Politik, auf die Justiz und auch auf die Presse. Alles zusammengenommen, ist das nichts weniger als der Versuch, den Rechtstaat von innen zu zersetzen.

Den ganzen «Ordre Public» sieht Burkhard Hirsch in Gefahr. Entsetzt über das, was er vorfand, zieht der Alt-Liberale nach langen Monaten als Sonderermittler des Bundeskanzleramtes folgendes Fazit: «Es ist eine außerordentliche Nähe entstanden zwischen politischen Entscheidungen und wirtschaftlichen Interessenlagen.» Nur noch eine «osmotisch dünne Wand» trenne beide Sphären voneinander. Demokratie aber braucht Transparenz. Der Wahlbürger muss wissen, wer von wem beeinflusst, gefördert, gesteuert wurde und wird. Dieses Prinzip, sagt Hirsch, «muss eisern durchgehalten werden».

Deshalb wäre am Ende mangelnde Aufklärung schlimmer als die Affäre selbst. Am Willen und an der Fähigkeit zur Selbstreinigung muss sich die Stärke des Rechtsstaates erweisen. Wohl wahr, dass Nepotismus, Unterschlagung, Vermengung von privaten und Amtsgeschäften weltweit und von alters her so verbreitet sind wie die katholische Erbsünde. Hoffnung bietet da, was der französische Philosoph André Glucksmann schreibt: dass die liberale Demokratie sich nicht dadurch auszeichne, dass in ihr keine Verbrechen mehr geschähen; sie sei vielmehr jene Regierungsform, in der die Verbrechen offen zutage lägen.

Dafür muss die dritte Gewalt im Staate sorgen, die Justiz. Sie ist, wie man seit Montesquieu weiß, «in gewisser Hinsicht ein Nichts» und soll ohne Ansehen der Person und von Amts wegen Straftaten verfolgen. Das hat sie in unserem Fall aber nur eine Zeit lang getan. Am Anfang war jene Staatsanwaltschaft in Augsburg, die durch ein paar nachrangig erscheinende Ermittlungen zu Steuerdelikten den Skandal enthüllte. Sie entdeckte, dass der CDU-Schatzmeister auf dem Parkplatz eines Schweizer Einkaufszentrums eine Million Mark in bar erhalten hatte. Sie forschte weiter nach und fand heraus, dass die Million von

10

einem Konto mit Bestechungsgeldern des Rüstungskonzerns Thyssen stammte, dem die CDU-geführte Bundesregierung zuvor einen lukrativen Panzerexport ermöglicht hatte. Ein schöner Beleg für politische Korruption. Allein: Wer von dem Gegengeschäft wusste, wer es – ganz oben – deckte und sich damit strafbar machte, das alles ist bis heute im Dunkeln geblieben.

Denn der Skandal hat einen neuen geboren. Die Justiz setzt seit ihren ersten Erfolgen nicht nach – was für die Demokratie schädlicher ist als der Korruptionsverdacht selbst. Den Strafverfolgern ist es im Inneren der Macht zu heiß geworden. Sie wollen nicht weiter ermitteln oder, schlimmer, sie dürfen es nicht. Politische Aufsichtsbehörden haben, offenkundig von Interessen geleitet, die Ermittlungen behindert. So sind Durchsuchungen und Haftbefehle hintertrieben, Verdächtige gewarnt, Beweisstücke vernichtet, Ermittlungen eingestellt, verlegt, nicht angenommen oder nicht ausgeweitet worden. Dienstreisen sind nicht genehmigt und Ermittler-Stellen gestrichen worden. So abenteuerlich lesen sich die Versäumnisse der deutschen Strafverfolger, dass der Freiburger Politikwissenschaftler Wilhelm Hennis von «Deutschlands untertäniger Justiz» spricht. Für ihn sind damit die «Grundfesten jeder geordneten Staatlichkeit» in Gefahr.

Hennis hat zur Selbsthilfe gegriffen und sich, 77-jährig, quasi an die Spitze einer Bürgerbewegung gegen die Justizträgheit gestellt. Er empört sich über die jahrelange Weigerung der Staatsanwaltschaft Bonn, die Verantwortlichen für die absichtsvolle Beseitigung von drei Gigabyte Daten und Kleinlastern voller Dokumente aus Helmut Kohls Kanzleramt zu ermitteln. Kurz vor dem Regierungswechsel 1998 ist das Gedächtnis der Regierung über Nacht verschwunden – gerade jene Akten, die Auskunft geben können über die verdächtigen Öl-, Wohnungs-, Waffen- und Flugzeuggeschäfte.

Offenkundig handelte es sich um eine amtliche Spurenvernichtung, denn schon der Lateiner weiß: Quod non est in actis, non est in mundo. Was nicht in den Akten ist, ist nicht in der

Welt. Wilhelm Hennis sah einen Fall von «Staatskriminalität» vor sich, der «beispiellos ist in der Geschichte westlicher Verfassungsstaaten». «Wieso», fragte er sich, «gibt es keinen Aufschrei gegen die Absicht der Bonner Staatsanwaltschaft, von einer Klageerhebung abzusehen?» Also legte der Freiburger Emeritus Beschwerde «wegen offenbar mangelhafter Ermittlungen» ein. In einem zornigen Essay in der Wochenzeitung DIE ZEIT (vom 19. April 2001) regte er an, es ihm nachzutun. 11 000 Leser taten das, und die Generalstaatsanwaltschaft musste allein drei Mitarbeiter abstellen, um die Beschwerden zu beantworten. Das scheint nicht ohne Wirkung geblieben zu sein. Jedenfalls hat sich die Bonner Staatsanwaltschaft besonnen und die Ermittlungen einstweilen wieder aufgenommen.

Dieses Buch ist gleichfalls eine Beschwerde. Ein Widerspruch gegen den Versuch, die Fakten der Affäre amtlich nicht zur Kenntnis nehmen und von Konsequenzen gegen Einzelne absehen zu wollen. Es ist entstanden nach 20 Monaten der Recherche, nach ausuferndem Aktenstudium und nach Hunderten von Interviews in Europa und Übersee. Die Autoren, Redakteure der Wochenzeitung DIE ZEIT, haben ihre Zwischenergebnisse dort kontinuierlich im Ressort «Dossier» publiziert. Jetzt liegen die Recherchen im großen Kontext der Affäre vor, gegliedert und auf den neuesten Stand gebracht, dazu eine Auswahl wichtiger Dokumente im Faksimile. Das ganze Ausmaß des Skandals entfaltet sich.

Nicht der gesetzwidrigen Parteienfinanzierung über Auslandskonten, Barspenden und versteckte Stiftungen widmet sich dieser Band, sondern allein der Frage nach der Käuflichkeit der deutschen Politik. Er nimmt deshalb kapitelweise jedes einzelne der verdächtigen Geschäfte unter die Lupe: die Privatisierung der ostdeutschen Leuna-Raffinerie sowie der Eisenbahner-Wohnungen, den Verkauf von Airbus-Jets nach Thailand und Kanada sowie von Spürpanzern nach Saudi-Arabien. Schließlich geht er dem deutschen Watergate nach, dem Einbruch der Regierenden in die Regierungszentrale und der Vernichtung des wichtigsten Beweismaterials zur Aufklärung der Affäre. Jedes Mal werden die Grenzen der Erkenntnisse markiert, damit deutlich wird, wo noch Aufklärung zu leisten ist. Jedes Mal wird beschrieben, was die Justiz getan – und was sie unterlassen hat.

Dieses Buch hat auch Hauptpersonen, zweifelhafte Figuren zumeist. Es sind jene Geschäftevermittler, die sich an die Regierenden heranpirschten und sich ihrer bedienten. Sie heißen Karlheinz Schreiber und Dieter Holzer, auch der Bayern-Spross Max Strauß ist dabei. Die Karriere der willigen Staatssekretäre wird zu verfolgen sein, insbesondere das Wirken des Minister-Vertreters Ludwig-Holger Pfahls (CSU), aber auch seiner beiden Kollegen Agnes Hürland-Büning (CDU) und Manfred Carstens (CDU). Auffällig häufig taucht auch der Name des ehemaligen Kanzleramtschefs auf, des CDU-Politikers Friedrich Bohl.

Die Recherchen sind ein Abenteuer gewesen. Sie haben hineingeführt in eine Welt aus Druck und Angst und Macht. Eine ganze Kaskade klandestiner Treffen war notwendig – im Wald, im Auto, im U-Bahnschacht. Denn Informanten, besonders solche aus Ämtern, haben bis heute Angst vor dem Verdunkler im Kleid des Vorgesetzten. Umso wichtiger ist es, festzuhalten, dass es sie noch immer gibt, jene Staatsdiener, die sich allein der Sauberkeit und der Wahrheit verpflichtet fühlen. Manche sind über Mittelsleute an die Autoren herangetreten, um ihre Identität nicht preiszugeben. Manche haben nur angedeutet, wonach zu suchen und zu fragen wäre. Manchmal lag ein Dokumentenpäckchen ohne Absender im Briefkasten. Ein Bundesverdienstkreuz wird niemand diesen Verteidigern des Rechtsstaates für ihren Ungehorsam anheften – obwohl sie es verdienten.

Die Recherchen und ihre Ergebnisse gefallen offenkundig manchem interessierten Zeitgenossen nicht. Sie haben es die Autoren wissen lassen. Manche windige Gestalt hat Warnungen ausgestoßen, man solle diesem und jenem nicht nachgehen. Bei einem der Autoren wurde eingebrochen und Material durchstöbert. Als das alles nichts half, erhielten die Autoren, stilgerecht, ein Bestechungsangebot.

Der schlaueste Versuch der Einschüchterung stammt aus dem Umfeld des früheren Kanzleramtsministers Friedrich Bohl. Sein damaliger Büroleiter erstattete Anzeige wegen der ZEIT-Berichterstattung über den Aktenklau im Kanzleramt. Die Autoren sollen sich nach Ansicht von Bohls ehemaligem Assistenten strafbar gemacht haben, indem sie einzelne Satzteile aus Protokollen zitierten, die der Sonderermittler Hirsch nach seinen Anhörungen all der ahnungs- und schuldlosen Mitarbeiter des Kanzleramtes schreiben ließ. Der Straftatbestand, Paragraph 353d, dient dem Schutz der Rechtspflege. Er soll etwa die Unvoreingenommenheit von Laienrichtern garantieren, indem Ermittlungsunterlagen nicht in wesentlichen Teilen vor der Hauptverhandlung öffentlich zitiert werden dürfen. Die Staatsanwaltschaft Hamburg hat sich der Sache diensteifrig angenommen. Nach Drucklegung dieses Bandes wird es also zum ersten Verfahren wegen der Staatskriminalität im Kanzleramt kommen – nicht gegen die Verantwortlichen, den ehemaligen Bundeskanzler Helmut Kohl und seinen Hausmeier Friedrich Bohl, sondern gegen jene, die darüber berichten.

Es geht in diesem Verfahren darum, schreibt der Leipziger Publizistik-Professor Michael Haller, ob authentisch berichtet werden darf oder «ob unser Rechtstaat die Grundlagen zerstört, auf denen das ‹Prinzip Öffentlichkeit› basiert». Diesem Prinzip fühlen sich die Autoren verpflichtet. Der Versuch, sie mundtot zu machen, wird scheitern.

I. Das System Leuna

I. «Ein Tatort Bonn ist wenig nahe liegend»

Wie sich deutsche Ermittler jahrelang weigern, der Leuna-Affäre nachzugehen

Was am 2. März 2000 im Bundeskriminalamt aus dem Fax quillt, sieht anfänglich aus wie eine Allerweltsanfrage. Die Kantonalpolizei Genf bittet um Amtshilfe. Sie übersendet Listen mit Namen deutscher Staatsbürger und bittet die Kollegen in Wiesbaden um Personenüberprüfung. Interpol ist eingeschaltet. Alles scheint einfach und rechtlich einwandfrei. Die Beamten machen sich ans Werk.

Plötzlich ein Ukas: Arbeit einstellen! Anweisung der Amtsleitung. Krisensitzungen, Aktennotizen. Dann werden die Genfer Papiere an das Bundesinnenministerium geschickt, ausweislich eines Anschreibens an die «Abteilung Polizei bzw. Abteilung Staatsschutz». Von dort aus wandern sie «z. d. A.», zu den Akten.

Statt die erwünschte Amtshilfe zu leisten, bremst das Berliner Innenministerium eine Ermittlung. Nicht irgendeine Ermittlung, sondern die der Schweizer Strafverfolgungsbehörden zur Aufklärung der so genannten Leuna-Affäre. Und dabei geht es um nichts weniger als die Frage: Sind deutsche Politiker bestochen worden, als Elf Aquitaine, Frankreichs staatlicher Ölkonzern, 1992 die Raffinerie Leuna im Osten Deutschlands übernahm?

Nicht irgendwer steht auf jenen Listen, die vom BKA überprüft werden sollen. Es sind 29 deutsche Politiker, ausgeschiedene Staatssekretäre und Minister, auch ein ehemaliger Ministerpräsident ist dabei, alle Mitglieder der Unionsparteien. Seit Jahren spüren Genfer Untersuchungsrichter dem Fluss der gut 80 Millionen Mark nach, die Elf als «Kommissionen» über Schweizer Konten schleusen ließ. Die Genfer Ermittler haben Bankunterlagen beschlagnahmt und Zeugen befragt, sie haben ein Geflecht aus Firmen und Stiftungen enttarnt, dessen Ziel nur eines gewesen sein dürfte: Geldwäsche. Und sie verfolgen, was sie die «deutsche Spur» der Bestechung nennen – Zahlungen unter dem Codewort «Ostdeutsches Observatorium».

Überprüft werden im März 2000 jene deutschen Politiker, deren Namen sich in beschlagnahmten Kontounterlagen gefunden haben. Es sind Namen, die in Deutschland gerade täglich in der Zeitung stehen, das «Who's who?» der CDU-Finanzaffäre. Aber es tauchen jetzt auch solche Personen auf, die zwar öffentlich bekannt, aber nie öffentlich in Verdacht geraten sind. Nicht alle sollen von Elf Geld erhalten haben, wenn auch alle den Ermittlern mit Zahlungen aufgefallen sind, die – warum auch immer – im vermuteten Geldwäscheimperium ein und aus gingen. Einige Politiker haben verschwiegene Schweizer Konten eingerichtet, teilweise unter Tarnnamen. Sie waren bei der Kontoeröffnung oder bei Barabhebungen so unvorsichtig, sich zeitgleich in Schweizer Hotels einzumieten und sich an der Rezeption unter dem eigenen Namen ins Hotelregister einzutragen. Wer auf dieser Liste steht, hat also nicht bloß Urlaub in der Schweiz gemacht. Andererseits begründet die Liste allein keinen Verdacht der Bestechlichkeit. Die sauberen von den schmutzigen Geldtransfers zu unterscheiden, ist in diesem Moment das Ziel der Schweizer Ermittler. Ein immenser Aufwand. Aber sie wissen: Wer das «Ostdeutsche Observatorium» enttarnen will, muss dem Geld der deutschen Politiker folgen. Deshalb die Bitte um Amtshilfe, deshalb die Genfer Listen für Wiesbaden. Konten lügen nicht.

Doch merkwürdig: Gerade die SPD-Bundesregierung, die von der CDU in der Öffentlichkeit laut Aufklärung verlangt, unterstützt nicht jene, die genau nachschauen wollen. Während sie medienwirksam einen Sonderermittler nach Helmut Kohls verschwundenen Leuna-Akten wühlen lässt, verweigert sie der fleißigen Schweizer Sonderermittlung die Hilfe. Was ist da los? Warum wird mehr Aufklärung verlangt als betrieben? «Von einer Verweigerung der Amtshilfe kann keine Rede sein», wehrt sich das BKA. Man habe noch ein paar Nachfragen in Genf gehabt, denn die Liste sei nicht formgerecht gewesen. Sie habe nicht unterschieden zwischen Verdächtigen, Betroffenen und Zeugen. Das erst einmal herauszufinden, ist freilich der Sinn der Genfer Anfrage. Ein Zirkelschluss ohne Ausweg. Das Innenministerium bezeichnet dieses Kuriosum als «Routinevorgang».

Darin könnte ungewollt eine Wahrheit liegen. Denn dies ist nicht die erste Behinderung der Fahndung und das Innenministerium nicht die einzige Behörde, die behindert. Sichtbar wird der Versuch, die Leuna-Affäre selig, ungeklärt und möglichst für immer ruhen zu lassen. Jahrelang enden die Ermittlungen, bevor sie richtig begonnen haben. Ein Fall von kollektiver Ermittlungsverweigerung hart an der Grenze zur versuchten Strafvereitelung. Ein vehementer Abwehrkampf, der viele, viele Helden hat, alle traurig, zu finden in deutschen Ämtern und den Organen der Rechtspflege.

Besonders die Strafverfolger haben in mühevoller Arbeit einen Schutzwall aus eigenwilligen Interpretationen der Paragraphen um sich herum aufgeschüttet. Mal können sie keinen Anfangsverdacht erkennen, mal keine Zuständigkeit. Wer das anders sieht, erhält eine Dienstanweisung oder zufällig einen Besuch aus politischen Kreisen oder beides. Wenn alle Bemühungen nichts fruchten, wird zwar ein Ermittlungsverfahren eingeleitet, aber eins, das konsequent die brisantesten Fragen ausspart. Nichts decouvriert den Zustand der deutschen Strafverfolgung und ihrer politischen Aufsicht wirkungsvoller als die

19

internen Dokumente, die sie selbst produziert hat. Sie bieten einen außergewöhnlichen Einblick in eine Behördenwelt, in der Lethargie und vorauseilender Gehorsam zu Hause sind.

Längst wäre Stille eingekehrt in der Causa Elf und Friede bei den Verdächtigen, gäbe es Bernard Bertossa nicht. Der Herr ist Generalstaatsanwalt in Genf und bietet den Deutschen seit Jahren seine Ermittlungsschätze an wie sauer Bier. Wer ihn besucht, erlebt inmitten eines gewaltigen Justizpalastes einen Mann, der, wiewohl leisen Wortes und hagerer Gestalt, den Raum ausfüllt. Seit 1997 leitet er das Ermittlungsteam im Betrugs- und Geldwäschefall Elf, und seit seinen ersten Kontaktversuchen 1998 hat er mit den Deutschen immer nur eine Erfahrung gemacht: «Schweigen, nichts als Schweigen, totale Funkstille. Die haben sich einfach tot gestellt.»

Zuerst, 1998, versucht er es auf dem kleinen Dienstweg: Er weist deutsche Staatsanwälte auf die deutsche Spur hin. Nichts geschieht. Sodann beschreitet er den Weg in die Öffentlichkeit. Seither bereichern Bertossas Fahndungsaufforderungen die Pressearchive. Aber deutsche Staatsanwälte, so muss er erfahren, lesen offenbar keine Zeitung. Schließlich wählt Bertossa einen Trick. Ende 1999 bittet er die Staatsanwaltschaft Augsburg um Rechtshilfe. Ein Kuriosum, denn eigentlich braucht er keine Hilfe, er bietet sie an. Um sein Rechtshilfegesuch zu begründen, legt er Akten bei, viele Akten, mehr, als je nötig sein würden. Er will die deutschen Behörden auf dem Umweg über das Hilfeersuchen endlich aufrütteln; sie nötigen, zu lesen, zu staunen, zu prüfen. Im Deckblatt heißt es: «In Anbetracht der Dringlichkeit stelle ich Ihnen dieses Schreiben mit einer Übersetzung in deutscher Sprache per Fernkopierer zu.»

Bertossa nennt erstmals verdächtige «Helfershelfer» beim Namen, sie heißen Walther Leisler Kiep und Friedrich Bohl, Günther Krause und Werner Münch, Holger Pfahls und Agnes Hürland-Büning und Manfred Carstens. Alle bestreiten jeden Vorwurf binnen weniger Tage. Wer diese Spur in Deutschland weiterverfolge, schreibt aber die Genfer Justiz, könne womöglich auf «öffentliche Bestechung» stoßen. Um den Nachweis zu erleichtern, offeriert sie «eine umfangreiche Sammlung von Beweisunterlagen». Doch die deutsche Justiz reagiert nicht, sie nimmt das Angebot nicht an. Sie scheint nicht wissen zu wollen, ob es ein kriminelles Leuna-Geschäft gegeben hat, bei dem mindestens zwei Bundesminister mitwirkten, drei Staatssekretäre, ein Ministerpräsident, ein Landesminister, alle außer Dienst, alle Mitglieder der Unionsparteien.

Als das Schweigen aus Deutschland immer lauter wird, unternimmt Bertossa im März 2000 den nächsten Versuch. Diesmal setzt er auf «polizeiliche Zusammenarbeit» mit dem BKA. Er kann nicht ahnen, dass er – wie beschrieben – vom Staatsschutz ausgebremst werden wird. Das Hineinregieren der Regierung zwingt Bertossa, wieder auf jene Behörde zurückzukommen, die sich rühmt, die unabhängigste der Welt zu sein, die deutsche Staatsanwaltschaft. Er beschließt, seine letzte, seine schärfste Waffe zu ziehen: Er zwingt den Deutschen seine Erkenntnisse auf. Am 14. September 2000 schreibt die Genfer Justiz einen 17-seitigen Brief «an die zuständige deutsche Behörde» (nachzulesen im Anhang dieses Buches). Das ist international einmalig: Spontan und ohne Rechtshilfeverfahren übersendet ein Strafverfolger seine gesamten Ergebnisse ins Ausland – während sein eigenes Verfahren noch läuft. Ein juristischer Frontalangriff. Bertossa ist sich sicher: «Jetzt müssen sie ran.» Im Schreiben heißt es etwas vornehmer: Die Schweizer Untersuchung habe einen Geldfluss offen gelegt, der offenkundig dazu diente, «kriminelle Erträge zu verteilen». Das «sollte die Eröffnung einer Strafuntersuchung in Deutschland begründen».

Bertossa lässt dem Schreiben eine wichtige Unterlage beifügen. Es ist eine Graphik, mindestens einen Quadratmeter groß und deshalb im Jargon der Ermittler «Tapete» genannt. Ein Schaubild, das die Geldflüsse im vermuteten Geldwäscheimperium zeigt, in dem die Leuna-Millionen verschwanden. Vor dem

Betrachter tut sich ein verwirrendes System von Briefkastenfirmen, Offshore-Unternehmen und Stiftungen auf, zwischen denen bis 1999 mehr als 200 Millionen Schweizer Franken hin und her geschoben wurden. Nach Ansicht der Genfer Ermittler eine «unsinnige wirtschaftliche Struktur». Sie sei «mit dem entschlossenen Willen» benutzt worden, «den Lauf der Gelder durch Devisen- und Kassageschäfte zu unterbrechen» – eine gigantische Verdunkelung also. Im Mittelpunkt des Zyklus stehen zwei deutsche Staatsbürger, die «wirtschaftlich Berechtigte» der meisten Firmen sind: Dieter Holzer, Kaufmann, eine schillernde Figur, und Ludwig-Holger Pfahls, früher Staatssekretär auf der Hardthöhe, heute Beschuldigter auf der Flucht.

Die Schlacht gegen die Wahrheitsfindung

Die Genfer kommen immer da nicht weiter, wo «bedeutende Guthaben Richtung deutsche Konten» abfließen. An dieser Stelle müssten die Deutschen übernehmen und recherchieren, nicht nur die Geldwäsche, sondern den «Endverbleib» der Millionen: Banken, Konten, verdächtige «Helfershelfer», das ganze «Ostdeutsche Observatorium» eben. Das Schreiben aus Genf endet deshalb wieder mit dem Angebot, sämtliche Beweismittel zu übergeben, sowie mit dem Satz: «Ich bleibe für eventuelle Ergänzungen zu Ihrer Verfügung.» Aber Bertossa hält sich vergebens bereit. Nichts geschieht, kein Anruf eines deutschen Staatsanwaltes, keine Bitte um Übergabe von Akten, keine Einleitung eines Ermittlungsverfahrens wegen eines Bestechungsdeliktes. Deutschlands Staatsanwälte sind taubstumm geworden. Bertossa ist überzeugt: «In Deutschland wird es niemals ein Leuna-Verfahren geben.»

Was Bertossa als amtliche Verschwörung sehen muss, mit einem mächtigen Strippenzieher im Hintergrund, stellt sich im föderalen Prozess der Bundesrepublik zwar komplizierter dar, aber das Ergebnis ist gleichwohl niederschmetternd. Denn Deutschlands Staatsanwälte lassen sich in drei Gruppen gliedern: die, die nicht wollen, aber müssen; die, die könnten, aber nicht wollen; und schließlich die, die wollen, aber nicht dürfen.

Letztere residieren in Augsburg. Ihren jahrelangen Recherchen verdankt die Öffentlichkeit die Kenntnis über Schwarzgeldkonten und Bargeldkoffer bei der CDU. In Sachen Elf und Leuna ermittelten die Augsburger anfangs nicht. Bis dem Staatsanwalt Winfried Maier Zusammenhänge aufgehen. Dasselbe Personal tritt irgendwie in allen Skandalen gleichzeitig auf, manchmal finden sich dieselben Konten und Zahlungskaskaden. Zufall? Im Sommer 1998 hält Maier dann ein Indiz in Händen. Einer der Verdächtigen aus «seinen» Verfahren, Max Strauß, Sohn des verstorbenen bayerischen Ministerpräsidenten, gerät in den Verdacht der Geldwäsche, später noch einer, Holger Pfahls. Die Geldwaschmaschine ist in beiden Fällen jenes Firmen- und Kontengeflecht, in dem auch die Elf-«Provisionen» verschwanden.

Plötzlich steckt Maier mittendrin im Leuna-Komplex. Er hat Ehrgeiz, will ran an den Fall. Ein förmliches Ermittlungsverfahren muss her. Er geht zu seinem Behördenleiter, und von da an nimmt das Verwaltungsdrama seinen Lauf. Garanten für Recht und Ordnung – erst einer, dann zwei, später mindestens ein Dutzend – verwenden all ihren juristischen Einfallsreichtum darauf, den Fall abzuwimmeln, statt ihn aufzuklären. Augsburgs Behördenchef sagt zunächst, Leuna könne allenfalls «ein Teilaspekt in einem Randbereich unserer Ermittlungen» sein. Alles Weitere muss er mit seinem Vorgesetzten besprechen. Die Dienstfahrt nach München zur Generalstaatsanwaltschaft wird zur Reise ins Verderben.

Ihrer Bestimmung nach sind Staatsanwälte unabhängige «Herren des Verfahrens», so ist es aus der bürgerlichen Revolution von 1848 tradiert. Sie sollen als «Wächter des Gesetzes» Richtern und Polizisten auf die Finger schauen. Zugleich aber sind sie Teil der Exekutive. So kann der Staat notfalls per Weisung seinen Willen durchsetzen, dem Recht Geltung zu verschaffen. Doch aus dem Weisungsrecht der Politik kann kruder Machtwille und Machtmissbrauch erwachsen, wo es um die Aufklärung politischer Skandale geht. Deshalb darf sich über die Antwort nicht wundern, wer bei der bayerischen Justizaufsicht nachfragt, ob Ermittlungen gegen den Sohn des regionalen Übervaters Strauß und dessen früheren Büroleiter Pfahls ausgeweitet werden sollen. Augsburgs Amtsleiter befindet also, das sei nichts für seine Behörde. Außerdem sei sie durch ihre anderen Skandalermittlungen überlastet. Das stimmt und ist doch nur die halbe Wahrheit. Denn allen Bitten um zusätzliches Personal ist die CSU-gesteuerte Justizverwaltung auf ihre Weise nachgekommen: Statt aufzustocken, kürzt sie Stellen. Als das nichts hilft, drängt sie darauf, die Verfahren voneinander zu trennen und zu verteilen – weg aus Augsburg.

Von nun an wird die Ermittlungsarbeit für Staatsanwalt Maier zum Hindernislauf. Nichts geht mehr, nicht einmal einfachste Dinge wie der Erfahrungsaustausch mit den Elf-Ermittlern in Paris. Als Maier einen Dienstreiseantrag stellt, erhält er am 13. Dezember 1999 Nachricht von der Münchener Generalstaatsanwaltschaft: eine Genehmigung könne «derzeit nicht erteilt werden». Erst müsse «die Bundesregierung beteiligt werden». Maier muss seine Pariser Kollegin am Rande einer Tagung treffen, quasi zufällig.

Die Würfel sind gefallen. Ein Problem muss die Augsburger Amtsleitung dennoch lösen: Was tun mit all den Leuna-Akten, die sich, selbst gefertigt oder aus Genf aufgedrängt, angesammelt haben? Wegwerfen geht nicht, denn es handelt sich – ausweislich eines Vermerks aus eigener Herstellung – um einen «eindrucksvollen Überblick» möglicher «Straftaten im Zusammenhang mit der Privatisierung der Leuna-Werke».

Was nun beginnt, ist ein Verwaltungskrieg der bizarren Sorte. Die Frage, wer diesen ungeliebten Fall zu übernehmen hat, bringt sechs deutsche Staatsanwaltschaften gegeneinander auf.

Das ganze erste Halbjahr 2000 streiten sie, jede gegen jede. Ihre Waffe ist das Gerichtsverfassungsgesetz. Es geht um «Tatort-prinzip» oder «Wohnortprinzip». Eine jede Staatsanwaltschaft fühlt sich umstellt von versammelter Inkompetenz. Eine jede fühlt sich im Recht, zuständig ist immer die andere. Jede könnte, keine will. Stufe zwei einer Abwehrschlacht.

So gehen von Augsburg aus die Akten auf die Reise, ihre Odyssee führt sie von Süd nach Nord, nach West, nach Ost. Sie durchmessen die Weiten der Republik, und immer wieder kommen sie, wie magnetisch angezogen, nach Augsburg zurück. Kein Strafverfolger erbarmt sich ihrer. Bis August 2000 werden die Staatsanwaltschaften in Mannheim, Konstanz, Bonn, Berlin, Magdeburg und Saarbrücken abgewinkt haben. Nirgends ein Tatort, nirgends ein Wohnort. Besonders hübsch ist ein Zurück-weisungsschreiben aus Bonn vom 13. April 2000. «Die Ansicht der Staatsanwaltschaft Augsburg geht fehl», schreibt ein Kollege. «Die Staatsanwaltschaft Bonn ist nicht für alle Maßnahmen im Rahmen des Vollzugs politischer Grundentscheidungen in der gesamten Bundesrepublik zuständig.» Und die Beste-chung von Politikern? «Zum einen handelt es sich um reine ‹Spekulation›, die nicht zuständigkeitsbegründend sein kann. Zum anderen ist – einen realen Hintergrund unterstellt – ein Tatort Bonn wenig nahe liegend.»

Die Irrfahrt der Papierkonvolute beschwert im Juni 2000 so-gar die Stimmung der versammelten Generalstaatsanwälte. Die-sem erlauchten Kreis verdankt die Republik eine «Zuständig-keitsvereinbarung». Nun heißt es: Berlin soll prüfen. Das tut Berlin und schreibt am 7. Juli 2000: «Anhaltspunkte dafür, wo – wenn überhaupt – eine Unrechtsvereinbarung geschlossen wor-den ist, sind nicht ersichtlich, sodass sich daraus kein Gerichts-stand Berlin ergeben kann.» Weil also nicht sofort klar ist, wo Deutschlands korrupte Politiker konspiriert haben könnten, kann eine Strafverfolgung gar nicht erst beginnen.

Schließlich prüft, zum dritten Mal binnen zweier Jahre, Saarbrücken. Ganz in der Nähe hatte Dieter Holzer zuletzt seinen deutschen Wohnsitz. Der ganze Widerwille der Strafverfolger entlädt sich nun auf ein Papier, das den Briefkopf der Staatsanwaltschaft trägt: Es sei «nicht einsichtig, warum gerade die Staatsanwaltschaft Saarbrücken dazu berufen sein soll, zu ermitteln. Eine Tatortzuständigkeit ist nicht einmal ansatzweise erkennbar.» Saarbrücken sei «die vierte Staatsanwaltschaft», die das herrenlose Aktenbündel erreicht. Das zeige «offenbar auch nach Ansicht der abgabewilligen Staatsanwaltschaft», dass «Saarbrücken nicht in erster und auch nicht in zweiter Linie» zuständig sei. Über die Verdachtsmomente heißt es: Nichts als «Spekulationen, Vermutungen oder kriminalistische Hypothesen».

Einen ganzen Aktenordner füllt inzwischen das Zuständigkeitsscharmützel. Mancher Schriftsatz ist so dick wie eine ansehnliche Abschlussverfügung. Hätten alle Staatsanwälte so viel Energie auf den Fall wie auf seine Abwehr verwandt, der Casus Leuna wäre wohl kein Rätsel mehr. Mit jedem Blatt, mit jedem Schreiben, das die Justiz in diese Schlacht hinausschickt, wird eine Frage drängender: Warum das alles? Warum so viel Indifferenz und Indolenz? Warum wollen Deutschlands Staatsanwälte lieber kleine Alltagsverbrechen verfolgen als die große Regierungskriminalität?

Antworten, jedenfalls ehrliche, sind schwer zu bekommen, sie drängen sich höchstens auf. Da sind einmal jene Strafverfolger, denen nichts über ihren Beamtenfrieden geht. Ausländische Staatsanwälte denken an Bestechung, ihre deutschen Kollegen an den Feierabend. Dann sind da jene, die sich wegducken und Mut nur bei anderen schätzen. Ihnen ist nicht entgangen, dass eine Pariser Ermittlungsrichterin, seit sie den Fall Elf betreut, mit Morddrohungen und Bodyguards lebt. Auch wissen sie, dass Mannesmut vor Heldenthronen die Karriere im Staatsdienst nicht sonderlich befördert, jedenfalls nicht in Deutschland.

Wahrscheinlich braucht jede Affäre ihren whistleblower,

26

einen mutigen Menschen, der die Sturmglocke läutet, so laut, dass die Republik es nicht überhören kann. Einen, der Zivilcourage besitzt und sich politischem Druck nicht beugt. Einen wie jenen Steuerfahnder im Finanzamt Sankt Augustin, der einst in Steuerpapieren Hinweise auf illegale Parteienfinanzierung fand. Einen, der sich der Aufklärung verschrieb und die erste Parteispendenaffäre Anfang der achtziger Jahre gegen alle Widerstände vorantrieb.

So ähnlich ist im gegenwärtigen Affärenbogen allenfalls die Rolle des Augsburger Ermittlers Winfried Maier. Doch zur Nachahmung lädt sein Berufsweg nicht ein. Trägen, verschüchterten Kollegen kann er kein Vorbild sein. Maier ist nicht mehr auf seinem Posten, so wenig wie damals der Steuerfahnder von Sankt Augustin seine Stelle behielt. Die Justizverwaltung bedeutete Maier, für eine Karriere in der bayerischen Staatsanwaltschaft komme er leider nicht infrage. So ließ er sich zum Richter befördern. Und die bayerische Justizspitze konnte zwei bewährte Schutzschilde gegen allzu scharfe Ermittlungen in Stellung bringen: Jugend und Weiblichkeit. An Maiers Stelle ist zur Aufklärung all der anderen großen Skandale eine Berufsanfängerin getreten, Ende 20, Einserjuristin. Doch Barbara Pöschel verweigert sich den Klischees ihrer Förderer standhaft.

Wer Einzelne nicht verantwortlich machen will, wird ein Strukturproblem anführen. Und das ist der Föderalismus. Strafverfolgung ist überwiegend Ländersache. Während es eine Ermittlung mit vier anderen europäischen Staaten zu koordinieren gilt (Frankreich, Luxemburg, Liechtenstein, Schweiz), verzetteln sich die Deutschen jahrelang im kleinlichen Streit zwischen ihren justiziellen Duodezfürstentümern – eine Schalkenseite der Länderhoheit.

Allerdings hätte der Bund die Möglichkeit, zu koordinieren und ordentlich Druck zu machen. Seit Jahren gibt es einen Leitfaden für «herausragende Fälle länderübergreifender Wirtschaftskriminalität». Er ist wie geschaffen, das Leuna-Gerangel zu beenden; er greift, wenn Erfolge «nur im Wege eines einheitlichen und koordinierten Vorgehens» zu erreichen sind. Ziel ist, schnell ein großes Sammelverfahren einzuleiten. Warum scheint das niemand zu wissen?

Die wichtigste Rolle weist die Richtlinie dem Bundeskriminalamt zu. Das BKA kann die Initiative ergreifen – sogar wenn nur «erste Anhaltspunkte eines regelungsbedürftigen Falles» vorliegen. Jahrelang muss dem BKA das Justizhickhack um Leuna völlig entgangen sein, denn geschehen ist während dieser Zeit auch in Wiesbaden – nichts. Nicht während der Amtszeit Helmut Kohls, nicht während der ersten Amtsjahre Gerhard Schröders. Das BKA spielt den Ball zurück: es sei nicht zuständig.

Dass schließlich doch noch Fahrt in die Sache kommt, ist allein der französischen Justiz zuzuschreiben. Die stellt im August 2000 einen Haftbefehl gegen Dieter Holzer aus, den Herrn des verwirrenden Geldkarussells. Holzer flieht sofort aus Frankreich. Und zwar in seine Heimat – um der Auslieferung zu entgehen. Brav füllt er im Saarland eine Meldekarte aus. Der Verdächtige besitzt nun also einen Wohnort. Damit hat die Staatsanwaltschaft Saarbrücken den schwarzen Dieter gezogen. Sie muss jetzt, obwohl sie nicht will; ein Ermittlungsverfahren ist unvermeidbar und wird eröffnet. Die Leuna-Affäre hat in Deutschland ein Aktenzeichen erhalten. Zufriedenheit breitet sich aus. Die Presse kommentiert freundlich. Jetzt, so scheint es, nimmt die Gerechtigkeit ihren Lauf. Ermittelt wird, amtlich und unvoreingenommen. Wie kompliziert das Verfahren auch immer sein mag, ein schwerer Verdacht gegen deutsche Spitzenpolitiker wird jetzt erhärtet oder zerstreut werden, sodass die Öffentlichkeit am Ende weiß, ob tatsächlich Korruption die Triebkraft ihrer Regierenden war.

O heilige Einfalt! Welch edler Narr, der solches glaubt. Welch grober Fehler, die Staatsanwaltschaft Saarbrücken derart zu unterschätzen. Nein, eine Schlacht hat sie verloren, so glaubt sie, nicht aber den Krieg. Der Kampf geht weiter. Justiz vs. Leuna-Affäre, Stufe drei.

Gegen Dieter Holzer, verdächtig der Geldwäsche, wohnhaft im eigenen Sprengel, will Saarbrücken wohl ermitteln. Nicht aber, so schreibt die Staatsanwaltschaft, wegen «sämtlicher möglichen und denkbaren Straftaten». Da gebe es «keinerlei Bezüge zu Personen und Vorgängen im Saarland». Das vorgeschlagene «Sammelverfahren» wird strikt «abgelehnt». Die Augsburger Kollegen erhalten wieder ein Päckchen: «In der Anlage darf ich Ihre Akten zurückreichen.» Mit brutaler Konsequenz folgt die Staatsanwaltschaft Saarbrücken ihrer Linie. Neuen Erkenntnissen gegenüber zeigt sie sich resistent. Sogar wenn Kollegen ihnen diese Indizien frei Haus liefern. Am 9. März 2001 bietet die Staatsanwaltschaft Düsseldorf Unterlagen aus Durchsuchungen an, «die für Ihre Ermittlungen möglicherweise von Bedeutung sein könnten». Nichts geschieht. Düsseldorf hakt nach. Schließlich ein Dreizeiler: kein Interesse.

Die Saarbrücker entwickeln ein ausgefeiltes Instrumentarium, um sich gegen die Ausweitung ihrer Ermittlungen zu panzern. Am 23. Oktober 2000 erhalten sie wieder so ein bedrohliches Schreiben aus Augsburg. Was folgt, ist wahrscheinlich der krasseste Fall von Verweigerung in diesem Ermittlungsskandal. Die Augsburger übersenden die «Tapete», jene Fleißarbeit aus Genf, die den Fluss der Elf-Millionen transparent macht und die Anleitung zur Aufklärung der Leuna-Affäre in Deutschland sein könnte. Die Genfer Ermittler schlügen vor, so heißt es, «zur Erlangung der Kontounterlagen ein Rechtshilfeersuchen an die Schweiz zu richten». Immer wieder hätten die Genfer in Augsburg angerufen und «um Absprache gebeten». Saarbrücken interessiert sich aber nur für Dieter Holzer und nur für einen «geringen Bruchteil» der Geldflüsse, nämlich jene, die «auf ein deutsches Konto des Geschäftsmannes Dieter Holzer im Saarland erfolgt sein könnten». Mit anderen Worten: Saarbrückens Ermittler wären nur dann aus ihrer Dienstruhe zu reißen, wenn eine Millionenbestechung deutscher Politiker gerade eben bei einer saarländischen Kreissparkasse verbucht worden wäre. Also antworten die Saarbrücker, man ahnt es schon, «keine Zuständigkeit», weshalb der Oberstaatsanwalt «die Originalvorgänge nunmehr zu meiner Entlastung» zurücksendet. So geht die «Tapete», die Rekonstruktion der Leuna-Geldflüsse, noch immer in keine deutsche Ermittlungsakte ein.

Die Saarbrücker glauben, es könne ohnehin niemand mehr wegen des Verdachts der Bestechlichkeit ermitteln. Anders als bei der Geldwäsche tritt hier nämlich nach fünf Jahren Verjährung ein. Und die Leuna-Privatisierung liegt acht Jahre zurück. Seine «wirtschaftskriminalistische Erfahrung» sagt dem ermittelnden Staatsanwalt Raimund Weyand, dass «Bestechungsgelder regelmäßig gleich bezahlt werden». Deshalb komme eine Ermittlung wegen des Verdachts der Bestechlichkeit einer «Verfolgung Unschuldiger» gleich. Ein apartes Argument. So lange haben die Staatsanwälte der Ermittlung aufrecht widerstanden, bis sie endlich ihre Verjährung diskutieren können. Aber: Können sie wirklich? Die Geldströme auf der «Tapete» enden erst 1999. Wer wann wie viel bekommen hat, wäre erst einmal herauszufinden. Deshalb schreibt die Staatsanwaltschaft Augsburg den Saarbrücker Kollegen, es könne «nicht automatisch davon ausgegangen werden, mögliche Straftaten» seien bereits verjährt. Was als Respekt vor den Prinzipien des Rechtsstaates daherkommt, erweist sich, genau besehen, als neuerliche Camouflage für den Unwillen zur Ermittlung.

Ein Abgrund an Berufsverrat tut sich auf. Deutschen Staatsanwälten ist offenbar die Grundlage ihrer Arbeit entfallen, das «Legalitätsprinzip». Es verpflichtet sie, «wegen aller verfolgbaren Straftaten einzuschreiten». Mit jedem Tag ohne Ermittlungen wird es fraglicher, ob das Geheimnis von Leuna je gelüftet werden wird. Eine eigentümliche Allianz aus Gegenaufklärern ist entstanden. Verbunden haben sich Kräfte der Trägheit und des Willens, der Justiz und der Politik. Und als sei das nicht genug, gesellen sich dieser Mesalliance auch noch Kräfte der berufsmäßigen Verdunkelung bei. Wer nachfragt, stößt immer wieder auf eine weitere staatliche Institution, die ihre Finger im Spiel hat – die Geheimdienste. Sie tauchen auf, als das Leuna-Geschäft verabredet wird. Einer ist – merkwürdig – wieder da, als die Republik die Affäre gewahr wird. Ein Kreis schließt sich. Die Schlacht gegen die Wahrheitsfindung, Stufe vier.

«Quellenschutz für Herrn Holzer! Nicht zu den Akten!»

Jahrelang war nur bekannt, dass während des Leuna-Geschäfts ein paar ehemalige Geheimdienstler zu den Verhandlungsführern der Firma Elf zählten. In Wahrheit war das jedoch kein zufälliges Treffen alter Kameraden. Anbahnung und Abwicklung der «Provisionszahlungen» waren offenbar eine Operation des französischen Auslandsgeheimdienstes DGSE (Direction Générale de la Sécurité Extérieure). Das hat Folgen, es erklärt zum Beispiel den Grauschleier, der über dem Leuna-Skandal liegt.

Schon der erste Präsident des Staatskonzerns Elf, eingesetzt von Charles de Gaulle, war ein Mann des Geheimdienstes. Bald gibt es innerhalb von Elf eine ganze Betriebsgruppe der DGSE und außerhalb eine weitere, die sie führt. Der Ölkonzern Elf betreibt für die französische Regierung eine Art Nebenaußenpolitik, besonders in Afrika. Die Konzern-Schlapphüte halten den Kontakt zur Regierung und sind dazu da, in exotischen Ländern exotische Mittel zu benutzen.

Es ist also kein Zufall, dass 1992 zum Leuna-Verhandlungsteam fünf Geheimdienstler gehören. Sie heißen Hubert Le Blanc Bellevaux, Alain Guillon, Alfred Sirven, André Guelfi und, der Wichtigste, Pierre Lethier, Oberst im Nachrichtendienst. Als er am 2. August 2000 in Paris zum Thema Leuna vernommen wird, redet er auch über seine Rolle in der DGSE. Einen «Sonderstatus» für «französische Nachrichtenbeamte» habe er gehabt. Ziel sei es gewesen, «französische Beamte in das Weltwirtschaftsnetz einzuschleusen». Lethier berät in diesen Jahren Elf und berichtet zugleich dem Geheimdienst. Mitten in der Leuna-Phase wird er, nach eigener Aussage, im Geheimdienst sogar befördert.

Pierre Lethier ist jener Mann, der persönlich die 256 Millionen Franc an «Provisionen» erhält. Sein Partner auf deutscher Seite ist der Elf-Berater Dieter Holzer, mit dem er das Geld geteilt haben will. Nur zur eigenen Verwendung, wie beide behaupten. Und beide können sich nicht erklären, warum die Millionen später in jenem Geldkarussell kreisen, das die «Tapete» zeigt.

Dieter Holzer hat ebenfalls Kontakte zum Geheimdienst. «Baumholder» ist sein Deckname beim Bundesnachrichtendienst BND. Der sagt, Holzer sei ein Informant gewesen, aber nur bis Ende der achtziger Jahre. Tatsächlich wird er aber nicht «abgeschaltet», und er ähnelt mehr dem großen Spion aus dem Fernsehen als dem kleinen Zuträger. In Wahrheit ist Dieter Holzer mehreren deutschen Regierungen in heiklen Momenten als Geheimer zu Diensten. Zuerst einer SPD-Regierung, als er 1977 bei der Geiselbefreiung von Mogadischu auf dem Rollfeld gestanden haben soll. Dann einer CDU-Regierung, als er 1987 bei der Befreiung der entführten Geschäftsleute Rudolf Cordes und Alfred Schmidt aus dem Libanon geholfen haben soll.

Vor diesem Hintergrund wird manches altbekannte Detail aus dem Elf-Sumpf neu zu bewerten sein. Etwa jenes Leuna-Schriftstück aus dem Bundeskanzleramt, auf dem 1993 handschriftlich vermerkt wird: «Quellenschutz für Herrn Holzer! Nicht in die Akten!» Oder die düstere Geschichte vom Einbruch bei der Pariser Finanzpolizei, wo 1997 die Akten zur «deutschen Spur» der Leuna-Affäre gestohlen werden und der BND am nächsten Morgen erklärt, er sei es nicht gewesen. Was freilich zu diesem Zeitpunkt noch niemand behauptet hatte.

Neue Fragen stellen sich: Was haben Geheimdienste in einem Raffineriegeschäft zu suchen? Hatte die französische Auslandsspionage im BND einen gleichberechtigten Partner? Wenn ja, warum? Die Motive liegen bis heute völlig im Dunkeln. Die Bundesregierung könnte gewiss, wenn sie wollte, einiges zur Aufklärung beitragen. Der BND dementiert bis heute jede Verwicklung. Ausländischen Ermittlern erklärt die Schlapphut-Versammlung im Fall Leuna wenigstens eines: die enorme Verschachtelung des Geldwäschezyklus, die für rein private Bereicherung viel zu aufwendig gewesen wäre. Wer all diesen Fragen heute nachgeht, trifft sofort wieder auf den Geheimdienst.

Berlin, Karl-Liebknecht-Straße 33, ein Plattenbau am Alexanderplatz. Dort residieren Dillers Detektive, die Leuna-Sonderermittler des Finanzstaatssekretärs Karl Diller (SPD). Dort haben sie klandestin gewerkelt, an der Aufklärung, wie es heißt, bis ein Bericht der ZEIT diese so genannte Arbeitsgruppe Koordinierte Ermittlungen (AKE) im Frühjahr 2001 öffentlich machte. Wer die Diensträume betritt, erster Stock, erstes Zimmer rechts, Büro des Leiters, sieht sofort den Geschäftsverteilungsplan des Bundesnachrichtendienstes an der Wand.

Seit die Geheimtruppe der SPD-Regierung bekannt ist, sind viele Fragen über Aufgabe und Kontrolle der Rechercheure gestellt, aber nur ausweichend beantwortet worden. Vielleicht wäre manche Auskunft über die mysteriöse Truppe in Pullach zu erhalten. Denn wie Recherchen zeigen, kommt Dillers wichtigster Detektiv aus dem BND: der Leiter der Gruppe. Dazu befragt, zeigt Herr Diller sich resolut: «Keine Kontakte zwischen AKE und BND.» Und: «Der Leiter der AKE ist beurlaubter Beamter des Finanzministeriums eines Landes.» Der BND gibt sich da offener und schreibt: Er sei «erstmals 1997» um Amtshilfe gebeten worden. Der Leiter der AKE «schied Ende '92 aus dem BND aus». Als gäbe es nicht schon ausreichend offene Fragen über das «Ostdeutsche Observatorium», stellen sich nun neue: Was haben Leute aus dem Auslandsgeheimdienst mit der Aufklärung einer inländischen Affäre zu tun? Wie sollen Herren aus dem BND einen Skandal erhellen, an dem der BND offenkundig beteiligt war?

Leuna ist, wohin man blickt, ein gewaltiger Ermittlungsskandal. Ein übles Gemenge aus Unwillen und Angst, aus Druck und Gehorsam. Wo so viel Verschleierung ist, so viel Desinformation, lässt sich über Motive nur spekulieren. Drei Theorien bieten sich an:

Die amüsanteste stammt von Dieter Holzer selbst. Er sagt wenige Wochen bevor er im August 2001 während eines Urlaubs in Österreich festgesetzt wird: «Die Leuna-Affäre gibt es nicht.» Das Geld habe er für sich behalten, niemand sei bestochen worden. Was für Verschleierung gehalten wird, ist demnach nur Hysterie, und jede Kritik an Politik und Justiz führt in die Irre. Diesem Märchen ist die Genfer Ermittlung entgegenzuhalten.

Die zweite Theorie ist mehr von dieser Welt. Sie handelt von Interessen. Von interessierten Menschen im Kanzleramt Helmut Kohls, die Leuna-Akten verschwinden ließen. Und von interessierten Menschen in der CSU-Metropole München, die in Augsburg nicht zu scharf gegen Verdächtige aus der Union ermittelt sehen wollten. Doch die Theorie hat eine Schwäche. Sie vermag nicht zu erklären, warum eine SPD-Bundesregierung den Schleier vor dem Skandal ihrer Vorgänger nicht entschlossen wegzureißen hilft. Dazu ist in Berlin nur Raunen zu hören. Von der «Staatsräson» ist die Rede. Von «übergeordneten Interessen». Womöglich wäre die Erschütterung zu groß. Mag sein. Doch für wen?

Die dritte Hypothese handelt erst recht von Interessen. Nämlich solchen, die Rote und Schwarze verbinden, und ist deshalb noch mehr von dieser Welt. Aber auch diese These beruht auf einem Fragezeichen: Was hätte die SPD zu verbergen? Am 21. Juni 2001 trat ein Herr vor den Berliner Untersuchungsausschuss. Er heißt Hans Friderichs, war früher FDP-Wirtschaftsminister, später Berater von Elf. Er versuchte, der Raffinerie Leuna lästige Konkurrenz in Gestalt einer Ölpipeline aus Wilhelmshaven vom Hals zu halten. So traf er einen Herrn, den es zu überzeugen galt, diese Pläne zu verhindern. Das Pipelineprojekt starb. Der Mann, den Friderichs traf, war der damalige Ministerpräsident von Niedersachsen, Gerhard Schröder. Durch sein Gebiet sollte die Pipeline führen, sein Land hätte profitiert. Warum hat Schröder den Bau der Pipeline nicht gefördert? Könnte Bestechung im Spiel gewesen sein, argwöhnt nun die CDU, wiewohl es das damals CDU-regierte Sachsen-Anhalt gewesen sein soll, das die Pipeline zu Fall brachte. Fürchtet Schröder also das Ergebnis einer Ermittlung oder mehr eine Kampagne der CDU im Wahljahr 2002?

Die Schweizer Justiz hat jedenfalls im Frühjahr 2001 alle Hoffnung auf die Deutschen fahren lassen. Am 31. Mai 2001 übersendet Generalstaatsanwalt Bertossa sämtliche Schweizer Ermittlungsunterlagen zur «deutschen Spur» über das Berner Justizministerium nach Deutschland. Der Fall ist für ihn erledigt, er gibt ihn ab. Seine Ermittlungskompetenz gegenüber deutschen Staatsbürgern «delegiert» er an die deutschen Behörden. Mögen die tun, was sie wollen. Hineinblicken in den Kosmos des «Ostdeutschen Observatoriums» – oder es bleiben lassen.

Wieder sagt Bertossa, was er für nötig hält: «Die Bürger Ihres Landes haben das Recht zu erfahren, warum und wie bei der Leuna-Privatisierung Geld veruntreut wurde. Und wer davon profitiert hat. Diesen Teil der Wahrheit kann nur die deutsche Justiz ans Licht fördern. Andernfalls bliebe nur der Schluss, dass gewisse Delikte wie Korruption in Deutschland nicht verfolgt werden. Dann muss man sie auch konsequent aus dem Strafgesetzbuch streichen.»

Bertossa adressiert seinen Brief nicht an die deutsche Justiz. Von dort hat er ja nie Antwort erhalten. Er schickt ihn nach ganz oben, an die Bundesjustizministerin. Sechs Wochen später bestätigt das Ministerium den Eingang des Briefes. Dann geschieht etwas Sensationelles: Nach vierjähriger Kontaktanbahnung erhält Bernard Bertossa schließlich im Juli 2001 eine Antwort aus Deutschland. Der Genfer Generalstaatsanwalt hat einen Briefpartner gefunden. Sogar eine Art Interesse ist dem Schreiben des Justizministeriums zu entnehmen. Bertossa, heißt es, möge seine Akten nach Karlsruhe zum Generalbundesanwalt «übermitteln, damit dieser seine Zuständigkeit prüft». Ein Wunder ist geschehen. Eine deutsche Strafverfolgungsbehörde hat sich gefunden. Sie ermittelt zwar noch nicht, aber sie prüft immerhin, ob sie es darf.

Die Nachricht ist eine Sensation im Land. Der Berliner Untersuchungsausschuss erhofft sich nun «einen Panthersprung» bei seinen Ermittlungen. Die Erwartungshaltung wächst ins Phantastische. Alle wollen nur noch eins: die Namen von Deutschlands korrupten Politikern – als stünde in den Genfer Akten, was die deutschen Ermittler erst noch herausfinden müssen; als wären die Konten des «Ostdeutschen Observatoriums» schon geöffnet. In Ermangelung von Namen muss die Ermittlungsliste der Genfer Kantonalpolizei vom März 2000 als Ersatz herhalten und wird undifferenziert veröffentlicht. Der frühere CDU-Vorsitzende Wolfgang Schäuble, dessen Name auf der Liste steht, reagiert auf seine Weise: Er will aus Protest fortan die Schweiz boykottieren, was Beruhigungsversuche der Schweizer Bundesregierung auslöst.

Eine Art Leuna-Sommergrippe breitet sich aus. Als die Akten am 20. Juli 2001 im Kleinlaster nach Karlsruhe geschickt werden, berichtet das Radio stündlich über den jeweiligen Standort – als wäre ein Castor-Transport auf dem Weg ins atomare Endlager. In dieser fiebrigen Atmosphäre einer nationalen Verbrecherjagd ist es eine heilsame Erinnerung an die Jahre der Ermittlungsverweigerung, dass auch die Gegenaufklärer nicht verstummen. So gibt Manfred Weiß, Bayerns CSU-Justizminister, sein Verständnis vom Rechtsstaat zu Protokoll: «Für die Durchführung eines Tribunals zur Aufarbeitung vermeintlicher politischer Skandale ohne konkreten Anfangsverdacht sind die Staatsanwaltschaften nicht da.»

Kay Nehm, der Generalbundesanwalt, äußert sich nur anfänglich anders. Er sagt, während die Akten auf dem Weg nach Karlsruhe sind, die deutsche Justiz müsse im Fall Leuna handeln. Es sei schon «genug Porzellan zerschlagen» worden. Das klingt wie eine Festlegung, ist aber keine. Kurz danach wiegelt Nehm plötzlich nur noch ab: Man solle nicht zu große Hoffnungen auf die Genfer Akten richten, sagt er Anfang September 2001 während einer Feierstunde in Naumburg. Nach «erster Durchsicht» der Genfer Dokumente sehe er keinen Anlass für «zentrale Ermittlungen» seiner Behörde. Freilich waren eigenständige Ermittlungen der Karlsruher von Anfang an unwahrscheinlich, denn der Generalbundesanwalt darf nach dem Wortlaut des Gesetzes nur dann handeln, wenn es um Staatsschutzdelikte oder um «internationale organisierte Kriminalität» geht. Allerdings muss die Bundesanwaltschaft Verdachtsmomente auf andere Straftaten auch nicht ignorieren. Sie kann festlegen, wer für die Strafverfolgung zuständig ist. Das wäre viel wert angesichts der Verweigerungshaltung deutscher Staatsanwaltschaften. Doch auch dazu äußert sich Kay Nehm im September 2001 skeptisch. Provisionen bei derlei Geschäften seien ganz normal, der Verdacht auf Bestechung deutscher Politiker ergebe sich zunächst nicht. Das alles gibt er der *Mitteldeutschen Zeitung* zu Protokoll – und dementiert es am folgenden Tag wieder. Seine Mitteilung war wahrscheinlich korrekt, aber verfrüht.

Damit wird klar: Bis die allerletzte Verjährungsfrist verstrichen ist, dürfte keine einzige Staatsanwaltschaft den Erkenntnissen aus Frankreich, Liechtenstein, Luxemburg und der Schweiz auf deutschem Boden nachgegangen sein.

«Vorname: Agnes»

Im Wortlaut: Aus den Pariser Vernehmungsprotokollen ehemaliger Elf-Aquitaine-Manager

Die Pariser Justiz ermittelt seit Jahren gegen Mitarbeiter und Beauftragte des Ölkonzerns Elf Aquitaine. Sie werden vor allem des Betrugs, der Urkundenfälschung und der Geldwäsche verdächtigt. Am 8. Juni 2000 wurde der frühere Elf-Manager Alain Guillon über den Verdacht befragt, Bestechungsgelder seien an deutsche Politiker geflossen. Auszüge aus den Vernehmungen:

Untersuchungsrichter Van Ruymbeke: Zielte [das «Lobbying» mit Provisionen von 256 Millionen Franc, d. Verf.] auf deutsche Staatsbehörden ab?

Guillon: Aus dieser Zeit habe ich im Gedächtnis, dass diese «Sonder»gelder einem breiten Multizielprogramm galten. Das hat mich nicht überrascht. Ich hätte nicht gedacht, dass es sich an eine einzige Person oder eine einzige Organisation richten konnte. Wir hatten nämlich mehrere Dutzend Probleme jeder Art zu lösen, sowohl in Berlin, dem Sitz der Treuhand, wie auch bei den Verwaltungsbehörden der Länder des Ostens oder in der Bundesrepublik. Es ging ganz klar nicht um eine staatliche zentralisierte Behörde in Deutschland, im Gegenteil, ich hatte das Gefühl, dass der Entscheidungsprozess leider sehr dezentralisiert ablief.

Richter: Hat [der Konzernbevollmächtigte] Leblanc Belle-
vaux vor Ihnen von einer deutschen politischen Finanzie-
rung gesprochen?

Guillon: Ja und nein. Wenn es zum Beispiel darum geht,
die Kasse irgendeiner (...) politischen Partei zu versorgen,
ist die Antwort nein. (...) Unsere Hauptgesprächspartner
waren politische Behörden oder ihr direkter behördlicher
Bevollmächtigter. (...) Das Lobbying hatte eindeutig eine
politische Konnotation.

Richter: Welche politischen Hindernisse mussten Sie beseiti-
gen?

Guillon: Es ging darum, die Hindernisse, die durch unsere Konkurrenten oder Gegner errichtet werden konnten
und errichtet waren, auf wirkungsvolle Weise zu blockie-
ren.

■

Am 22. Februar 2000 wurde Jean-Claude Vauchez vernommen, der bei Elf eine Abteilung leitete, die so genannte
Dienstleistungen aller Art erledigte, unter anderem Günst-
lingen, so genannten Mandataren, Gehälter zahlte.

Vauchez: Ich bin heute innerlich sehr aufgerührt, wenn
ich hier vor Ihnen erscheine, denn mir ist klar geworden,
dass ich, gegen meinen Willen, ein Werkzeug im Dienst
besonderer Interessen war, die ich nicht kontrollieren
konnte. (...) Ich komme aus einer Familie, in der die
Wörter «Ehre» und «Pflicht» einen Sinn haben.

Untersuchungsrichterin Joly: Erfolgte die Vergütung der
«Mandatare» auch über andere Vertragsformen [als den Ar-
beitsvertrag]?

Vauchez: Ja. Es gab auch die Form von Dienstleistungs-
verträgen, ja sogar als «Spot»-Vergütung, Beträge, die

auf Anforderung der Konzernpräsidentschaft von Elf
Aquitaine an eine Gesellschaft mit dem Namen Sissi ab-
geführt wurden, welcher Frau Edith Cresson, zum Beispiel, vorstand.

*Richterin: Wie viel haben Sie an die Gesellschaft Sissi ge-
zahlt?*

Vauchez: Etwa drei Millionen Franc.

Richterin: Welchen Gegenstand hatte der Vertrag?

Vauchez: Das war zum Zeitpunkt des Leuna-Geschäfts.
(...) Die Gesellschaft Sissi war beauftragt, die wirtschaftliche Entwicklung in Ostdeutschland zu verfolgen.

*Richterin: Waren Sie veranlasst, ausländische Politiker zu fi-
nanzieren?*

Vauchez: Ja, zum Zeitpunkt des Leuna-Geschäftes haben
wir «Spot»-Zahlungen zugunsten deutscher Persönlichkeiten geschaffen, deren Namen ich leider vergessen
habe. Ich erinnere mich an einen Vornamen: Agnes.

Richterin: Wie viel zahlten Sie ihnen im «Spot»-Verfahren?

Vauchez: Etwa in der Größenordnung von 500 000
Schweizer Franken pro Zahlung. Die Anzahl der Empfänger war sehr beschränkt, soweit ich mich erinnere. Vielleicht drei oder vier.

■

Am 2. August 2000 wurde André Tarallo vernommen, Ma-
nager bei Elf, der aktiv bei den Leuna-Verhandlungen beteiligt war.

*Richter Van Ruymbeke: Wer hat die Initiative für die Zah-
lung dieser Provision [von 256 Millionen Franc, d. Verf.] er-
griffen?*

Tarallo: Meiner Kenntnis nach war es [der Generalbevoll-
mächtigte] Le Blanc Bellevaux. (...) [Elf-Direktor] Sir-

ven (…) hat mir gesagt, dass sich die Provision aus den Ansprüchen der deutschen politischen Behörden ergab.

Richter: Welchen?

Tarallo: Herr Sirven hat mir gesagt, dass ich große Gefahr gelaufen wäre, wenn mir die Identität der fraglichen Personen bekannt gewesen wäre. Soweit ich verstanden habe, kamen die Ansprüche von der CDU.

2. Ein raffiniertes Geschäft

**Wie der französische Ölkonzern Elf beim Kauf
der Leuna-Werke in Politiker und andere
Lobbyisten investiert**

Und plötzlich sagt Loïk Le Floch-Prigent dies: «Leuna haben
wir bekommen. Die Art und Weise, mit der meine Mitarbeiter
das Lobbying betrieben haben, war sehr erfolgreich. Mein
oberstes Prinzip war immer: Wirkungsgrad! Ich gebe Geld, und
das hat Wirkung.»

Wie bitte? Hat der ehemalige Vorstandsvorsitzende von Elf in
diesem Moment tatsächlich zugegeben, dass er seine Untergebe-
nen anwies zu schmieren, um die Raffinerie Leuna kaufen zu
können? Anzusehen ist Le Floch nichts, absolut nichts. Er wirkt
unbewegt, fast stoisch. Was er mitteilt, ist kein Bekenntnis, her-
ausgepresst im Zustand großer innerer Erregung. Eher eine
nüchterne Feststellung, beinahe die natürlichste Sache von der
Welt. «Wissen Sie», sagt er, «ich werde zum schwarzen Schaf
für etwas gestempelt, was der Konzern seit dreißig Jahren
machte.»

Loïk Le Floch-Prigent ist tief gefallen. Noch Anfang der 90er
Jahre war er einer der Großen im Land, als Chef des staatlichen
Ölkonzerns eine Art Neben-Außenminister mit ständigem Zu-
gang zum französischen Präsidenten. Er residierte im Penthouse-
Geschoss des Elf-Gebäudes und zog mit Blick über die Dächer
von Paris die Fäden. Im Sommer des Jahres 2001 ist er in den

1. Stock herabgesunken, nicht im Elf-Tower, sondern in einer schäbigen Bürohaus-Kaserne im 17. Arrondissement. «International Adviser» nennt er sich, aber wer sich von ihm beraten lässt, ist nicht zu erfahren. Jedenfalls haust er in einem winzigen Büro mit einem Referenten und einem Sekretär, der Putz bröckelt von der Wand, die Tapete rollt sich von selbst ab. Sein Anzug ist von der Stange.

Zu dreieinhalb Jahren Haft wegen Untreue verurteilte ihn ein Pariser Gericht Anfang Juni 2001 – ohne Bewährung. Danach hat Le Floch begonnen, die Berufungsverhandlung vorzubereiten, und deshalb wird er gesprächig. Nicht länger will er allein der Buhmann der Grande Nation sein. So redet er nach all den Jahren des Schweigens ganz offen über jenes System, in dem er seine Rolle spielte. Ein System, das in die «Formulare für die Unternehmensbesteuerung eigens die Begriffe Bakschisch und Schmiergeld» aufnahm. Im ölreichen Afrika, erzählt Le Floch, konnte man das problemlos ausprobieren. So mancher Beamter kam «in den Genuss von Beträgen», als «Gehälter deklariert». Der «war dann eben Angestellter». Sogar einen Begriff hatten sie bei Elf dafür: «Afrikanische Methoden». Sehr erfolgreich war das. Guter Wirkungsgrad.

Und dann leitet Le Floch ganz zwanglos über auf jenes Thema, das ihm in Deutschland zu Berühmtheit verholfen hat: Leuna. Le Floch entwirft ein öl-politisches Panorama der Wendezeit. Von einem «Kartell» spricht er, das alle Entscheidungen über Erdöl traf: «Die großen angelsächsischen Konzerne hatten zusammen mit Veba und RWE Deutschland kolonisiert. Die Franzosen sollten da nicht rein.» Aus Le Floch spricht der in Frankreich verbreitete anti-amerikanische Reflex, ein tief sitzender Minderwertigkeitskomplex.

Und gerade Loïk Le Floch reagiert äußerst sensibel auf Herabsetzungen aller Art. Wie hat er sich in seinem Leben emporarbeiten müssen! Ausgegrenzt, ja verachtet haben sie ihn anfangs in den elitären Zirkeln der Hauptstadt, weil er in seiner

Jugend immer die falschen Schulen besucht hatte und weil er aussieht wie der Bretone vom Lande, der er tatsächlich ist. Mit seinem weichen, kreisrunden Gesicht, dem Vollbart und der Pfeife erkannte die feine Pariser Gesellschaft in ihm den bretonischen Fischer und nicht den Wirtschaftskapitän. Deshalb empfindet er Widerwillen und Trotz, als er auch in Deutschland erst einmal abgewiesen wird. «Wie eine kleine Stechmücke», sagt er, «haben die mich behandelt.» Also nimmt er sich vor, es den Deutschen zu zeigen – ganz wie damals den Hochnäsigen in Paris.

Erste Chance: Schwedt, eine moderne Raffinerie in der ehemaligen DDR. Die steht 1991 zum Verkauf. «Man sagte uns: Das geht klar», erinnert sich Le Floch. «Wenden Sie sich an die Treuhand.» Elf fühlt sich schon als Sieger. Le Floch hat gehört, Deutschland sei «ein Land, wo Ethik auch in der Wirtschaft groß geschrieben» wird, und wartet «in aller Ruhe auf die Entscheidung zu unseren Gunsten». Dann die Überraschung: Ein anderes Konsortium erhält den Zuschlag. Der Elf-Chef ist geschlagen. Er erinnert sich an jenen Moment, als er, umringt von seinen Managern, einen folgenreichen Satz hört: «Monsieur Le Floch, Sie sind bisher davon ausgegangen, dass afrikanische Methoden in Deutschland nicht nötig sind. Nun sehen Sie, dass Sie Unrecht hatten.»

Wenig später stehen die Privatisierung der maroden Raffinerie Leuna und des Tankstellennetzes der Minol an. Diesmal geht Le Floch die Sache anders an, ganz anders. Der Elf-Chef spricht, so erinnert er sich, zuerst bei Präsident François Mitterrand vor. Er sagt, er müsse sich der Methoden der Konkurrenz bedienen: «Ich habe ihm Lobbying-Maßnahmen vorgeschlagen. Mitterrand hat zugestimmt.» Und damit kein Missverständnis entsteht, präzisiert Le Floch, was er mit «Lobbying» meint: «Es wird Geld ausgegeben. Auf die eine oder andere Weise. Damit sollen Leute dazu gebracht werden, etwas zu tun, wozu sie sonst keine Lust haben.»

Im ersten Moment klingt das alles atemberaubend, aber nicht sonderlich plausibel. Denn das französische Engagement im ostdeutschen Chemiedreieck ist ein gemeinsames Projekt von Präsident und Kanzler. Kohl will es, Mitterrand will es. Wer da noch besticht, muss ganz einfach zu viel Geld haben. Doch Le Floch sieht die Sache so: «Dass die beiden Hauptentscheidungsträger dafür waren, war offensichtlich nicht genug, die Entscheidung herbeizuführen.» Menschen, die «nur 10000 Mark im Monat verdienten», hätten überall in einem föderalen Land die Möglichkeit, «mit ihrer Unterschrift Entscheidungen zu besiegeln, die Milliarden von Dollar bewegen».

Und so hebt der gefallene Elf-Chef an zu erklären, warum er die Raffinerie nur mit Bakschisch bekommen konnte: «Leuna war eine Ruine, weit weg von den Küsten. Sie neu zu errichten, brauchte viel Zeit. Würden meine Konkurrenten während dieser Zeit Pipelines zur Küste bauen, könnte ich für meine Produkte keine Abnehmer mehr finden. Also musste meinen Konkurrenten verboten werden, Pipelines zu bauen. Unser Problem war, dass die Bundesländer, durch die Pipelines führen sollten, ein natürliches Interesse an deren Bau hatten. Sie sollten nämlich eine Gebühr für die Pipelines bekommen. Das heißt, wir mussten alle Regierungen der Länder, durch die die Pipelines gebaut werden sollten, davon überzeugen, vom Bau abzusehen. Das Ergebnis ist bekannt: Alle Länder gaben Ruhe. Der zweite Punkt betrifft die Subventionen. Wenn wir nicht zwei Milliarden Mark bekommen, lohnt sich die ganze Investition nicht.»

Und? Hat sich die Investition gelohnt? «Die Transaktion ist realisiert worden, inklusive der Subventionen.» Und warum? «Dank der Lobbying-Maßnahmen.»

Was Le Floch da sagt in seinem kleinen Büro mit den herunterhängenden Tapeten, ist in Deutschland eine politische Bombe. Es setzt diverse Politiker dem Verdacht der Bestechlichkeit aus. Da möchte man natürlich nur noch eins wissen: Wer? Und welche Partei? Da lacht Le Floch zum ersten Mal in diesem

Gespräch laut auf: «Das interessiert Sie natürlich! Das Prinzip mit solchen Geldern war jedoch, dass der Unternehmenschef über die Endempfänger nicht unterrichtet werden durfte. Ich weiß aber, dass Geld nach Deutschland geflossen ist.» Nur ein Detail verrät Le Floch noch: Er wisse von einer Liste mit den Namen deutscher Politiker, die von Elf bezahlt wurden. Allerdings sei «die einzige Person, die ich auf der Liste wieder erkennen würde, Herr Kiep». Und mit einem schönen Satz entlässt er seine Gäste auf die Straße: «Niemals, meine Herren, ist die Wahrheit leicht zu ergründen.»

Ein Denkmal der deutsch-französischen Freundschaft

Wer die Wahrheit suchen will, kann in Leuna beginnen. Ganz am Anfang dieser Geschichte. Auf einer Fläche von 400 Fußballfeldern verwandelt Europas modernste Raffinerie jährlich fast zehn Millionen Tonnen Rohöl in Methanol, Flüssiggas, Benzin, Diesel und leichtes Heizöl – elektronisch gesteuert und umweltschonend. 2550 Menschen arbeiten in der Anlage, die fünf Milliarden Mark kostete und 1997 angefahren wurde. Die «Mitteldeutsche Erdöl-Raffinerie» (Mider) ist das mit Abstand größte Unternehmen des Landes Sachsen-Anhalt.

Ihr Bau wurde zum Lehrstück über die politisch gelenkte Rettung einer ganzen Industrieregion. Die letzte DDR-Regierung hielt die Leuna-Werke Walter Ulbricht, mit 27 000 Beschäftigten das größte Chemiekombinat, nicht mehr für sanierungsfähig. Die Anlagen waren museumsreif, die Umweltschäden gigantisch. So sah es überall aus im Chemiedreieck zwischen Leuna, Halle und Bitterfeld. Der ganzen Region drohte der Kollaps.

Da naht der Retter. Er heißt Helmut Kohl, ist Bundeskanzler, tritt vor die Arbeiter und phantasiert inmitten der Industrieruine von einer blühenden Chemielandschaft. Im Leunaer Clubhaus spricht er 1991 das erlösende Wort: Bestandsgarantie. Der historische Standort, von der BASF 1916 als Produktionsstätte für Sprengstoff auserkoren, werde erhalten bleiben. Seinen Freund François Mitterrand gewinnt er für die Idee, in Leuna der deutsch-französischen Freundschaft ein Denkmal zu setzen. Und sofort wird der Staatsmulti Elf Aquitaine einbezogen in das Freundschaftswerk.

Den Kauf der Leuna-Werke wickelt Elf nach dem im Konzern erprobten Muster ab. Strohmänner richten Konten ein, Scheinfirmen werden gegründet, eine Riege bewährter Berater geheuert. Einer davon avanciert zum Hauptverhandlungsführer, ein Mann namens Hubert Le Blanc Bellevaux. Bellevaux, ein ehemaliger Wahlkampfmanager der französischen Konservativen, wirbt eine ganze Reihe weiterer Helfer an. Das Netzwerk der Mittelsleute wird geknüpft. Alle werden wichtig sein, um die Lobbying-Gelder auf möglichst verschlungenem Wege an die Adressaten zu bringen. Da ist zunächst der Korse André Guelfi, ein Geheimdienstkollege aus früheren Tagen. Er wird am 21. September 1991 mündlich angeheuert. Mit ihm wird einer von vielen «Lobbying-Verträgen» ausgehandelt. Guelfis Liechtensteiner Firma Nobleplac soll, offenbar um Geldströme durch Grenzüberschreitung zu verschleiern, als Zwischenstation dienen.

Noch einen weiteren Geheimdienstler aktiviert Bellevaux. Der heißt Pierre Lethier, bekleidet den Rang eines Obristen und ist ansonsten Geschäftsmann. Das Geschäft, in das Lethier einwilligt, heißt «Lobbying». 256 Millionen Franc soll er von Elf erhalten. So steht es im Vertrag. Lethier wird auch selbst aktiv. Er sichert sich die Dienste eines weiteren diskreten Mannes, seines deutschen Duzfreundes Dieter Holzer. Den Geschäftsmann mit Wohn- und Geschäftssitz in Monaco, Villen in Paris und Häusern in Berlin zeichnet vor allem eines aus: detailliertes Wissen über die Steuerparadiese dieser Welt und beste Verbindungen zur Führungsebene der deutschen Volksparteien. Lethier schließt mit Holzer einen Vertrag ab. Danach soll auch Holzer

Lobbying betreiben. Von den 256 Millionen Franc ist Holzer ein Viertel zugesagt. Später wird der Vertrag geändert. Lethier stellt offenbar fest, dass Holzer gut arbeitet und für sein Lobbying mehr Geld braucht. Er erhält die Hälfte der Millionen. Beide behaupten in ihren Vernehmungen, sie hätten das Geld ausschließlich für sich selbst behalten. So viel sei ihre Arbeit eben wert gewesen. Warum die Gelder aber in einem gewaltigen Karussell von Scheinfirmen, Stiftungen und Offshore-Unternehmen kreisen und später teilweise abfließen, kann keiner der beiden erklären. «Eine unsinnige wirtschaftliche Struktur» nennt das die Genfer Staatsanwaltschaft, die das Geflecht entwirrt hat.

Holzer fällt auf, dass eine Vertraute von Helmut Kohl einen Job sucht und nützlich sein kann. Agnes Hürland-Büning, gerade als Parlamentarische Staatssekretärin aus dem Verteidigungsministerium ausgeschieden, schließt am 24. April 1991 mit Holzers Firma Delta International einen Beratervertrag. Als «Industrieberaterin für internationale Großunternehmen» verpflichtet sich die Kohl-Vertraute, die Hälfte ihrer Provisionen als «Finder's Fee» an Delta International abzuführen – eine erstaunlich großzügige Courtage. Aus diesem bemerkenswerten Vertrag zitiert die deutsche Presse, einige Wochen nachdem die ehemalige Staatssekretärin die Existenz des Schriftstücks bestritten hatte. Als Elf-Manager Jahre später von Pariser Untersuchungsrichtern befragt werden, wen sie in Deutschland bestochen haben, kann einer sich immerhin an einen Vornamen erinnern. Der lautet «Agnes». Allerdings führen viele Frauen diesen Namen, Frau Hürland-Büning hat sich deshalb allzu aufdringlicher Fragen deutscher Staatsanwälte bis zum Sommer 2001 nicht erwehren müssen. Eines der internationalen Großunternehmen, das Agnes Hürland-Büning bald berät, heißt Thyssen – jener Konzern, der sich 1991 wegen des Leuna-Geschäfts mit Elf zu einem Konsortium namens TED zusammenschließt. Die Konsortialpartner versprechen einander, die Kosten zu teilen. Auch die außergewöhnlichen Kosten.

Der Verhandlungspoker um die Leuna-Werke beginnt im September 1991. Anfangs will Elf den Eindruck erwecken, dass der Konzern nicht ernsthaft interessiert sei, jedenfalls nicht an der Raffinerie, denn überall in Europa gibt es Überkapazitäten. Elf scheint das profitable Netz von mehr als tausend Minol-Tankstellen zu reizen, das die Treuhand als Köder für den Käufer von Leuna ausgelegt hat. Elf könnte seinen Marktanteil in Deutschland von mageren zwei Prozent mit einem Mal drastisch erhöhen.

Für das Elf-Konsortium geht es in den Verhandlungen darum, die Bedingungen für die Übernahme der unattraktiven Leuna-Raffinerie zu verbessern. Zuschüsse sollen her, Subventionen in Milliardenhöhe, Staatsbürgschaften, Preisnachlässe, Zinssonderkonditionen. Davon gilt es die Verhandlungspartner zu überzeugen. Die Frage ist nur: Mit welchen Mitteln? War der politische Wille der Verantwortlichen in Deutschland so groß, dass sie am Ende jeder Bedingung des Investors zustimmten? Oder kaufte der Konzern sich seine Freunde bei Elf, wie der damalige Vorstandchef Loïk Le Floch-Prigent von all den beteiligten Ämtern und Behörden heute behauptet?

Selbst als im Januar 1992 der Vorvertrag abgeschlossen ist, tauchen immer neue Probleme auf. Die Garantie des Kanzlers für den Standort Leuna und die Begeisterung über das größte deutsch-französische Investitionsprojekt seit 1945 können die Schwierigkeiten nicht überdecken. Die versucht nun der Berater Dieter Holzer zu lösen. Immer ist er zur Stelle, wenn es irgendwo klemmt, vier Jahre lang. Notfalls nutzt er den kleinen Dienstweg – direkt zum Kanzler. «Sehr geehrter Herr Bundeskanzler, lieber Helmut Kohl», beginnt mindestens einer seiner Briefe.

Bewegen sich die Ministerien für Wirtschaft, Finanzen oder Verkehr nicht schnell genug in die gewünschte Richtung, droht Holzer schon mal im Namen der Konzernspitze von Elf mit Rückzug aus dem Geschäft. Nur eine prompte Reaktion, schreibt Holzer am 5. Oktober 1992 an Finanzstaatssekretär Manfred Carstens, «würde das Schlimmste» verhindern. Carstens versteht und reagiert umgehend.

Holzer genießt als Lobbyist in Bonn einen ausgezeichneten Ruf. Seine Verschwiegenheit wird geschätzt. Nicht verwunderlich bei einem, der als Mitarbeiter des Bundesnachrichtendienstes unter dem Decknamen Baumholder im Nahen Osten aktiv war. Holzers Heirat mit einer Verwandten des ehemaligen libanesischen Staatspräsidenten Amin Gemayel hat ihm 1967 die Tür zum Nahen Osten geöffnet und den Titel eines Honorarkonsuls des Libanons eingebracht.

Sein Bekanntenkreis ist weltumspannend. Mit Holger Pfahls, dem inzwischen flüchtigen Exstaatssekretär, verbindet ihn eine enge Beziehung. Pfahls ist gern gesehener Gast in Holzers Villa an der Côte d'Azur. Wie zufällig ist er denn auch beim Leuna-Geschäft dabei. Als Anwalt berät Pfahls Elf bei mindestens einem Treffen im Bundeskanzleramt. Über den Privatanschluss von Pfahls faxt Dieter Holzer mindestens ein Schreiben an das Bundeskanzleramt. Von Schweizer Staatsanwälten befragt, sagt Holzer, Pfahls habe beim Leuna-Geschäft «keine Rolle gespielt». Allein für die Vermittlung eines Termins im Kanzleramt sei er mit 5000 Mark honoriert worden. Dabei haben die Ermittlungen ergeben, dass Pfahls Partner Holzer im System der Tarnfirmen und Stiftungen ist. Mehr als 17 Millionen Mark erreichen Holger Pfahls. Ein ziemlich gutes Honorar für eine Terminvereinbarung.

Ein anderer Bekannter Holzers beteiligt sich ebenfalls schon früh an den Verhandlungen. Walther Leisler Kiep tritt erstmals 1991 auf, erinnert sich der inzwischen verstorbene Treuhand-Manager Klaus Schucht. «Der kam zu mir und fragte mich, ob er bei dem Elf-Geschäft behilflich sein könne», sagt Schucht. Kiep betätigt sich als Eilbote und überbringt am 20. Mai 1992 vorab die Kopie eines Schreibens des französischen Präsidenten an das Kanzleramt. Es geht um «öffentliche Mittel für Raffinerie-Investition in Leuna», vermerkt ein Wirtschaftsberater Kohls. Mitterrand drängt darauf, das Thema «Subventionen» auf die Agenda zu setzen. Bis zuletzt bleiben die staatlichen Beihilfen umstritten. Noch kurz vor dem Abschluss gibt es Probleme mit dem «Komplex Investitionsförderung». So hält es Johannes Ludewig in einer Notiz vom 13. Juli 1992 über ein Gespräch im Kanzleramt fest. Nach Ansicht der Kaufinteressenten, schreibt Ludewig, «bestünde noch eine ‹Subventionslücke› von ca. 700 Millionen DM, die durch weitere öffentliche Mittel – aus welchen Quellen auch immer – geschlossen werden müsse».

Am 14. Juli verstärken Elf und Thyssen in einem gemeinsamen Fax an Bundesregierung und Magdeburger Landesregierung den Druck und drohen, das Konsortium werde «bei fehlender Unterstützung und damit fehlender Wirtschaftlichkeit des Projektes nicht in der Lage sein, den Vertrag mit der Treuhandanstalt abzuschließen». Das TED-Konsortium verlangt zusätzliche Investitionshilfen in Höhe von 390 Millionen Mark und stellt darüber hinaus einen weiteren «Fehlbetrag» in Höhe von 300 Millionen Mark fest. Der soll durch einen Zinsgewinn aufgrund späterer Zahlung sowie eine «Management-Gebühr» für den weiteren Betrieb der «Altraffinerien Leuna und Zeitz» ausgeglichen werden.

Auf wundersame Weise lösen sich auch Widerstände im Bundesverkehrsministerium auf. Ursprünglich hatte sich Minister Günther Krause, ein Christdemokrat, dagegen gewehrt, die Leuna-Privatisierung an den Verkauf der Minol-Autobahntankstellen zu binden. Das verzerre den Wettbewerb und verstoße letztlich gegen das Bundesfernstraßengesetz. Am 6. Mai 1992 beklagt sich Krause schriftlich bei Treuhand-Chefin Birgit Breuel. Das Vorgehen der Treuhand verbaue dem Mittelstand jede Chance im Autobahngeschäft, klagt Krause.

Drei Wochen später, am 30. Mai 1992, tafelt Minister Krause in einer Villa in Juan-les-Pins an der Côte d'Azur. Eingeladen hatte Dieter Holzer. Unter den Gästen ist neben Holger Pfahls auch Hubert Le Blanc Bellevaux. Wieder so ein Zufall.

Drei Tage danach fällt im Bundeskabinett die Entscheidung: Die Minol-Autobahntankstellen bleiben im Privatisierungspaket. Krause ist im Kabinett nicht überstimmt worden. Er hat zugestimmt. Seinen plötzlichen Sinneswandel erklärt er so: Das Tankstellennetz sichere der neuen Raffinerie einen Teil ihres Absatzes und damit Arbeitsplätze. Dieses Argument hat sich dem Minister offenbar kurzfristig erschlossen.

Dass ihm die Elf-Berater bei dem Essen in Holzers Mittelmeervilla bei seiner Entscheidungsfindung behilflich waren, weist Krause zurück. Das sei praktisch unmöglich gewesen, sagt er. Die Herren hätten Englisch und Französisch gesprochen. «Da bin ich mir mit meinem Russisch wie ein Exot vorgekommen.»

Derart vielfältig sind die Hindernisse, derart zahlreich die beteiligten Ämter, dass ungewöhnliche Maßnahmen nahe liegend erscheinen. Eine dieser Maßnahmen heißt Hans Friderichs, früherer Bundeswirtschaftsminister. Der ist irgendwann alles in einem: «International Adviser» der Investmentbank Goldman Sachs, die die Angebote der verschiedenen Bewerber zu prüfen hat; er ist Berater des Bieter-Konsortiums aus Elf und Thyssen; und er wird Aufsichtsratsvorsitzender von Leuna und von Minol. Unter normalen Umständen wäre das ein klarer Fall von Interessenkollision. Nicht so in der Wahrnehmung der Treuhand. «Die fanden das positiv», sagt Friderichs. Er kassiert laut Genfer Ermittlungsergebnis 1 089 437,50 Mark von Elf. Am Ende werden die Verträge unterschrieben – zu Traumkonditionen für das Elf-Konsortium.

Kaum ist die Tinte trocken, kommt Bewegung in die Briefkastenfirmen und Stiftungen in Liechtenstein, in der Schweiz und auch in Luxemburg. Der Lobbying-Vertrag zwischen Elf und André Guelfis Liechtensteiner Firma Nobleplac wird schriftlich fixiert und auf September 1991 rückdatiert. Am 24. Dezember 1992 überweist Elf auf Anweisung seines Unterhändlers Le Blanc Bellevaux 256 Millionen Franc auf das Konto von Nobleplac. «Eine schöne Weihnachtsbescherung» nennt Guelfi über seinen Anwalt diese Buchung.

Das Lobbying-Geld hat nur eine Zwischenstation erreicht. Nun wird es aufgeteilt. 220 Millionen Franc fließen auf ein Konto der «Stand-by-Establishment». Die Firma wurde am 4. Mai 1992 in Liechtenstein gegründet. Ihre Treuhänder sind befreundet mit Dieter Holzer. Sie betreuen auch Holzers eigene «Delta International Establishment». Die restlichen 36 Millionen gehen an die «Showfast Limited». Nach den Erkenntnissen der Schweizer Ermittler sind 152 Millionen Franc von Stand-by 1993 auf Holzers Delta-Konto bei einer Bank in Luxemburg überwiesen worden. Weitere 60 Millionen landen auf dem Konto der «Stiftung Internationale Finanzanstalt». Dorthin werden auch die 36 Millionen vom Konto der Showfast überwiesen. Hinter dieser Finanzanstalt steht wiederum Pierre Lethier, eine der wichtigen Figuren in der Geld-Rochade. So ließe sich fortfahren. Die ganze Millionen-Schieberei erscheint der Genfer Staatsanwaltschaft in einer Zusammenfassung ihrer Fahndungsergebnisse vom 14. September 2000 als «sonderbarer, ungewöhnlicher Geldfluss verborgenen Charakters». Das Geld geht sogar zwischen Konten gleicher Inhaber hin und her. Mal in die Schweiz, dann nach Liechtenstein, später nach Österreich, Luxemburg, Deutschland oder Monaco. Kaskaden von Devisengeschäften werden festgestellt, genauso Bargeldbezüge. Das alles soll nach Ansicht der Genfer Ermittler «die Identifizierung der verdächtigen Gelder unterbrechen, hindern oder/und erschweren».

Nicht nur Elf Aquitaine lässt Gelder durch Kontenlabyrinthe fließen. Auch für den Konsortialpartner Thyssen sind undurchsichtige Zahlungen verzeichnet. Da ist zum Beispiel eine Vereinbarung aufgetaucht, in der sich Thyssen gegenüber Elf verpflichtet, einen Teil der «Study Expenses», der so genannten Studienkosten, zu übernehmen. Gemeint seien Kosten für aufwendige Untersuchungen, meint der Konzern. Das ist bei einem solchen Großprojekt zunächst nicht ungewöhnlich. Mindestens 13 Millionen Mark überweist Thyssen 1993. Aber nicht direkt an die Auftragnehmer der Studien, sondern auf ein Konto der Liechtensteiner Firma Nobleplac, die in jenen Wochen ohnehin allerlei Zahlungsverkehr verzeichnet. Wie aufwendig und wie wichtig die «Studien» wirklich waren, ist inzwischen geklärt: nichts als Schein-Gutachten. André Guelfi, Besitzer von Nobleplac, erinnert sich so: «Die Studien bestanden doch nur aus einer Übersetzung.»

Als der Elf-Konzern privatisiert und die Führungsspitze im August 1993 ausgewechselt wird, sieht sich der neue Konzernchef mit Unterlagen konfrontiert, die auf zweierlei hindeuten: Zum einen hatte den Staatskonzern jahrelang ein Heer von freiberuflichen Elf-Beratern und hochkarätigen Managern als Selbstbedienungsladen geführt. Unter der Federführung seines Vorgängers hatten sie munter in die eigene Tasche gewirtschaftet. Zum anderen hatten offenbar auch Politiker verschiedenster Nationalität davon profitiert. Die neue Elf-Führung erstattet Anzeige.

Im April 1994 beginnt die Pariser Untersuchungsrichterin Eva Joly zu ermitteln. Sie wird schnell fündig. Der ehemalige Konzernchef Loïk Le Floch-Prigent sowie André Guelfi müssen zeitweise ihren Wohnsitz in das Pariser Untersuchungsgefängnis verlegen. Bei ihren Ermittlungen stößt Eva Joly auch auf die deutsche Spur. Am 19. März 1997 deutet der ehemalige Elf-Manager Maurice Mallet der Untersuchungsrichterin gegenüber erstmals Schmiergeldzahlungen an: «Im Hinblick auf Mittelsmänner und Geldverschwendungen könnten wir uns über die Raffinerie in Leuna und gewaltige Ausgaben unterhalten.» Bis Ende 2000 bestätigen weitere Elf-Mitarbeiter diese Angaben. Mindestens 100 Millionen Mark Schmiergelder, glauben die Staatsanwälte, sind nach Deutschland geflossen.

Doch an wen? Einer der vielen Zufälle dieser Affäre will es, dass den Ermittlern gerade jene Unterlagen fehlen, die auf die deutsche Spur hinweisen. Sie sind bei dem Einbruch in ein Büro der französischen Finanzpolizei am 20. April 1997 gestohlen worden.

Der zweite Weg zu den stillen Nutznießern der Leuna-Privatisierung führt über Genf. Die dortigen Ermittler haben die Abflüsse der Gelder nach Deutschland akribisch dokumentiert und das Codewort für die Zahlungen («Ostdeutsches Observatorium») identifiziert. Sie sprechen in ihren Schriftsätzen aber nur allgemein von den «deutschen Empfängern eines bedeutenden Teils der betroffenen Geldflüsse». Seit die Ermittlungsakten beim Generalbundesanwalt in Karlsruhe sind, also seit Juli 2001, besteht zumindest die Hoffnung, dass dieser Spur in Deutschland nachgegangen wird.

In der Öffentlichkeit kursieren einstweilen nur Indizien. Drei Theorien machen die Runde:

- Die erste Theorie sieht Elf als Opfer von Betrügern, die das Geld in die eigene Tasche gesteckt haben. Dieser Annahme zufolge hätte Elf nur vorgetäuscht, bestechen zu wollen, die Verantwortlichen und die angeheuerten «Lobbyisten» hätten das Geld aber in die eigene Tasche gesteckt. Um von ihrer eigenen Unterschlagung abzulenken, beschuldigten die damals Verantwortlichen nun deutsche Politiker der Bestechlichkeit. Ganz auszuschließen ist diese Theorie nicht, aber sie ist unwahrscheinlich. Denn welchen Sinn hätte dann das gewaltige Geldwäsche-Labyrinth? Warum die Abflüsse nach Deutschland? Warum waren bei der Geldverteilung Geheimdienste dabei? Und vor allem: Warum die Streuung der Gelder auf so viele Köpfe, wo doch die wenigen Elf-Manager die Beute einfach unter sich hätten aufteilen können? Unterschlagung durch Angestellte des Konzerns wäre jedenfalls einfacher zu haben gewesen. In Deutschland hat diese Theorie trotzdem Anhänger, darunter die Tageszeitung *Die Welt*. Sie spricht mal von einem nur «vagen Verdacht», mal von einem «angeblichen Skandal» um Leuna und glaubt, ein Betrug werde nur deshalb zur Staatsaffäre aufgeblasen, um der CDU zu schaden.

- Theorie zwei hat verschiedene Quellen, darunter französische Zeitungen. Sie schreiben unter Berufung auf die gestohlenen Unterlagen der Pariser Finanzpolizei, dass zumindest ein Teil des Geldes bei der CDU gelandet sei. André Guelfi, einer der «Lobbyisten», hat öffentlich im Fernsehen davon gesprochen, dass knapp 85 Millionen Mark einer «deutschen Partei als Kommission» zugeflossen seien. Über die Provisionszahlungen seien Präsident Mitterrand und Bundeskanzler Kohl im Bilde gewesen. Ähnlich äußern sich einige der ehemaligen Elf-Manager vor den französischen Untersuchungsrichtern. Details nennen sie allerdings nicht. Entsprechend lang ist die Liste der Dementis. Von «absurden Verdächtigungen» spricht der ehemalige CDU-Vorsitzende Wolfgang Schäuble. Und Altkanzler Helmut Kohl weist jeden Vorwurf gegen seine Partei und sich selbst ab: «Ich habe ausschließlich im Interesse des Landes gehandelt.»

- Viele der bekannten Fakten sowie die Plausibilität sprechen für Theorie drei. Sie wird, nach vierjährigen Ermittlungen, von der Genfer Staatsanwaltschaft und von einem der wichtigsten Beteiligten vertreten: Loïk Le Floch-Prigent. Danach wäre ungewiss, ob das Geld in Parteikassen geflossen ist, sicher aber, dass es in die Kassen von Parteimitgliedern gelangte; nämlich solchen, die an wichtigen Stellen im vielgliedrigen deutschen Entscheidungsmechanismus saßen. Ob das in einen Subventionsbetrug mündete, ist ungewiss. Jedenfalls haben ihn weder die EU-Kommissare noch die zeitweise ermittelnde Staatsanwaltschaft Magdeburg bis zum Sommer 2001 nachgewiesen.

Leuna ist und bleibt ein großes Mysterium. Die Interessen, die Wahrheit weiter zu verdunkeln, sind mächtig. Mitten in die allgemeine Verwirrung hinein hat sich im August 2001 der ehemalige Bundespräsident Roman Herzog zu Wort gemeldet. Er spricht vom «Affentheater» der Aufklärung und fordert: Ein Ruck muss durch die Leuna-Affäre gehen! Herzog sagt, nein ruft: «Jetzt ist es genug! Jetzt gehören alle Karten auf den Tisch, und zwar alle auf einmal!»

3. Diller und die Detektive

Wie die Bundesregierung im Verborgenen recherchieren lässt, ob beim Leuna-Deal geschmiert worden ist

Jede Bewegung haben die Medienleute registriert, jedes Wort protokolliert, jede Geste interpretiert an jenem 6. Februar 2001, als der Spenden-Untersuchungsausschuss des Deutschen Bundestages nach Weiterstadt aufbrach, um im Gefängnis den eben verhafteten Alfred Sirven zu vernehmen. Beachtung gefunden hat so die Farbe seiner Brille (hellbraun), seiner Anstaltsjacke (blau), seiner Hose (grau und überdies zu lang). Es ist schriftlich fixiert, dass dieser Verdächtige der Leuna-Affäre nicht schritt, sondern schlenderte, als er in den Mehrzweckraum der Strafanstalt kam; dass die Sitzung des Ausschusses (es war die 60.) um 12.53 Uhr begann und 30 Minuten später zu Ende ging, weil Sirven, der ehemalige Elf-Manager, einfach niemanden verraten mochte, niemanden, der in Deutschland beim Bau der Raffinerie Leuna Schmiergelder erhalten haben könnte. Mit dem Ausruf: «Es lebe die deutsch-französische Freundschaft!» verließ der Zeuge schließlich den Raum und auch die Strafanstalt, gen Frankreich. So weit die Überlieferung.

In Wahrheit ist an jenem 6. Februar, von den Kameralinsen unbeobachtet, noch eine zweite Reisegruppe bei Sirven eingetroffen. Auch sie kam aus Berlin, brachte die Besuchserlaubnis eines Richters mit und blieb am Morgen zwei Stunden lang. Die

Besucher beteuerten, sie hätten mit der Staatsanwaltschaft nichts zu tun und eine Aussage sei für ihn, Sirven, ganz ungefährlich. Was er ihnen schließlich aussagte, ist nicht überliefert. Zu erfahren war allerdings, dass der Dienstaufseher der Gruppe, Finanzstaatssekretär Karl Diller, telefonisch, lautstark und im letzten Augenblick zu verhindern suchte, dass die Rechercheure das Gefängnis betraten. Doch «Dillers Bluthunde», wie sie im kleinen Kreis der Eingeweihten heißen, hatten schon Witterung aufgenommen. Diller konnte vor allem eins nicht mehr verhindern: dass nämlich Sirven der zweiten Besuchergruppe von der ersten erzählen würde.

Die Verblüffung wird beträchtlich gewesen sein. Denn an diesem Tag muss eine düstere Ahnung in den Mitgliedern des Untersuchungsausschusses gewachsen sein; die Ahnung, dass sich im Dunkel oder Halbdunkel noch ein zweiter Berliner Recherchetrupp um die Aufhellung der Leuna-Affäre müht. Eine bizarre Situation: Da tagt allwöchentlich im ersten Stock des Finanzministeriums ein von der SPD beantragter Untersuchungsausschuss – und im vierten Stock dirigiert ein SPD-Staatssekretär zum selben Gegenstand eine so genannte «Taskforce», sagt aber den Genossen aus dem ersten Stock kein Sterbenswörtchen. Nicht mal den Namen der Truppe kennt die vom Bund beauftragte Kommission: Arbeitsgruppe Koordinierte Ermittlung (AKE).

So eine Existenz im Zwielicht wirft Fragen auf: Was ist die Aufgabe dieser «Taskforce»? Wem ist sie verantwortlich? Welche Kompetenzen hat sie? Was sind ihre Ergebnisse? Was ist die Rechtsgrundlage? Alles Fragen, die Karl Diller beantworten könnte, aber nicht möchte. Missbilligende Blicke erreichen über seine Lesebrille hinweg jeden, der sich neugierig zeigt. Als die Wochenzeitung DIE ZEIT die Arbeit der Truppe im März 2001 publik macht, kommentiert er dies nur mit ein paar dürren Sätzen. Auch vor dem Haushaltsausschuss des Bundestages wird er später kaum konkreter: Die Ermittlungsgruppe solle herausfinden, ob «der Bundesrepublik ein Vermögensschaden entstanden» sei. Die Regierung habe die «Taskforce» eingerichtet, um sich nicht vorwerfen lassen zu müssen, sie unternehme nichts; leider hätten ja die Staatsanwaltschaften den Fall Leuna nicht annehmen wollen, und auch der Untersuchungsausschuss habe erst im Frühjahr begonnen, sich damit zu befassen. Nun arbeite die AKE, «äußerst professionell und ergebnisorientiert».

Tatsächlich wird sich wohl niemand beschweren wollen über zu viel Ermittlungseifer – nach den Jahren der Trägheit, der Lustlosigkeit, der Behinderung, der verschwundenen Leuna-Akten in Kohls Kanzleramt. Bloß: Warum diese Heimlichtuerei?

Immerhin die Vorgeschichte der AKE ist in Berlin kein Staatsgeheimnis, und sie erklärt, was so reizvoll ist an der Idee verschwiegener Rechercheure – und was so problematisch. Die AKE, darin sind sich alle Quellen einig, ist eine Erfindung Helmut Kohls. Der Einfall kam ihm nach Lektüre der *Bild-Zeitung*. Millionen, ja Milliarden Mark, lernte er dort offenbar, seien bei der deutschen Vereinigung verschwunden, und die Regierung tue zu wenig, sie zurückzuholen. Also ließ Kohl seinen Mann fürs Geheime, Bernd Schmidbauer, am 15. Mai 1996 zur Gründung der AKE ins Kanzleramt einladen. Die wichtigsten Ministerien, Behörden und Fahndungsgruppen waren vertreten. Sie gründeten einen Koordinierungsausschuss, die AKE. Die Gruppe erhielt Büros und (zunächst vier) «Taskforces» zur Fahndung.

Später wird es im Abschlussbericht des Untersuchungsausschusses «DDR-Vermögen» heißen, das Konzept für die AKE sei «durch die Unternehmensberatungsfirma Arthur D. Little erarbeitet» worden. Innovativ ist die Organisationsidee durchaus und zeitgeistig noch dazu: Staatliches Handeln wird privatisiert. Die Beamten der Gruppe – Zollkriminalisten, BKA-Fahnder, Juristen, Revisoren, Pullach-Schlapphüte – werden beurlaubt und mit Beraterverträgen wieder angestellt. Jederzeit kann die Gruppe Privatdetektive anheuern. Ein einziges Mal beantwortet die Kohl-Regierung im Parlament eine Frage zur AKE. Sie sagt, es gehe darum, «die zivilrechtliche Durchsetzung von Rechtsansprüchen des Bundes zu optimieren». Und: «Die AKE ist nicht mit hoheitlichen oder strafprozessualen Befugnissen ausgestattet, sodass sich die Nachforschungstätigkeit der AKE innerhalb dessen bewegt, was jedem Bürger an rechtlich zulässigen Möglichkeiten zur Verfügung steht.»

Auf den ersten Blick merkwürdig: Warum sollte ein Jedermannsclub dort mehr erreichen, wo die Staatsanwaltschaften mit den Waffen des Strafrechts scheitern? Die Antwort führt in jenen Bereich, in dem Reiz und Risiko nahe beieinander liegen: Nur ein Privatmann kann im Ausland ohne förmliches Ersuchen recherchieren. Er kann, von beamtenrechtlichen Bindungen befreit, für Informationen schon mal bezahlen und es auch sonst so genau nicht nehmen. Verschleiernd heißt es im Abschlussbericht «DDR-Vermögen», es sei «ein Petitum des Innenministers gewesen, dass gesetzliche Zuständigkeitsregelungen bei der Einrichtung der AKE keineswegs hätten tangiert werden dürfen». Zu Deutsch: Die Gruppe soll machen können, was sie will, und das kann eben nur ein Jedermannsclub. Mit den Ergebnissen darf die Bundesregierung nach politischer Taktik umgehen, sie kann veröffentlichen oder verschweigen, was sie mag.

Die ganze Konstruktion erinnert fatal an das Zusammenwirken des Kanzleramtes mit dem Privatermittler Werner Mauss. Wann aber, nach dem Regierungswechsel 1998, Schmidbauers Mäuse zu Dillers Bluthunden wurden, liegt noch im Dunkelfeld dieser mysteriösen Geschichte. Gewiss im Frühherbst 2000, vielleicht aber schon 1999. Der Reiz der Gruppe ist für die neue Bundesregierung derselbe wie für die alte: Die privatisierten Sonderermittler kennen keine bürokratischen Hindernisse und brauchen keine Zeit fressenden Rechtshilfeersuchen für ihre Auslandsrecherchen. Sie können den vielen Verdachtsmomenten im Leuna-Komplex nachgehen, ohne – wie die Justiz – den strafrechtlichen Anfangsverdacht gegen einzelne Personen ins Zentrum rücken zu müssen. Aber auch die rechtsstaatlichen Probleme sind dieselben geblieben.

Der Jedermannsclub kann in deutschen Ämtern nicht loslegen, wie er gern möchte. Er ist auf guten Willen und großzügige Rechtsauslegung angewiesen. Die Ermittlungsgruppe zeigt jedes Mal einen Persilschein des Staatssekretärs Diller vor, in dem «alle staatlichen Stellen aufgefordert werden, Akteneinsicht zu gewähren». Manchmal sind die befragten Beamten begeistert, dass in Deutschland endlich Interesse erwacht an den Schmiergeldmillionen von Elf, und werfen die Kopiermaschinen an. Manchmal aber auch nicht, etwa in Frankfurt, wo die Richterin den Besuch im Gefängnis von Weiterstadt nur in dem Missverständnis genehmigte, es handele sich um Amtspersonen. Nochmal anders in Magdeburg, wo das Wirtschaftsministerium den Berliner Staatssekretär Diller schriftlich wissen ließ, es gebe «keine Akteneinsicht in Unterlagen meines Hauses». Hintergrund des Briefes ist offenbar die Rechtsansicht, dass es zur Amthilfe eines Amtes bedarf. Das aber hat die AKE nicht.

So ähnlich argumentiert ein Beamter des Berliner Wirtschaftsministeriums, als die Sonderermittler am 22. Januar 2001 mit Dillers Persilschein in seinem Büro auftauchen. Erst lässt er sich beeindrucken von dem amtlichen Schreiben, dem Stempel, dem Titel, dem Bundesadler. Als die Rechercheure dann Dokumente sehen wollen, auch Personalakten, mauert der Beamte. Er denkt sich: «Die mögen vielleicht im Finanzministerium alle Rechte haben, aber nicht hier. Hier schlägt mein Dienstgeheimnis deren Jedermannsrecht.» Der Beamte schmeißt die Leuna-Gruppe raus. Am 5. Februar 2001 sind sie wieder da. Der Ton wird schärfer, das Ergebnis bleibt gleich.

Am merkwürdigsten verhält sich die Staatsanwaltschaft Saarbrücken. Dort stellt sich die AKE am 25. Oktober 2000 schriftlich vor. Sie präsentiert ein Legitimationsschreiben und bittet um Einsicht in die Akten des Ermittlungsverfahrens gegen Dieter Holzer. Der ermittelnde Staatsanwalt reagiert erfreut und

Bundesministerium der Finanzen   10117 Berlin, 15. Oktober 2000

Wilhelmstraße 97
Telefon: (0 30) 22 42 - 0
Telefax: (0 30) 22 42 - 32 58

LEGITIMATIONSSCHREIBEN

für Herrn Ronald Lenz

Herr Lenz ist vom Bundesministerium der Finanzen mit besonderen Ermittlungsaufgaben zur Aufklärung der Frage betraut, ob Unregelmäßigkeiten bzw. unzulässige Einflussnahmen im Zusammenhang mit dem Privatisierungskomplex Leuna/Minol festzustellen sind.

Alle staatlichen Stellen werden gebeten, Herrn Lenz bei der Erledigung seiner Aufgaben zu unterstützen, insbesondere Auskünfte zu erteilen und Akteneinsicht zu gewähren. Dies gilt in gleicher Weise für Personen, Unternehmen und andere Einrichtungen, die über einschlägige Unterlagen oder Kenntnisse verfügen.

Herr Lenz wird sämtliche, ihm im Rahmen seiner Ermittlungstätigkeit bekannt gewordenen, Tatsachen als Dienstgeheimnis behandeln.

Dieses Schreiben ist gültig vom 15. Oktober 2000 bis 31. Dezember 2001. Es gilt nur in Verbindung mit einem Dienstausweis.

In Vertretung

Karl Diller
Parlamentarischer Staatssekretär
beim Bundesminister der Finanzen

63

hält die Zusammenarbeit mit der «Taskforce» für «eine Selbstverständlichkeit». Er schickt am 22. Dezember 2000 «absprachegemäß» die «hiesige Ermittlungsakte» nach Berlin. Allerdings sucht der Postbote die klandestin arbeitende AKE vergebens, sodass die Akten zurückkommen. Auch telefonisch findet der Staatsanwalt zunächst keinen Gesprächspartner. Schließlich erkennt die Post den richtigen Briefkasten, und eine fruchtbare Zusammenarbeit beginnt. Die Mitarbeiter der AKE dienen sich der Saarbrücker Staatsanwaltschaft als Assistenten an. Die Berliner schicken einen längeren Vermerk nach Saarbrücken und weisen auf eine «nicht uninteressante und nicht bekannte Spur» hin. Sie regen auch gleich an, was als Nächstes zu tun sei: «Einsicht in die betroffenen Konten nehmen». Und sie fangen mit der Recherche schon mal selbständig in Österreich an. Schließlich wird sogar die gemeinsame Einvernahme von Zeugen anvisiert.

Privatrechercheure im Auftrag der Exekutive als Hilfsermittler einer unabhängigen Justiz: Welchen rechtsstaatlichen Grundsätzen das alles folgt, will offenbar niemand wissen. Merkwürdig, wie Staatssekretär Diller behaupten kann, seine Rechercheure hätten nur zivilrechtliche Aufgaben, während sie sich in Wahrheit einem Strafverfahren aufdrängen. Als die AKE im Frühjahr durch das Versehen von Weiterstadt bekannt wird und es Nachfragen hagelt, ist es schnell vorbei mit der blendenden Zusammenarbeit zwischen den staatlichen und den privaten Strafverfolgern. Der CDU-Abgeordnete Dietrich Austermann beschwert sich in Saarbrücken über die «ungesetzliche Tätigkeit» von Dillers Detektiven, und die Staatsanwaltschaft schreibt zurück: Die Vorschriften verböten es, Personen Einblick zu gewähren, die nicht am Ermittlungsverfahren beteiligt seien. Eine späte Einsicht.

Auch das Verhältnis zwischen Detektiven und Untersuchungsausschuss ist völlig ungeklärt. Zwar behauptet Diller, seine Rechercheure sollten nur «Vermögensschäden» der Bundesrepublik nachspüren. In den Legitimationsschreiben der Truppe steht es aber anders. Danach sollen sie herausfinden, «ob Unregelmäßigkeiten bzw. unzulässige Einflussnahmen» bei der Leuna-Privatisierung «festzustellen sind», also: Subventionsbetrug oder Bestechlichkeit. Ungefähr genauso lautet aber schon der Auftrag des Untersuchungsausschusses. Nach der Enttarnung der Privatermittler hat Karl Diller zwar versprochen, der Untersuchungsausschuss werde Akten und Ergebnisse der Sondereinsatztruppe erhalten. Ein halbes Jahr später ist aber noch kein Blatt angekommen. Große Empörung bricht deshalb nicht aus. Kein Wunder: Die Ausschussmehrheit müsste sich über den Finanz-Staatssekretär beschweren, also die SPD über die SPD.

Nach ihrer Enttarnung sind Dillers Detektive rührend bemüht, der Öffentlichkeit einen Erfolg ihrer Tätigkeit zu präsentieren. Drei Wochen später, am 9. Mai 2001, übergeben sie der Magdeburger Staatsanwaltschaft ein Papierkonvolut aus einem Bericht und einem Ordner mit Kopien. Karl Diller teilt mit, der Verdacht des Subventionsbetruges habe sich «erhärtet». Die Magdeburger, die vor Jahren schon einmal erfolglos ermittelt haben, beginnen zu prüfen und sind einige Wochen später enttäuscht: «Nach unserer Meinung ist darin nichts enthalten, was eine andere Bewertung der Sachlage zuließe. Da sind längst bekannte Dinge neu interpretiert worden.»

Warum also dieser neue Aufguss? Die CDU argwöhnt, durch die Arbeit der AKE wolle die Regierung einen längst widerlegten Verdacht gegen die CDU bis in alle Ewigkeit fortschreiben. Es könnte allerdings auch ganz anders sein: Die AKE soll gar nicht auf-, sondern zudecken; sie soll gar nichts öffentlich machen, muss aber, einmal bekannt geworden, so tun, als ob dies ihr Ziel sei.

Darüber ist den privatisierten Ermittlern von der AKE kein Wort zu entlocken. Sie haben für zehn Leute eine Büroflucht in einem modernisierten Plattenbau am Alexanderplatz gemietet.

Vor der Tür grüßt ein riesenhafter Arbeiter aus Bronze, im Innern empfängt der Leiter der «Taskforce», Rainer Winkelhaus, zu einem höflichen Minimalgespräch. An seiner Pinnwand hängen Organisationspläne deutscher Behörden, darunter des BND, was nicht überrascht, denn der Mann kommt von dort. Auf dem Tisch liegen lila Aktenordner mit der Aufschrift «Leuna-Minol» oder «Subventionsbetrug». Winkelhaus leitet flugs den Abschied ein: «Wir machen hier keine Pressearbeit.» Welche Arbeit in diesem Büro wirklich getan wird, gehört zu den Geheimnissen der Bundesrepublik. In der Leuna-Affäre sind eben die tatsächlichen Verdächtigen genauso geheimnisumwittert wie die vermeintlichen Aufklärer.

4. Die Bundeslöschtage

Wie in Kohls Kanzleramt drei Gigabyte Daten und Schränke
voller Akten verschwinden

Der 8. Mai 2000 ist einer jener Tage, die spannend zu werden
versprechen für Burkhard Hirsch, den Sonderermittler zur Aufklärung des Aktenskandals im Kanzleramt. Dutzende Beamte
sind seit Februar bei ihm als Zeugen erschienen. Alle waren Helmut Kohls Untergebene. Alle hat der Sonderermittler gefragt,
was sie wissen über die legendären Bundeslöschtage kurz nach
der Bundestagswahl 1998, als zwei Drittel aller Dateien aus dem
Kanzleramt verschwanden und auch klafterweise Akten. Alle
sollen beitragen zur Klärung des ungeheuren Verdachts, der auf
Helmut Kohl lastet: dass nämlich jene Daten und Akten verschwanden, damit auf ewig ungewiss bleibe, ob Entscheidungen
der Bundesregierung käuflich waren.

An diesem Montag im Mai ist der Zeuge nicht irgendwer,
kein Registrator, kein Sekretär, keiner, der vom zentralen Daten-Blackout überrascht worden sein konnte. Vor Burkhard
Hirsch sitzt jemand, der zum kleinen Kreis der Abteilungsleiter
zählte und außenpolitischer Berater des Kanzlers war, ein enger
Vertrauter Helmut Kohls.

Das Gespräch beginnt freundlich. Der Zeuge Joachim Bitterlich erklärt, auf einen Anwalt zu verzichten. Er habe sich
schließlich nichts vorzuwerfen. Dann die Überraschung: Bitterlich kann zur Aufklärung rein gar nichts beitragen, weil er offen-

bar kaum etwas mitbekommen hat von dem Versuch, das elektronische Gedächtnis des Kanzleramtes auszulöschen. Und wo doch, versagt plötzlich seine Erinnerung.

Gewiss, von einem Abteilungsleiterkollegen habe er gehört, es sei «beabsichtigt» gewesen, Festplatten «zu löschen». Allein um Entwürfe, politische Konzepte, Vorbereitungen für Koalitionsverhandlungen und persönliche Papiere habe es sich gehandelt. Alles also ganz harmlos. Bitterlich hat zwar an einer Besprechung darüber teilgenommen. Was dort besprochen wurde, fällt ihm nicht mehr ein. Nur so viel: Die Frage von «Listen zu erhaltender Dateien» habe «eine Rolle» gespielt. An «Einzelheiten oder Schlussfolgerungen» kann Bitterlich sich auch bei heftigem Nachdenken nicht erinnern. Er selbst will nur absolut Persönliches gelöscht haben, «private Adressen», «Glückwunschlisten» und dergleichen mehr.

An dieser Stelle hakt Sonderermittler Hirsch ein und hält dem Zeugen Bitterlich vor, in seiner Abteilung seien drei Viertel bis vier Fünftel des gesamten Datenbestandes gelöscht worden. Ziemlich viele Glückwunschlisten müssen das gewesen sein. Darauf sagt Bitterlich, ihm sei «dieser Tatbestand neu».

Bemerkenswert, was in einem deutschen Kanzleramt so alles verschwinden kann, ohne dass es dem zuständigen Abteilungsleiter auffällt. Der bedauert, «keine aktive Erinnerung» mehr an jene turbulenten Tage vor dem Regierungswechsel zu haben. Das möge damit zusammenhängen, so räumt er ein, dass er technisch nicht auf der Höhe sei. Computer seien ihm «fremd» geblieben.

Das alles ist nachzulesen im Protokoll von Bitterlichs Anhörung. Es gehört, wie Dutzende weiterer Zeugenmitschriften, zum vertraulichen Anhang des Hirsch-Reports. Nur den offiziellen Bericht über Aktenfledderei und Datenschwund im Kanzleramt haben die Abgeordneten des Untersuchungsausschusses Ende Juni 2000 erhalten, nicht aber die Gesprächsprotokolle. Darin findet sich, was wirklich brisant ist an den Erkundungen des Sonderermittlers: dass es trotz aller Erinnerungslücken und Lügen von Spitzenbeamten Hinweise darauf gibt, wer für die Vernichtung von amtlichem Material verantwortlich ist. Und dass die wichtigste Spur ins Büro des damaligen Kanzleramtschefs führt, zu Friedrich Bohl. Es geht somit um Verwahrungsbruch, um Regierungskriminalität. Tatort Kanzleramt.

Dass Hirsch das wichtigste Ergebnis seiner Befragungen nicht veröffentlichen kann, liegt an den Merkwürdigkeiten seines Auftrages. Er ist als disziplinarrechtlicher Vor-Ermittler eingesetzt. Das Disziplinarrecht erfasst aber nur Beamte, für den Kanzler und seine Staatsminister gilt das Ministergesetz. Die früheren Chefs des Kanzleramtes darf Hirsch also gar nicht förmlich befragen. Obwohl doch zu erwarten wäre, dass der Amtsleiter mehr über die gezielte Vernichtung fast aller Daten weiß als der Hausmeister.

Warum Hirsch zwar Furcht einflößend «Sonderermittler» genannt wird, in Wahrheit aber minimale Kompetenzen hat, kann allein Gerhard Schröders Amtschef beantworten, der Hirsch eingesetzt hat. Ist es ein Versehen? Biedersinn? Oder kluge Strategie des Kanzlers Schröder, der sich als Aufklärer geben, aber doch nicht zu viel wissen will?

Burkhard Hirsch, der Alt-Liberale und frühere nordrhein-westfälische Innenminister, lässt sich jedenfalls nicht beirren. Er ermittelt mit aller Kraft. Er trifft, weil bei Helmut Kohls ehemaligen Hintersassen mit der Besoldungsstufe die Vergesslichkeit zunimmt, auf Auskunftsfreude vor allem bei den niederen Chargen. Da ist zum Beispiel der Mitarbeiter aus der Computerabteilung, der eines Dienstags im Oktober 1998 seinen Chef fragt, was denn mit der Computeranlage passiert sei. Der antwortet lapidar, dass in der vergangenen Nacht «eben etwas gelöscht» worden sei. Der Mitarbeiter fragt nicht nach, denn er sieht die Sache «vom technischen Standpunkt her». Die Löschungsaktion habe ihn nicht geärgert, da vorher «nur noch 1 Gigabyte verfügbar» war und danach «etwa 4 Gigabyte», also umgerechnet 1,3 Millionen Blatt mehr Speicherplatz. Wie schön für den Techniker, der immer mit der Überlastung der Anlage zu kämpfen hat.

Allerdings fällt dem Mitarbeiter auf, dass das so genannte Löschverzeichnis «nicht mehr aktiviert» ist. Niemand kann noch erkennen, wer wann welche Datei gelöscht hat und wie sie wiederherzustellen wäre. Nach dieser Aussage, weiteren Befragungen sowie einer Analyse des Bundesamtes für Sicherheit in der Informationstechnik wird klar: Die Löschung geschah zentral, heimlich und flächendeckend. Sie unterschied nicht nach Dokumenten, und sie sollte unwiderruflich sein. Sie war offenkundig kriminell. Und ihr gingen Absprachen voraus.

Über Planungsgespräche steht nichts im Hirsch-Bericht, aber vieles in den Anhörungsprotokollen. So berichtet der Geheimschutzbeauftragte über ein Treffen mit dem Computerchef des Hauses und dem Abteilungsleiter der Zentralverwaltung. Die drei erörtern im Oktober 1998, kurz vor dem Amtsantritt der neuen Bundesregierung, den Umgang mit «sensitivem Material». Die Runde stellt fest, man könne heikle Informationen nicht gezielt aus dem Datenmaterial heraussuchen, etwa aus den Computern in den Vorzimmern von Bohl und Kohl. Dazu müsse man viele Mitarbeiter ins Vertrauen ziehen. So viele, dass dieser Weg «nicht gangbar» sei. Daher komme nur eine «generelle Löschung» in Betracht.

Der Geheimschutzbeauftragte sagt dazu, er habe gegen diese Entscheidung «entschieden remonstriert». Heldenhafter, aber nutzloser Widerstand. Nichts fruchtet. Nicht der Hinweis, dass man bei einer pauschalen Löschung «zu 90 Prozent» Datenbestände treffe, die nicht sensibel seien, aber von «erheblicher Bedeutung» für die Arbeitsfähigkeit des Hauses. Der Geheimschützer wird beschieden, er überschätze wohl den Inhalt des Datenbestandes. Vergebens also auch sein Hinweis, dass alle Daten von Sicherheitsüberprüfungen der Mitarbeiter nur noch im Computer vorhanden seien. Eine Löschung werde die Tätigkeit des Kanzleramtes «über Monate» erschweren, vielleicht sogar unmöglich machen.

Dass alle Einwände an den Vorgesetzten abprallen, kann nur einen Grund haben: Kohls Leute wollen etwas verbergen. Der Geheimschutzbeauftragte mahnt, «unter allen Umständen» die Vorschriften über Verschlusssachen zu beachten. Die würden auch bei einer Datenvernichtung gelten. Auch auf die Dokumentation «des Auftrages, des Auftraggebers, der Akte selbst» sei zu achten. Ein «Nichtbeteiligter» müsse zusätzlich anwesend sein.

Nichts davon geschieht. Denn es geht ja von allem Anfang an um eine klandestine, verordnungs- und gesetzeswidrige Aktion. Freilich darf Regierungskriminalität im Rechtsstaat nicht allzu krude daherkommen, weshalb der Anschein der Rechtsförmigkeit gewahrt bleiben muss. Wie das gelingt, zeigen Hirschs Anhörungsprotokolle.

Den Part des bösen Buben gibt Hans-Achim Roll, ein eiserner Kohl-Anhänger und Leiter der Zentralabteilung. Nach seiner Rechtsauffassung sind Daten auf Festplatten «eine Art Zwischenmaterial». Zwar verpflichte die Geschäftsordnung zur lückenlosen Dokumentation der Verwaltungsvorgänge, aber diese Vorschrift beziehe sich nur auf das «ausgedruckte Material». In seiner Anhörung beschreibt Roll, durchaus originell, was er den Hintergrund seiner Überlegungen nennt. Es handele sich immerhin um den ersten Regierungswechsel im Computerzeitalter, da seien «diese Maßnahmen» erforderlich. Gemeint ist die Löschorgie.

Roll erscheint auch als Schöpfer des Wortes vom «Privatdienstlichen». Darunter fällt alles Mögliche. Dateien und Papiere zum Beispiel, die nach seiner Definition noch keinen amtlichen Charakter haben und «ausschließlich» der damaligen Regierung «zuzurechnen» sind. Solches Material, findet er, dürfe vernichtet werden. Am Ende erfüllen zwei Drittel aller Kanzleramtsdaten dieses Kriterium, und sie verschwinden auf Nimmerwiedersehen. Wer Roll ernst nimmt, muss das Bonner

Kanzleramt für eine große Privatvilla mit Moore-Plastik im Garten halten.

Auf Rolls Verantwortlichkeit, von der im Hirsch-Bericht kein Wort steht, verweisen in den Anhörungen fast alle Spitzenbeamten. Sie benutzen sogar durchweg seine Formulierungen («Privatdienstliches»), was sich wie abgesprochen oder auswendig gelernt liest. Roll drängt es geradezu, die Verantwortung für die Bundeslöschtage zu übernehmen. Seine Anhörung nutzt er zur Selbstbezichtigung. Vor dem Daten-Blackout habe er sich mit niemandem beraten. Vielmehr habe er sich alles «selbst überlegt» und auch «entschieden».

Diese Geschichte hat bloß einen Haken: Sie ist nicht plausibel. Wer will dem Abteilungsleiter schon abnehmen, dass er seinem Herrn den Wunsch nur von den Augen abliest, das Kleingedruckte aus dessen Amtsführung möge in einem Nirvana von Elektronikmüll verschwinden? Wer mag glauben, dass ein Abteilungsleiter Anweisungen für Löschungen beim Bundeskanzler und dessen Kanzleramtsminister gibt?

Keiner der Zeugen hat sich ausdrücklich auf eine Weisung Helmut Kohls oder Friedrich Bohls berufen. Das muss freilich nichts heißen angesichts der Erinnerungslücken, Absprachen, Schutzbehauptungen und offenkundigen Lügen der Spitzenbeamten. Denn auch ohne förmliche Bezichtigung, das zeigen die Anhörungsprotokolle, gibt es genügend Indizien.

Irgendwann nach der ersten von drei Löschnächten dringen Mitarbeiterproteste zum Kanzleramtsminister vor. Friedrich Bohl lädt seine Leitungskader zur Besprechung. Nach Aussagen der Teilnehmer soll er bei dieser Gelegenheit angeordnet haben, nicht zentral zu löschen, nicht gegen den Willen der einzelnen Beamten und nichts, was künftig von Bedeutung sein könnte. So steht es im Hirsch-Bericht. Was nicht drin steht, sind die Folgerungen und die Widersprüche.

Die finden sich in den Anhörungsprotokollen: Wann die Besprechung bei Bohl genau stattfand, kann niemand mehr sagen.

Es gibt keine Aktennotiz. Gegen seine Anordnung verstößt aber irgendwer massiv, denn es wird ja zentral, unterschiedslos und gegen Widerstände des Personalrats gelöscht. Dass Bohls Weisung gröblich missachtet wird, stört ihn offenbar nicht. Hat er nichts gemerkt? Ist es ihm egal? Kann ein Kanzleramtsminister klaglos hinnehmen, dass seine Anweisungen ins Gegenteil verkehrt werden? Oder stimmt die ganze Geschichte nicht, die alle Führungskräfte so hübsch übereinstimmend erzählen?

Darauf deutet die Aussage eines Zeugen, der als Einziger das Kartell durchbricht. Seine Aussage hat den Vorzug, dass sie plausibel klingt. Der Zeuge berichtet, die Entscheidung zur Datenvernichtung sei verabredet worden. Wie, weiß der Zeuge nicht. Der Abteilungsleiter Roll habe ihm direkt nur gesagt, er, Roll, müsse die Vernichtung anweisen. Denn es sei seine Aufgabe als politischer Beamter, seinen Minister «zu schützen». Der Minister heißt Friedrich Bohl.

Mut zur Lücke: Der zentrale Datenblackout

Aus Bohls eigenem Büro ist kein Byte Daten übergeben worden. Der ganze Leitungsbereich ist beim Regierungswechsel datenrein. Besonders schmerzlich erscheint den Ermittlern der Verlust der so genannten GdL-Datei. GdL steht für Geschäftsführung der Leitung. Deren Datei ist das zentrale Nervensystem des Kanzleramtes, ein Schnellsuch- und Findesystem für Akten. Ob und wann Helmut Kohl und Friedrich Bohl Vorlagen über Leuna, den Verkauf von Eisenbahnerwohnungen oder Fuchs-Panzern auf dem Tisch hatten, ließe sich an dieser Datei nachvollziehen. Doch leider: alles perdu. Irgendjemand hat Mut zur Lücke bewiesen. Wer das war, sagt einer der Zeugen aus der Geschäftsführung sehr deutlich. Die Anweisung sei «von Dr. Neuer» gekommen.

Walter Neuer war bis zum Regierungswechsel Bürochef von

Helmut Kohl. Neuer sagt zu seiner Rechtfertigung, er habe selbst eine entsprechende Anweisung erhalten. Allerdings nicht von seinem Vorgesetzten, dem Kanzler, sondern von einem Abteilungsleiter. Der aber hat Neuer gegenüber keine Weisungsbefugnis.

Die meisten von Kohls alten Führungskräften verstehen die ganze Aufregung um den Datenschwund nicht. Was wichtig sei, argumentieren sie, gebe es ohnehin ein zweites Mal, nämlich in den Akten. Burkhard Hirsch hat eine andere Theorie. Für ihn, schreibt er in seinem Bericht, ergebe die Datensäuberung nur einen Sinn bei einer «nachfolgenden Bereinigung der Akten». Damit wäre jede Spur amtlicher Entscheidungen beseitigt.

Gab es so eine Aktensäuberung? Helmut Kohl bestreitet Aktenvernichtungen in seinem Bürobereich. Friedrich Bohl sagt, er habe weder Akten vernichtet noch die Vernichtung angeordnet.

Die Behauptungen werden jeden amüsieren, der die Anhörungsprotokolle liest. Eine Zeugin, Sekretärin im Vorzimmer Bohls, berichtet, wie Bohls Büroleiter und Bohls Referent Akten «aussortiert und vernichtet» hätten. Sie selbst und ihre Kollegin seien angewiesen worden, die Hausarbeiter zu holen. Container sollten mitgebracht werden. Die Behälter, große Holzkisten, seien in die Büros gestellt worden. Mit ihrer Kollegin habe sie die Papiervernichtung beaufsichtigt. Ein anderer Zeuge hat beobachtet, wie Papier, offenbar Schredderschnipsel, abtransportiert wurde: «mit Kleinlastern».

Friedrich Bohls Büroleiter, dazu befragt, erklärt den Vorgang so: Zwar würden in Bohls Büro keine Amtsakten geführt, wohl aber Koalitionsakten. Auch gebe es eine Ablage mit persönlichen Unterlagen. Dazu zählten die Abgeordnetenkorrespondenz, Bohls Notarakten, Bewerbungen und persönlicher Schriftverkehr. All diese Unterlagen seien entweder der Konrad-Adenauer-Stiftung übergeben oder geschreddert worden – man habe sicher sein wollen, dass nicht eines Tages Koalitionsakten «auf einer Mülldeponie» gefunden würden.

Das alles klänge überzeugender, hätte die Vernichtungsmaschine des Kanzleramtes präziser gearbeitet. Aber einige Dutzend versprengter Sicherungsbänder von Dateien sind Hirsch zufällig in die Hände gefallen, darunter eine Aktenliste aus dem Büro Bohl. Sie enthält keineswegs nur persönliche Unterlagen des Abgeordneten und Parteipolitikers Bohl, sondern ein Potpourri aus der Tätigkeit des Kanzleramtschefs: Personalfragen beim Bundesnachrichtendienst, Waffenverkäufe, außenpolitische Strategiepapiere. Und diverse Überschriften deuten auf einen Zusammenhang mit der Affäre. Alles ist aus dem Kanzleramt verschwunden – nach Umdefinition von Amtsakten zu Privatpapieren.

Im gesamten Leitungsbereich des Kanzleramtes sind der folgenden Bundesregierung keinerlei Papiere übergeben worden. Als einer der Neuen, Kultusminister Michael Naumann, sein Amt antritt, wird ihm sein Zimmer – wie er später schreibt – «besen-, akten- und faktenrein» übergeben. Alles «blitzblank, gähnend leer, ein Inbegriff abgerissener Kontinuität». Ein anderer Spitzenbeamter, der spätere Kanzleramtschef Frank-Walter Steinmeier, trifft, als er gegen zehn Uhr abends sein neues Büro erstmals betritt, auf eine fleißige Sekretärin in Strümpfen, die einen Reißwolf mit Unterlagen füttert. Auf die Frage, was sie mache, antwortet sie: «Das sehen Sie doch.»

Auch in der Registratur fehlen Akten, teilweise komplett: wie zufällig zu all jenen Geschäften, denen der Berliner Untersuchungsausschuss bei seiner Frage nach der Käuflichkeit von Kohls Republik nachgeht: Leuna, Fuchs-Panzer, Eisenbahnerwohnungen. Über Airbus-Geschäfte gibt es zwar viele Aktenbände, allerdings nur über Exporte nach Malaysia und China, nicht aber über die verdächtigen Exporte nach Kanada und Thailand. Wieder so ein Zufall. Das Archiv des Kanzleramtes wird zur Aufklärung also kaum mehr beitragen können. Irgendjemand muss das so gewollt haben.

Die Frage nach der Verantwortung berührt die Kompetenzen

Bohls «Privatakten»

Persönliche Unterlagen des Kanzleramtschefs, die bei den Bundeslöschtagen verschwanden

07. 02. 92 Personalplanung für die im Lagezentrum eingesetzten BGS-Vollzugsbeamten

18. 08. 92 Vermerk ChefBK über Gespräch EKHK Otto Kreicker wg. Zentralstelle für die Bekämpfung der Regierungskriminalität Berlin

02. 04. 93 Solidarpakt für Deutschland

04. 04. 93 Sts Kastrup vor dem Bundesverfassungsgericht: Welche Rolle hat die angegriffene Regelung bei den «Zwei-plus-Vier»-Verhandlungen gespielt?

04. 05. 93 1000-Tage-Einheit

09. 06. 93 Gefährdungslage (Aktenordner vertrauliche Vermerke – Panzerschrank)

11. 06. 93 Agnes Hürland-Büning wg. Fa. TED (elf aquitaine/Thyssen)

06. 09. 93 Negativberichterstattung über Teilnahme am Betriebsausflug nach Warstein

01. 10. 93 Parteienfinanzierung

02. 11. 93 Nachfolge von Weizsäcker

01. 05. 94 Fuchs-Panzer für China, Schr. Baumeister (Panzerschrank)

02. 12. 94 Tornado-Einsatz Bosnien (Persönliche Akte – Panzerschrank)

Fax MdB Joschka Fischer v. 18. 1. 95 wg. Tschetschenien
Ausführlicher Lebenslauf von Joschka Fischer

23. 03. 95 Akte 01. 06. 96 Personalangelegenheiten Abteilung 4, Vermerk Dr. Nehring, Perspektiven für Gruppenleiter 42 und 04

02. 01. 96 Weihnachtsfeier im Bundeskanzleramt (Akte persönliche Korrespondenz – Panzerschrank)

01. 04. 96 Schreiben Sts.a.D. Pfahls v. 8. Januar 1996 an BK und ChefBK wg. Ermittlungsverfahren wg. Verdacht von Schmiergeldzahlungen (Akte vertraulich – Panzerschrank)

Akte CHBK 01. 04. 96 Vorgang Sts a.D. Pfahls wg. Ermittlungsverfahren; Verdacht Schmiergeldzahlungen im Zusammenhang mit Lieferung von ABC-Spürpanzern der Firma Thyssen an Saudi-Arabien

26. 04. 1996 Schreiben Premierminister von Singapur Goh Chok an BK v. 15. April 1996 und Vermerk ChefBK wg. Telefonat mit Herrn von Pierer bezüglich Auftragsvergabe Firma Siemens

02. 01. 97 Fax vom 11. 09. 96 von Herrn Martin, Bundesverband Deutscher Ärzte für Frischzellen-Therapie wg. Verbot der Frischzellen-Therapie an ChefBK

04. 01. 97 Enteignungen 45 – 49 des Ministeriums für Auswärtige Angelegenheiten der russischen Föderation

02. 11. 97 Haushalt – globale Minderausgaben

des merkwürdig machtlosen Sonderermittlers. Dutzende von Beamten befragt Hirsch, aber an die wirklich wichtigen Zeugen kommt er nicht heran. Doch plötzlich erhält er Hilfe von unerwarteter Seite, von Friedrich Bohl höchstselbst. Derart empört ist Bohl über die Verdächtigungen, dass er sich rechtfertigen will. Zuvor hatte er das nur in einer Kaskade von Interviews getan. Immer beteuerte er seine Unschuld: Keinesfalls habe er eigenhändig «Akten vernichtet und auch keinerlei Anweisung» dazu gegeben. Im Computer seien allein «Vermerke und politische Konzepte» gelöscht worden. Die Mitarbeiter hätten das aus Gründen des «Datenschutzes» getan. Das sei genauso, «als wenn Sie eine Kladde oder ein Merkheft mitnehmen».

Freiwillig stellt sich Bohl dem Sonderermittler. «Gespräch»
steht deshalb auf dem Protokoll und nicht – wie bei allen anderen Zeugen – «Anhörung». Zwei Stunden lang sprechen die
beiden miteinander. Bohl sagt das zu Erwartende, spricht von
«entbehrlichen» und «belanglosen» und «privaten» und «privatdienstlichen» Daten, die gelöscht worden seien, nennt den
Abteilungsleiter Roll als Initiator und wird schließlich doch
noch erwischt. Eine Löschung auf Weisung eines Abteilungsleiter? Da fragt Hirsch nach; es sei doch auch die GdL, die Datenverarbeitung der Amtsleitung, komplett gelöscht worden. Ein
Abteilungsleiter habe dazu mangels Kompetenz keinerlei Weisung erteilen können. An dieser Stelle wird es spannend. Derlei
Weisungen können gemäß der Hierarchie nur vom Amtschef,
also Bohl, oder vom Bundeskanzler selbst kommen. Wie reagiert
Bohl auf diese Finte? Es ist wie verhext: gerade in diesem entscheidenden Moment versagt sein Gedächtnis. Davon, dass in
seinem eigenen Büro die Leitungsdatei verschwand, weiß er
plötzlich nichts. Von dieser Löschung höre er jetzt zum ersten
Mal. Überhaupt begreife er die Arbeitsweise dieses Systems erst
durch das Gespräch mit Hirsch. Sogar ein ehemaliger Kanzleramtschef kann also noch etwas über sein Büro lernen.

Auch der Aktenschwund ist Friedrich Bohl entgangen. Über
den Verlust der meisten Leuna-Unterlagen sei er nicht informiert
worden. Ferner will Bohl von den Sitzungen zur absichtsvollen
(und illegalen) Verkleinerung der Leuna-Akten vor der Übergabe
an den Untersuchungsausschuss «DDR-Vermögen» nichts mitbekommen haben. Hirsch kontert, Bohl sei doch persönlich an
der Auswahl der Unterlagen beteiligt gewesen. Darauf Bohl: An
die «Aktensortierung» erinnere er sich «nicht im Detail». Das
wundert wiederum Hirsch: Bohl sei – ganz im Gegenteil – sehr
genau über den Umgang mit den Leuna-Akten im Kanzleramt
informiert worden, schließlich habe er mit rotem Stift Anmer-
kungen auf die Vorlagen geschrieben. Derart in die Enge getrieben, reagiert Bohl mit einem Satz, der als Klimax dieses form-

vollendeten «Gesprächs» gelten darf: Erst ein Journalist habe ihn im Januar 2000 über die verlorenen Akten in seinem Amt informiert. Das finde er «ausgesprochen merkwürdig». Da wird man dem ehemaligen Kanzleramtschef folgen können. Der streng gescheitelte Herr Bohl muss den Augiasstall, den er leitete, schlecht gekannt und schlecht im Griff gehabt haben. Es gibt noch eine zweite Möglichkeit: Nichts von alledem stimmt.

Das Depositum Bohl

Wo all die Akten geblieben sind, kann Sonderermittler Hirsch nicht mehr feststellen. Mit einer Ausnahme. Er hält die Dokumentenliste aus Friedrich Bohls «Privatablage» in Händen, jene Aufstellung, deren Löschung im Computer misslang. Und er weiß, wo die Akten sind: in der Konrad-Adenauer-Stiftung. Bohl selbst bietet Hirsch schließlich an, dort Akten einzusehen. Das spricht für Bohls reines Gewissen. Doch dieser Eindruck wird schnell zerstreut. Denn Bohl gibt Hirsch keine Blankovollmacht. Die Beschränkungen sind der Anlass eines mehr als ein Jahr währenden Fingerhakelns.

Schon bald teilt Bohl mit, er halte die Datenrekonstruktion jener Liste seiner «persönlichen Unterlagen» für «rechtlich höchst bedenklich». Einen Bezug zum Fall Leuna sehe er nicht. Vielmehr habe er vertrauliche «Anliegen und Mitteilungen» von «Kollegen in Regierung und Koalition» dort abgelegt. Er werde deshalb eine «Ausforschung» seiner Tätigkeit als Abgeordneter «nicht zulassen». So geht das hin und her. Die Tage, die Wochen, die Monate verstreichen, der Tatort Kanzleramt verschwindet aus den Schlagzeilen. Hirsch darf nicht rein in die Adenauer-Stiftung, und ob das «Depositum Bohl» während dieser Zeit unberührt bleibt, ist völlig ungewiss. Es dauert schließlich fünf lange Monate, die wichtigste Hürde zu nehmen: den Besichtigungstermin festzulegen. Als das geschafft ist, wächst eine Woche vor dem abgesprochenen Zeitpunkt ein neues Hindernis heran. Die CDU-nahe Adenauer-Stiftung macht einen Rückzieher. Sie hat bemerkt, dass Freitagnachmittag kein günstiger Zeitpunkt für eine Arbeitssitzung in einem beschaulich-beamtischen Archiv ist. Leider, teilt Bohls Anwalt dem Sonderermittler mit, habe er die Stiftung zu keiner «Sonderöffnung» überreden können. «Merkwürdig und lächerlich» finde er das, schreibt Hirsch zurück.

Schließlich treffen sich Bohl und Hirsch am 23. August 2000 in der Adenauer-Stiftung. Hirsch darf aber nur 29 von 97 Ordnern des «Depositums Bohl» sehen (und stellt bei dieser Gelegenheit fest, dass es dort auch noch 300 Ordner eines ungeprüften «Depositums Kohl» aus dessen Amtsablage gibt). In diesem Moment geht der Streit erst richtig los. Als das Berliner Kanzleramt hört, welche Akten Bohl dort lagert und für «privat» hält, verlangt es die Rückgabe diverser Dokumente. Das Hickhack währt ein weiteres Jahr, und am 6. Juli 2001 protestiert Friedrich Bohl schriftlich gegen das «totale Herausgabeverlangen». Es sei «ungerechtfertigt und maßlos». Es widerspreche «jahrzehntelanger Staatspraxis» und verletze seine «verfassungsmäßigen Rechte als Abgeordneter». Ohne nachvollziehbare Begründung werde seine Handablage für dienstlich erklärt. Bohl nennt Beispiele. Er wehre sich, sagt er, aus prinzipiellen Gründen dagegen, eine Autogrammkarte der Miss Germany von 1992 herauszugeben, und fragt: «Soll ich amüsiert sein?»

Was ist da los? Hat der Kanzleramtsminister von der SPD nichts Besseres im Sinn, als seinen Vorgänger von der CDU zu demütigen? Wird im Namen der Aufklärung mit Schmutz nach Bohl geworfen?

Die Antwort liegt in den Akten. Denn dort finden sich bei weitem nicht nur Autogrammkarten und Glückwünsche. Wer blättert, rutscht sofort ab in die Niederungen der Affäre. Und ist beeindruckt von der Chuzpe, mit der Friedrich Bohl sein ehemaliges Amt privatisiert, zugleich aber die verfolgte Unschuld gibt.

Im Dutzend tauchen Amtsakten in den Konvoluten auf. Zum Beispiel ein Bündel mit Briefen Brigitte Baumeisters, das illustriert, wie die CDU ihren Förderern in jenen Jahren zu Diensten ist. Nicht wie eine CDU-Schatzmeisterin schreibt sie, sondern wie eine Lobbyistin des Thyssen-Konzerns. Immer wieder will sie den «lieben Fritz» und auch den «sehr geehrten Herrn Bundeskanzler» für die Genehmigung von Rüstungsexporten der Firma Thyssen erwärmen. Immer sind die Argumente gleich, (die «Arbeitsplatzsicherung», die schwachen «Wachstumskräfte»). Immer sind es ganz ungefährliche Waffen («nonoffensive Systeme», «an der untersten Grenze von offensiv eingestuft»). Immer soll es in Spannungsgebiete gehen, zum Beispiel nach Taiwan, das nach Baumeisters Wunsch 1000 Fuchs-Panzer erhalten soll. Friedrich Bohl tut, wie er von der Kassendame der Partei geheißen wird. Er fragt beim Außenminister um die Taiwan-Genehmigungen an. Klaus Kinkel, Mitglied der FDP und nicht im Verdacht, eine «Spende» erhalten zu wollen, weist die Anfrage brüsk ab: «Es handelt sich (…) um Kriegswaffen. (…) Die Lage ist eindeutig.»

Der spektakulärste Fund in Bohls privater Adenauer-Ablage ist eine «Akte Pfahls». Darin zeigt sich, dass den Kanzleramtsminister schon vier Jahre vor dem Rest der Republik bewegt, was später als CDU-Affäre das Land erschüttern wird. Anfang 1996 erfährt Bohl, dass Augsburger Staatsanwälte gegen den früheren Staatssekretär Ludwig-Holger Pfahls wegen des Verdachts der Bestechlichkeit beim Panzer-Export ermitteln. Das muss Bohl mächtig beunruhigt haben. Jedenfalls wirft er sofort die Maschinerie des Kanzleramtes an, um mehr zu erfahren. Er erhält einen Bericht über die entscheidende Sitzung des Bundessicherheitsrates samt länglicher Zitate aus dem Protokoll. So wichtig ist Bohl die Sache, dass er sich sofort mit Helmut Kohl berät.

Dasselbe Protokoll erbittet später die Augsburger Staatsanwaltschaft von Friedrich Bohl. Doch der schreibt zurück: «Lei-

Brigitte Baumeister
Mitglied des Deutschen Bundestages
Parlamentarische Geschäftsführerin
der CDU/CSU-Fraktion

53113 Bonn
Bundeshaus
Tel. 02 28/1 68 75 54
Fax 02 28/1 68 65 54

Persönlich/Vertraulich
An den
Chef des Bundeskanzleramtes
Herrn
Bundesminister Friedrich Boh
Bundeskanzleramt
Adenauerallee 141

53113 Bonn

Sehr geehrter Herr Minister,

die Seitens der Republik China (Taiw
Mannschaftstransportfahrzeuge des Typs
Thyssen Industrie AG Henschel als General
Die Baugruppenkomponenten und -teil
Unterlieferanten aus der ganzen Bundesrep
Folgende Unternehmen sind an der Herstel

Firma	Stadt
1. TH Maschinen Bau	Kirchen
2. Schot	
3. ZF	
4. Behr	
5. Deugr	
6. Boyse	
7. Rheinl	
8. KWR	
9. Coma	
10. Daimle	
11. Evers	
12. Teves	

Brigitte Baumeister
Mitglied des Deutschen Bundestages
Parlamentarische Geschäftsführerin
der CDU/CSU-Fraktion

53113 Bonn
Bundeshaus
Tel. 02 28/1 68 75 54
Fax 02 28/1 68 65 54

71032 Böblingen
Reiherweg 38
Tel. 0 70 31/28 91 48
Fax 0 70 31/28 95 64

Persönlich/Vertraulich
An den
Chef des Bundeskanzleramtes
Herrn   27. April 94
Bundesminister Friedrich Bohl MdB
Bundeskanzleramt
Adenauerallee 141

53113 Bonn

Gel. 22   6. 4. 5.

Persönlich +
Vertraulich

b. k.

Bonn, den 27. April 1994

Sehr geehrter Herr Minister, *lieber Fritz*

die Seitens der Republik China (Taiwan) angefragten eintausend gepanzerten Mannschaftstransportfahrzeuge des Typs TPz 1 6x6 FUCHS werden von der Firma Thyssen Industrie AG Henschel als Generalunternehmer hergestellt.
Die Baugruppenkomponenten und -teile dieses Fahrzeugs werden jedoch von Unterlieferanten aus der ganzen Bundesrepublik geliefert.
Folgende Unternehmen sind an der Herstellung des TPz 1 beteiligt:

(...)

Der Auftrag hat ein Gesamtvolumen von über 2 Mrd. DM, das zu 100 % in der Bundesrepublik Deutschland erbracht wird.
Dabei werden insgesamt 8.230 Mannjahre bei der Fertigung anfallen, bei über 2000 Beschäftigten für einen Zeitraum von 4 bis 5 Jahren.

Die Auftragsvergabe sowie deren -abwicklung würden noch 1994 beginnen. Damit würde sicherlich der Markt in der derzeit noch langsam beginnenden Anlaufphase eines sich abzeichnenden wirtschaftlichen Wachstums positiv beeinflußt.

Im Falle einer Realisierung dieses Auftrages müßten bisher geplante Maßnahmen zum Abbau von Arbeitsplätzen sowohl bei Thyssen Henschel als auch bei verschiedenen Zulieferunternehmen nicht mehr oder in geringerem Umfang realisiert werden, was ebenfalls zu einer Verbesserung der wirtschaftlichen Situation in den regionalen Wirtschaftsräumen in diesem und den nächsten Jahren führen würde.

Das Fahrzeug ist ausschließlich für den gesicherten Mannschaftstransport vorgesehen. Der TPz 1 ist wiederholt zu diesen Zwecken bei UN-Einsätzen, auch von der Bundeswehr - zuletzt in Somalia -, mit großem Erfolg verwendet worden.

83

Für das gepanzerte Mannschaftstransportfahrzeug vom Typ TPz 1 6x6 FUCHS ist bisher kein Antrag für die Exportgenehmigung nach Taiwan gestellt worden. Ausfuhrgenehmigungen wurden deshalb bisher vom Bundessicherheitsrat weder erteilt noch abgelehnt.

Von seinen Einsatzmöglichkeiten her ist der TPz 1 kein Kampffahrzeug. Alleine die Tatsache, daß dieses Transportfahrzeug gepanzert ist und deshalb bei gewaltsamen Auseinandersetzungen eingesetzt werden kann, dürfte es im Ergebnis nicht rechtfertigen, es auf eine Stufe mit Kriegswaffen - wie etwa Raketen oder Panzern - zu stellen.

Daher sollte für dieses Fahrzeug auch aus diesem Grunde eine Ausfuhrgenehmigung erreicht werden.

Mit freundlichen Grüßen

Brigitte Baumeister MdB

Anlage

(...)

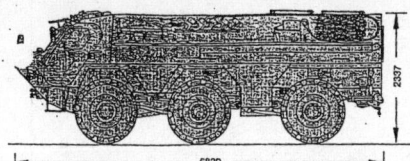

Transportpanzer 1 „Fuchs"   **DEU**

Kurzbeschreibung: Schwimmfähiges 3-Achs-Radfahrzeug (6 x 6) mit etwas vergrößertem Abstand zwischen Mittel- und Hinterachse. Langgestreckte Wanne mit ebenem Dach und abgeschrägten Seitenwänden. Keilbug mit oben aufliegendem Schwallbrett; senkrecht abfallendes Heck. Breite Fahrerkabine mit Beschußblenden vor Frontfenstern; Dachluke mit MG-Halterung rechts über Kdt.-Platz. Beidseits Propeller für Wasserfahrt am Heck (siehe ERKENNUNGSBLÄTTER/Folge 252).

Anmerkung: Zahlreiche Varianten mit Sonderausstattung für Pionier-, Fernmelde-, EloKa- und ABC-Abwehr-Aufgaben (letztere siehe ERKENNUNGSBLÄTTER/Folge 313).

Besatzung:	2 + 10 Mann (max.)
Gefechtsgewicht:	16 t
Motor:	8-Zyl. Diesel
Motorleistung:	235 kW
Geschwindigkeit, max.	
Straße/Wasser:	90 km/h / 10 km/h
Fahrbereich:	800 km
Bewaffnung:	1 MG 7,62 mm

---

1. Der Transportpanzer Fuchs ist bei der Bundeswehr (Heer) überwiegend als
   Übergangslösung für die Nachfolge der Mannschaftstransportfahrzeuge M 113
   und des Lkw 2 to vorgesehen.

   Aus finanziellen Gründen wird sich diese Übergangslösung jedoch sehr lange
   hinziehen. Eigentlicher Nachfolger des M 113 und Lkw 2 to soll das
   Gepanzerte Transportkraftfahrzeug (GTK) werden. Diese deutsch-französische
   Gemeinschaftsentwicklung <u>soll</u> nach derzeitiger Planung mit den ersten
   30 Stück im Jahr 2002 ausgeliefert werden.

2. <u>Der Transportpanzer Fuchs ist bei der Bundeswehr in vielfältigen Funktionen
   bei folgenden Truppengattungen eingesetzt:</u>

   - Jägertruppe
   - Panzeraufklärungstruppe
   - Pioniertruppe
   - Flugabwehrtruppe
   - ABC-Abwehrtruppe
   - Fernmeldetruppe
   - Sanitätstruppe

   Seine Verwendung ist entsprechend vielfältig vom Transportfahrzeug für
   Infanteristen, Erkundungsfahrzeug für Pioniere, Spürfahrzeug für die
   ABC-Abwehrtruppe, Transportfahrzeug für die Sanitätstruppe bishin zum sog.
   Führungsfahrzeug (um nur die wichtigsten Funktionen zu nennen).

   <u>Der derzeitige Bestand beträgt 1.030 Stück.</u>

3. <u>Bezüglich seiner Einordnung dürfte der Transportpanzer Fuchs zu den
   kampfunterstützenden gepanzerten Fahrzeugen zählen</u> (Ziff. 25 der beigefügten
   Kriegswaffenliste).

85

Bonn, den 11. April 1994

V e r m e r k

Ich habe heute mit Frau Kollegin Baumeister am Rande der Präsidiumssitzung der
CDU über diesen Vorgang gesprochen. Frau Baumeister hat mir mitgeteilt, daß
Sie im Laufe der Woche noch ein Gespräch mit Bundesminister Dr. Kinkel in
dieser Angelegenheit führen wird. Der Ausgang dieses Gespräches soll zunächst
abgewartet werden.

Frau Baumeister wird Ende der Woche mich informieren. Wir werden dann das
weitere Vorgehen in der Sache besprechen.

WV: Freitag, den 15.4.94

Bonn, 2. Januar 1995

An den
Bundesminister für
besondere Aufgaben und
Chef des Bundeskanzleramts
Herrn Friedrich Bohl
Adenauerallee 139 - 141

53113 Bonn

Lieber Herr Bohl!

Sie hatten mich kurz vor Weihnachten gebeten, die Genehmigungsaussichten für einen Export nach Taiwan von ABC-Spürfahrzeugen und Infanteriefahrzeugen der Fa. Thyssen Henschel zu prüfen.

Es handelt sich bei beiden in Frage stehenden Fahrzeugen um Kriegswaffen. Gemäß unserer Genehmigungspolitik gegenüber Taiwan kann Exporten von Kriegswaffen nicht zugestimmt werden. Es existieren keine Präzedenzfälle für derartige Lieferungen oder überhaupt für Lieferungen von Kriegswaffen nach Taiwan.

Auch die vorgesehene Streichung Taiwans von der Länderliste H führt lediglich zu Lockerungen bei Dual-Use-Güterexporten, nicht jedoch bei Kriegswaffenexporten. Hier bleibt es bei unserer restriktiven Haltung.

Auch Rüstungsgüter mit ABC-Bezug sind nicht genehmigungsfähig. Was die von Ihnen erwähnten Lieferungen von ABC-Spürfahrzeugen an die USA, Großbritannien und Israel angeht, so standen diese in engem Zusammenhang mit einem akut drohenden CW-Angriff durch den Irak, insbesondere auf Israel. Diese Exporte können wir nicht als Präzedenzen für die Genehmigung der Lieferung solcher Fahrzeuge nach Taiwan heranziehen.

Ich kann Ihnen leider keine positivere Antwort geben. Die Lage ist eindeutig.

Mit freundlichen Grüßen

87

der sehe ich mich nicht in der Lage, Ihrer Bitte zu entsprechen.»
Der Kanzleramtschef nennt Vorschriften und spricht von «ständiger Staatspraxis», bevor seine Argumentation in einem bemerkenswerten Diktum gipfelt: Solche «Niederschriften», schreibt er, unterlägen «der Geheimhaltung».

Friedrich Bohl nutzt virtuos die Regeln, um die Staatsanwälte abzublocken. Wie Amtsakten zu behandeln sind, weiß er aus dem Effeff. Nur: Warum wird sich dann die «Geheimniederschrift», die er Staatsanwälten zur Aufklärung von Regierungskriminalität verweigert, später im Original in seinen «Privatakten» finden? Wer solche amtlichen Schriftstücke «zerstört, beschädigt, unbrauchbar macht oder der dienstlichen Verfügung entzieht», macht sich strafbar: Verwahrungsbruch.

Tatsächlich beschäftigt das deutsche Watergate, der Einbruch der Regierenden in die Regierungszentrale, auch die Justiz. Und damit beginnt des Dramas zweiter Akt. Sonderermittler Hirsch übergibt seinen Bericht im Juli 2000 der Bonner Staatsanwaltschaft. Zugleich erstattet das Kanzleramt Anzeige gegen zwei frühere Beamte. Aber, merkwürdig, nicht wegen des Verdachts des Verwahrungsbruchs und der Urkundenunterdrückung, sondern wegen eines weniger gravierenden Vorwurfs, der Computersabotage. Will die Führung des Kanzleramts ihre Vorgänger nicht so hart angefasst sehen? Soll die Verantwortung der Amtsleitung gar nicht erst ermittelt werden?

Wie auch immer: die Staatsanwaltschaft kann nun den Bericht des Vor-Ermittlers Hirsch als Arbeitsgrundlage benutzen. Sie kann weitermachen, wo Hirsch aufhören musste; nachfragen bei jenen Männern, unter deren Augen drei Gigabyte Daten verschwanden und körbeweise Akten; aufklären, was all die Absprachen, Schutzbehauptungen und Lügen der Spitzenbeamten vernebeln sollen.

Ein halbes Jahr lang bleibt es ruhig in Bonn, verdächtig ruhig. Was hat die Staatsanwaltschaft in all der Zeit unternommen? Die Antwort lautet: Nichts! Sie vernimmt keine Zeugen, keine früheren Beamten, keine Politiker. Sie hört den Vor-Ermittler Hirsch nicht an. Sie sucht keine Akten, nicht in der Adenauer-Stiftung, nicht anderswo. Kurzum: Sie ermittelt nicht. Sie legt allein den Hirsch-Bericht zwischen zwei Aktendeckel und schreibt vorn ein Aktenzeichen drauf.

Wer die Wahrheit wissen will, der muss sie suchen. Wer sich aber nicht schlau macht, kann trotzdem eine Meinung haben. Die Staatsanwaltschaft Bonn legt die ihre am 15. Januar 2001 auf 104 Seiten nieder. Sie begründet in ihrem Vermerk, warum sie die Ermittlungen einstellen will. Die Staatsanwälte stellen alles infrage, was zuvor als belegt gegolten hat. Sie bezweifeln, dass es eine zentrale Löschung der meisten Daten gab. Eine Vermutung sei das, mehr nicht. Die Daten könnten aus Versehen verschwunden sein. Von Vorsatz sei jedenfalls nicht auszugehen. Und für einen Zusammenhang zwischen Datenlöschung und Aktenschwund gebe es keine Hinweise.

Nun hat sich Burkhard Hirsch das alles ja nicht ausgedacht. Seine Schlussfolgerungen beruhen auf einem technischen Gutachten. Die Expertise stammt nicht von irgendwem, sondern vom Bundesamt für Sicherheit in der Informationstechnik. Was also hat die Staatsanwaltschaft getan, um dieses Gutachten zu erschüttern? Die Antwort lautet: Nichts! Sie hat keine anderen Experten beauftragt und keinerlei neue Erkenntnisse gewonnen. Sie glaubt einfach nicht, was sie liest, und hebelt mit juristischen Erwägungen technische Erkenntnisse aus. Ein Fall von Ermittlungsverweigerung im Angesicht offenkundiger Staatskriminalität.

Ihren Vermerk richten die Strafverfolger an das Kanzleramt. Es erhält nun die Gelegenheit, Einspruch zu erheben. Das geschieht im Juni 2001. Die Berliner führen die Staatsanwälte regelrecht vor. Die «Bejahung eines Anfangsverdachtes» sei «vermieden» worden. Die Bonner, heißt es, hätten die Einstellung des Verfahrens sogar mit dem falschen Paragraphen begründet. Die zitierte Norm der Strafprozessordnung setze «normalerweise voraus, dass ein Verfahren betrieben» wurde. Wenn es aber «keine eigenen Ermittlungen» gebe, bedeute «die Einstellung in Wahrheit: Ablehnung der Aufnahme von Ermittlungen». Dafür gebe es wiederum eine andere Vorschrift. Auch hätten die Staatsanwälte «ihr Augenmerk ausschließlich auf die Frage der Strafbarkeit unvollständiger Aktendokumentation gelegt». Sie hätten vielmehr untersuchen sollen, ob Unterlagen nicht gerade deshalb entfernt worden seien, um «mögliche weitere Straftaten» – also Vorteilsannahme oder Korruption – zu vertuschen.

Irgendetwas scheint in Bonn Eindruck gemacht zu haben. Die Replik aus Berlin? Die folgende Flut von 11 000 Dienstaufsichtsbeschwerden empörter Bürger nach dem Aufruf von Professor Hennis in der ZEIT? Die Tatsache, dass der Generalstaatsanwalt sich die Entscheidung schließlich zur Prüfung vorlegen lässt? Jedenfalls gibt die Staatsanwaltschaft Bonn am 6. Juli 2001 eine kleine Sensation bekannt, als sie wenig euphemistisch vermeldet, dass das Verfahren «fortgeführt» werde.

5. Wenn der Vater mit dem Sohne

**Wie die bayerische Justizaufsicht Ermittlungen
gegen Max Josef Strauß behindert**

Dies ist die Geschichte eines Sohnes. Und eines Schattens. Des Schattens eines überlebensgroßen Vaters. Der Sohn heißt Max Josef und der Vater Franz Josef. Der Sohn will, dass er so werde wie der Vater, ein Ebenbild.

Und das ist sein Problem.

Auch hat der Sohn Lehrmeister. Es sind die Freunde und Geschäftsfreunde, in deren Obhut der Vater ihn schon zu Lebzeiten gibt. Sie präparierten ihn für die Clan-eigene Welt aus Macht und Millionen, Politik und Provisionen.

Das ist das zweite große Problem des Sohnes.

Denn mit den Freunden findet er sich wieder im Zentrum einer polizeilichen Ermittlung. Helfen kann ihm nur noch der Vater.

Ginge es allein um Max Josef Strauß, so wäre dies «nur» der Fall eines Anwalts und Sprösslings aus mächtigem Hause, dessen Geschäftsgebaren den Verdacht der Staatsanwaltschaft erregt. Doch Vater Franz Josef lebte noch, als einige der untersuchten Geschäfte eingefädelt wurden, hat mindestens eines davon aktiv befördert. Zu untersuchen wäre im Bogen der Skandale also nicht nur das Verhalten des ehemaligen Vorsitzenden der CDU, Helmut Kohl, sondern auch das Finanzgebaren des verstorbenen Vorsitzenden der CSU, Franz Josef Strauß. Das macht die Angelegenheit zum Politikum. Es rückt die ganze Affäre nahe heran an die CSU.

Der Bayern-Spross spielt keineswegs, wie manche glauben machen wollen, eine Nebenrolle. Die Staatsanwälte prüfen, ob Max Josef Strauß Steuern hinterzogen hat, und zwar 5,2 Millionen Mark Provisionen aus dem Verkauf von Flugzeugen und Panzern. Zudem soll er Geld gewaschen haben. Der Sohn bestreitet alles. Doch es gibt Indizien, die manches Dementi zweifelhaft erscheinen lassen. Mehr noch: Max Josef Strauß ist eine jener Personen, die ungeahnte Verbindungen schafft zwischen den einzelnen Teilen der Gesamtaffäre.

Nicht zuletzt verbirgt sich hinter dem Fall Max Josef Strauß, einmal mehr, ein handfester Justizskandal. Darüber gibt es Akten. Eine, besonders dick, wuchs über sechs Jahre in Augsburg heran, wo die Staatsanwaltschaft gegen Strauß junior ermittelt. Die so genannte Handakte protokolliert nicht allein die Untersuchung. Sie dokumentiert auch die Endloskette hinderlicher Zufälle bei den Ermittlungen, zu Deutsch: die Kunst der bayerischen Justizspitze, Aufklärung zu verhindern. Vor allem, wenn es um die Strauß-Sippe geht. Das Familienoberhaupt wirft noch immer seinen Schatten.

Alles beginnt um das Jahr 1981 am Bayern-Hofe, in der politisch-privaten Welt des Regenten. Der hat, da bereits im Rentenalter, den ältesten seiner drei Sprösslinge zum Nachfolger im Familien-Clan erkoren. Max Josef, genannt Max, ist erst 22 und wird vom Vater als Lehrling gesehen. «Der hat den Jungen schon früh in die Zucht genommen. Mit 17 war der Max dabei, wenn der Strauß durch die Welt gondelte, da war er Privatsekretär», erinnert sich ein Freund der Familie. Die Großen der Welt lernt der junge Max kennen, und die sehen in ihm den kleinen Franz Josef: das ausladende Gesicht, dahinter der Hunger nach Macht und die Lust, andere zu provozieren. Schon als Schulsprecher zwingt der Junior einen leibhaftigen CSU-Kreisvorsitzenden aus dem Amt.

Bloß der Vater ist so zufrieden nicht. Er sieht, dass sich der Junge im Kleinklein des Ortsvereins verzettelt und auf zu vielen Münchner Partys Bussis verteilt. «Der Junge», vertraut er dem Freund der Familie an, «muss geschliffen werden. Dann wird vielleicht noch ein Diamant aus ihm.» Den Job als Mentor überträgt der alte Strauß seinem Intimus. «Kümmer dich um ihn. Zeig ihm, wie die Geschäfte laufen.» Der Freund, ein Kaufmann namens Karlheinz Schreiber, führt Max ein in seine Welt. Bei Terminen erscheint er fortan mit dem kleinen Strauß im Schlepptau, was der als lästige Pflichtübung empfinden muss. Besser gefällt es dem Erstgeborenen, wenn er von Vaters Freund in dessen Villa eingeladen wird. Dort trifft sich in diesen Jahren regelmäßig ein illustres Völkchen aus Politik und Wirtschaft, auch so mancher nahöstliche Scheich ist dabei. Gelegentlich kommt der Vater vorbei, und alle zusammen lassen sie es sich gut gehen, bei reichlich fester und flüssiger Nahrung.

Geschäfte mit Maxwell

Der Mentor des jungen Strauß ist in Deutschland nicht mehr wohlgelitten, hier verfolgt ihn die Augsburger Staatsanwaltschaft im selben Verfahren mit Haftbefehl, unter anderem wegen Steuerhinterziehung. Und sein langjähriger Anwalt und ehemaliger Zögling, Max Strauß, kann ihn in diesem Fall nicht vertreten.

Mit Wehmut erinnert sich Schreiber im kanadischen Exil an die Lehrjahre seines heutigen Freundes Max. Das ist nicht zufällig jene Zeit, in denen er, ein unbedeutender Bitumenhändler aus Kaufering, vom Landesfürsten ins internationale Unternehmertum befördert wird. Seit Ende der sechziger Jahre kennt er Franz Josef Strauß schon, und über die Jahre entstehen solide Geschäfts- und Familienbande. Beide wissen, dass sie hilfreich füreinander sein können. Zuerst ist Strauß hilfreich für Schreiber.

Bei MBB, dem Münchener Luftfahrtkonzern, kommt zum Beispiel ein Hinweis von oben, man solle sich, bitte schön, eines Herrn Schreiber als Mittler bedienen. «Wir haben es nicht glauben können», schildert Kurt Pfleiderer, damals Generalbevollmächtigter, die Reaktion im Management: ein offenkundig unseriöser Springinsfeld als Protegé der Staatskanzlei. «Aber man musste damals schon sehr viel Mut haben, um nein zu sagen, wenn der große Bayer uns so einen Mann vor die Nase setzte.»

Die Bedenken zerstreuen sich schnell. Schreiber offenbart erstaunliche Talente. Er schafft, erzählt Pfleiderer, «mal eben eine kleine Weltsensation» und verkauft 1985 Hubschrauber nach Kanada – für MBB der Einstieg in den nordamerikanischen Markt. Die Firma zeigt sich erkenntlich. Statt vier Prozent der Vertragssumme habe Schreiber acht Prozent als Provision erhalten, erinnert sich Pfleiderer. Ohne irgendwelche Belege zu verlangen, «gingen wir später bei Bedarf höher, aber nie höher als das Doppelte». Diese ganze Praxis, sagt Pfleiderer, wäre «ohne Strauß im Hintergrund nicht möglich gewesen». Wie bei MBB, so bei der Tochter Airbus. Franz Josef Strauß, Aufsichtsrat des einen, Aufsichtsratsvorsitzender des zweiten Konzerns, platziert auch hier Karlheinz Schreiber. Und der spielt auch in diesem Fall den Türöffner für den nordamerikanischen Markt.

An dieser Stelle wird die Geschichte aus der Amigo-Welt interessant für die Staatsanwaltschaft. Aus dem System Strauß erwächst ein Kriminalfall. Die Augsburger Ermittler haben den Fluss der Provisionen überprüft und dabei festgestellt: Vermittler Schreiber hat offenbar seine Honorare nicht versteuert und ist deshalb angeklagt worden. Und die Ermittler gehen einem politisch noch brisanteren Steuerfall nach: Sie prüfen, ob es Rückflüsse nach Bayern gegeben hat. Zu Max Strauß. Und zwar über Karlheinz Schreiber.

Airbus singt auch Jahre später noch das Hohe Lied vom geschäftstüchtigen Vermittler Schreiber: «Der Mann hat Airbus gerettet», sagt die Sprecherin der Zentralverwaltung Toulouse.

Gerade als die Dauerkrise des Konzerns existenzbedrohend wird, gelingt Schreiber 1985 das erste gigantische Geschäft im Machtzentrum des Konkurrenten Boeing. Airbus darf 34 Flugzeuge an Canadian Airlines, AirCanada und Wardair liefern. Zumindest der erste Kontrakt mit Wardair «wäre ohne die aktive Hilfe von Franz Josef Strauß nicht zustande gekommen», sagt Schreiber in der Rückschau.

Die Provision in Höhe von umgerechnet 56,75 Millionen Mark überweist Airbus, laut Anklage gegen Karlheinz Schreiber vom März 2000, an dessen «Domizilgesellschaft International Aircraft Ltd.» in Liechtenstein. Mit dieser Firma hat Airbus eigens einen Beratervertrag abgeschlossen. Das Honorar wird in verschiedenen Tranchen auf die Konten 235 972 037 bei der Volks- und Privatbank Vaduz und 18 679.1 beim Schweizerischen Bankverein Zürich überwiesen – beginnend am 3. Oktober 1988, an dem Tag, an dem Franz Josef Strauß stirbt.

Offenkundig ist keineswegs die gesamte Summe bei Schreiber geblieben. So behauptet es zumindest der Kronzeuge der Staatsanwaltschaft. Die Hälfte sei an «die kanadischen Freunde sowie an den deutschen Freund weitergegeben» worden, sagt Georgio Pelossi, der Schreibers Vertrauter und Treuhänder war, nach einem heftigen Streit aber mit ihm brach und zur Staatsanwaltschaft ging.

Diese These stützt das Ergebnis einer Hausdurchsuchung bei Karlheinz Schreiber am 5. Oktober 1995, acht Monate nach Aufnahme erster Ermittlungen. Dort entdecken die Beamten den inzwischen legendären Kalender Schreibers und darin einen verwirrenden Code aus Kürzeln, Decknamen und Ziffern – offenbar geheime Überweisungen. Es finden sich zum Beispiel Stu, Jürgen, J., Holger, Pfahls, FRA, Win., Winfried, W. Haastert.

Und es steht dort immer wieder: Mx, Max, Maxwell, selten auch Master. Die Augsburger Staatsanwaltschaft glaubt, dass Max Strauß der Mann hinter den Kürzeln ist. Schreiber hätte ihm, ausweislich der Ziffern hinter den Kürzeln, insgesamt 5,2

1991

Sonntag 1. September

Tel. Filser

Waldherr	1
Holgart	3.8
Jürgland	4.125
Winter	1 2.00
Maxwell	500
	10.625

36 JAL   12 Stewards
          12 Maxwell

H Dr. Niemann Reha Klinik ?
H Antennen Halle

Tel. ELMER.

Eine Seite aus dem Kalender von Karlheinz Schreiber

96

Millionen Mark weitergereicht. Diese Einkünfte seien keinem deutschen Finanzamt angezeigt worden.

Halten die Ermittlungen der gerichtlichen Prüfung stand, so hat Max Strauß eine reife Leistung vollbracht. Die Hilfe eines 26-jährigen Studenten bei einem globalen Flugzeughandel wäre einem europäischen Großkonzern Millionen wert gewesen.

Einem Strauß traut man viel zu. Aber auch die Selbständigkeit, ein Milliardengeschäft ganz ohne den Vater, den Aufsichtsratsvorsitzenden, abzuwickeln?

Unstrittig ist die aktive Hilfe von Franz Josef Strauß beim Geschäft mit Wardair. Das war als Aufsichtsratsvorsitzender seine Aufgabe. Allerdings hätte er sich als Provisionär der eigenen Firma der Untreue schuldig und damit strafbar gemacht. Jeder Aufsichtsrat, sagt Professor Joachim Vogel, Wirtschaftsstrafrechtler an der Uni Tübingen, sei gegenüber dem Unternehmen «vermögensbetreuungspflichtig». Provisionen seien in den Preis eingerechnet. Airbus mache also weniger Gewinn, wenn die eigenen Leute unerkannt Maklergebühr erhielten. Gleiches gelte für den Sohn, wenn er Gebühren eingestrichen hätte: Beihilfe zur Untreue.

Sollte Strauß junior angeklagt werden, wird aus der CDU-Affäre, was sie längst sein sollte: ein CDU/CSU-Skandal. Dann steht das Geschäftsgebaren des verstorbenen CSU-Vorsitzenden auf dem Prüfstand. Darin liegt die politische Brisanz des Steuerfalles Max Strauß. Den entsprechenden Auftrag hat der Untersuchungsausschuss des Bundestages längst erhalten. Er verbirgt sich hinter der harmlos klingenden Formulierung, die «Lieferung von Flugzeugen durch die Deutsche Airbus GmbH an kanadische und thailändische Fluggesellschaften» zu durchleuchten. Allein: Der Untersuchungsausschuss ist derart beschäftigt damit, den Verdachtsmomenten aus jüngerer Zeit nachzugehen, dass niemand um die Totenruhe von Franz Josef Strauß besorgt sein muss.

Ein Indiz hat die Augsburger Staatsanwaltschaft allerdings

zwischenzeit. Anl "AT CALL" Konto-Nr. 235.972.061 VP	Übertrag vom Kto.Nr. 235.037.037 V+P-Bank Vaduz auf das Konto PO-18.679.4 Rubrik I.A.L. beim Schweizerischen Bankverein Zürich				Geldverteilung		
					Steiger/Stew. Master/Maxwell je	Frankfurt	
	Datum	Betrag US$	BMA	TEA	Betrag US$	Betrag US$	TEA V e, Bl.
nein	11.09.89	40.000,00	II b, Bl. 159	V e, Bl. 234	5.000,00	10.000,00	327
nein	12.09.89	140.000,00	II b, Bl. 156	V e, Bl. 233	46.000,00		327
nein	18.12.89	30.000,00	II b, Bl. 140	V b, Bl. 327	3.750,00	7.500,00	329
nein	18.12.89	180.000,00	II b, Bl. 147	V b, Bl. 327	60.000,00		329
ja							
ja							
	23.03.90	751.000,00	II c, Bl. 383	V e, Bl. 235	93.500,00	187.000,00	329
ja	09.04.90	387.000,00	II c, Bl. 371	V e, Bl. 237	48.000,00	96.000,00	329
nein	20.07.90	40.000,00	II c, Bl. 342	V b, Bl. 331	5.000,00	10.000,00	331
	19.11.90	540.000,00	II c, Bl. 316	V e, Bl. 240			
	03.01.91	540.000,00	II c, Bl. 275	V b, Bl. 332			
		1.080.000,00			180.000,00		332
ja							
ja							
	03.01.91	200.000,00	II c, Bl. 280	V b, Bl. 332			
ja	06.12.90	393.000,00	II c, Bl. 297	V e, Bl. 241			
ja	03.01.91	393.000,00	II c, Bl. 278	V b, Bl. 332			
		986.000,00			123.000,00	246.000,00	332
ja	12.03.91	540.000,00	II c, Bl. 121	V e, Bl. 245	180.000,00		332
ja	09.04.91	401.000,00	II c, Bl. 115	V e, Bl. 246	50.000,00	100.000,00	332
ja	17.06.91	80.000,00	II b, Bl. 100	V b, Bl. 332	10.000,00	20.000,00	334
ja	25.07.91	165.000,00		V e, Bl. 247	55.000,00	-	334

Die Liste der Airbus-Provisionen an «Master/Maxwell»

gefunden, ist ihm aber nicht nachgegangen. Denn gegen einen Toten kann kein Staatsanwalt ermitteln. Als die Zahlungen 1988 beginnen, erhält nach den Augsburger Recherchen ein «Master beziehungsweise Maxwell» Geld, später nur noch «Maxwell». Ist «Master» aus dem Geschäft ausgestiegen? Oder ist er tot? Ist «Master» Franz Josef Strauß?

Schon kurz nach der Beerdigung des Bayern-Patriarchen kursieren Gerüchte über dessen Privatgeschäfte. Kurzes Aufsehen erregt eine Bemerkung des ehemaligen CDU-Schatzmeisters Walther Leisler Kiep in seinem veröffentlichten Tagebuch: «Erstaunliche Dinge über das Entstehen des FJS-Vermögens!», notiert er nach einem Gespräch mit dem bayerischen Wirtschaftsminister Otto Wiesheu.

Max Strauß hat den Ruf seines Vaters immer erbittert verteidigt. Schon 1989 drohte er jedem mit einer Klage, der seinem Vater die Entgegennahme von Geld für die Hilfe bei Flugzeuggeschäften unterstellte. Das wird angesichts der Indizien künftig schwieriger. «Max Strauß muss selbst entscheiden, ob er alles auf sich nimmt oder die Familie hineinziehen will», sagt Georgio Pelossi, der Kronzeuge der Augsburger Staatsanwaltschaft.

Am besten kann Max Strauß eine Rufschädigung des Vaters abwehren, wenn er die Indizienkette der Staatsanwaltschaft in seinem eigenen Fall erschüttert. Jede Schuld weist er von sich. Für Airbus will er nicht gearbeitet, mit Schreibers Decknamenkonten nichts zu tun gehabt haben. Er sei schließlich nicht der einzige «Max» auf dieser Welt. Am Verkauf der Airbusse sei «Mr. Maxward», Besitzer der Wardair, beteiligt gewesen. So hat Strauß es der *Münchener Abendzeitung* erzählt. Genaueres ist nicht von ihm zu erfahren. Bei der Staatsanwaltschaft hat er umfassend von seinem Recht Gebrauch gemacht, die Aussage zu verweigern.

Die Indizienkette, der zufolge Strauß hinter den Decknamen Max und Maxwell steckt, ist den Ermittlern bis zum Spätsommer 2001 noch nicht ganz reißfest erschienen – weshalb sie zunächst keine Anklage erhoben haben. Zahlungseingänge haben sie nicht bei Max Strauß persönlich gefunden. Allerdings gehen sie von einem «Treuhandverhältnis» zwischen Karlheinz Schreiber und Max Strauß aus. Das könnte juristisch zwar zur Anklage reichen, wäre aber eine Hilfskonstruktion. Auch fehlen genaue Kenntnisse darüber, worin Strauß' Tätigkeit beim Kanada-Geschäft genau bestand. Airbus bestreitet, dass Max Strauß für den Konzern gearbeitet hat.

Keine sehr belastbare Aussage. Denn es gibt Indizien, nach denen alles ganz anders war. Dokumente belegen nämlich die Vermittlerdienste des Max Strauß für Airbus. Nicht beim Kanada-Geschäft, sondern bei einer Lieferung von 17 Flugzeugen an die Royal Thai Airforce und die Thai Airways. Wieder ist der Vermittler Karlheinz Schreiber, wieder fließt Geld an «Master/Maxwell».

Zunächst droht das Thailand-Geschäft nach langwierigen Verhandlungen Anfang 1989 zu scheitern. Aus Bangkok erfährt die Konzernleitung in Toulouse, dass trotz eines frankophilen Premierministers nichts mehr zu machen sei. «Skandalös!», schreibt der Airbus-Vize handschriftlich an seinen Chef und kündigt an, er werde sofort nach Bangkok reisen.

Dort hat Airbus einen hochrangigen Förderer. Der heißt Pitak Intrawityanunt, ist Sonderberater des Premierministers und wird später in Schreibers Zahlungslisten als «Pitak» geführt werden. Auch in Thailand – das weiß Schreiber – müssen Kontakte gepflegt und geölt werden.

Der thailändische Sonderberater hat als Kontaktmann bei Airbus seinerseits einen Sonderberater, nicht in Toulouse, sondern in München. Die beiden sprechen regelmäßig miteinander. Im Laufe des Frühjahrs 1989 spitzt sich die Lage zu. Die Telexe sind nunmehr urgent oder top urgent. Manchmal telefonieren die beiden täglich zweimal, sogar spätabends oder nachts.

Überall in der Welt, mal in Luanda, mal in Johannesburg, hält Max Strauß mit Pitak Intrawityanunt Verbindung. Sie schreiben sich mit «Dear Max» und «Dear Pitak» an. Manchmal verweist Strauß den Freund in Thailand zur weiteren Beratung an Karlheinz Schreiber. Von guten Diskussionen mit den Freunden in Toulouse berichten sie einander.

Mindestens zweimal reist Max Strauß nach Bangkok und spricht mit Intrawityanunt, am 7. April 1989 sowie am 9. Oktober 1989. Er wohnt im Siam Intercontinental Hotel. Seine Auslagen rechnet Strauß ab, auch wenn es manchmal nur sechs Gebühreneinheiten sind (Telefonnachweis vom 27. Juli 1989).

Die intensive Pflege der Geschäftslandschaft zahlt sich aus. Die Thais ordern. Und es fließen Provisionen in Höhe von 10,44 Millionen US-Dollar. An eine Firma, mit der ein Beratervertrag geschlossen worden war. Die Firma heißt International Aircraft Ltd. und wird von der Staatsanwaltschaft Karlheinz Schreiber zugerechnet (was dieser bestreitet). So steht es in der Anklageschrift gegen ihn. Ferner heißt es da, Max Strauß sei am Zustandekommen dieses Vertrages beteiligt. Nach den Augsburger Ermittlungen wird die Millionenprovision geteilt: Ein Drittel habe Schreiber erhalten, ein weiteres Strauß alias «Master» und «Maxwell», den Rest eine «Stewardess», wahrscheinlich ein Airbus-Manager.

Max Strauß bestreitet auch den Erhalt dieser Zahlung (und damit die Steuerhinterziehung). Doch die Dokumente bringen ihn in Erklärungsnot. Dass er monatelang für einen Flugzeugkonzern tätig war, ohne einen Pfennig erhalten zu haben, würde bislang unbekannte philanthropische Wesenszüge bei Max Strauß offenbaren.

Auch in diesem Fall hat die Staatsanwaltschaft noch keinen Nachweis für Geldeingänge bei Max Strauß gefunden. Das erlaubt zwei mögliche Schlüsse:

– Strauß hat Recht. Es gab keine Zahlungen.

– Strauß lügt. Es gab Zahlungen, die verschleiert wurden.

Statt eines Zahlungseingangs finden die Fahnder merkwürdige Ketten- und Vielfachbuchungen, was Staatsanwalt Maier am 24. Februar 2000 vor dem Untersuchungsausschuss so kommentiert: «Das mag ja alles Schmonzes am Rande sein, aber wenn ich so was in der Akte habe, dann muss ich als Staatsanwalt leider sagen: Das kann ich jetzt so nicht hinnehmen, denn irgendwie riecht das ja nach Geldwäsche.»

Die Schutzengel des Max Josef Strauß

Die Waschaktion, die sich in der Akte findet, spielt zunächst in München. Akteur ist ein enger Freund von Max Strauß, früher Stadtrat der CSU. Der Mann braucht angeblich ein Darlehen für seine Firma. Max Strauß, ganz hilfreicher Freund, berichtet einem anderen Unternehmer von dieser Notlage. Es beginnen Verhandlungen, von Max Strauß begleitet mit allerlei konspirativem Gehabe. Die Gespräche finden Anfang 1995 mitten auf der Brienner Straße, einer Münchner Edelmeile, statt. Max Strauß fürchtet, dass er beschattet wird, dass sein Telefonverkehr abgehört und seine Post überwacht werden. Beim Spaziergang wird – so die Aussage – von Strauß' Gesprächspartner verabredet, die Herkunft des Darlehens zu verschleiern; Strauß habe darauf beharrt, nicht als Kreditgeber in Erscheinung zu treten. Stattdessen sollten mehrere Firmen einander in einer Kaskade Kredite in Höhe von 400 000 Mark gewähren. So findet das Geschehen jedenfalls Eingang in die Wasch-Akte zu Augsburg. Weil sie ein Scheingeschäft vermutet, nimmt die Staatsanwaltschaft im Februar 2000 förmlich Ermittlungen gegen Max Strauß wegen des Verdachts der Geldwäsche auf.

Die Mittel für den «Kredit» stammen nach Zeugenaussagen von der Firma Delta International Establishment. Ein Name, der die Ermittler alarmiert. Er führt von einem obskuren Münchener Tarngeschäft zu einem neuen Zweig der CDU/CSU-Affäre. Denn die Firma Delta steht auch unter dem Datum vom 29. Juli

1994 in Schreibers Zahlungskalender – hinter dem Namen «Maxwell», einem Betrag und einer Kontonummer beim Schweizerischen Bankverein («Maxwell: Delta Int. EST. SBV LO/234-986-1 D.200 St. Gallen»). Daraus ziehen die Ermittler den Schluss: Maxwell ist Strauß – und Strauß hat von Delta Geld bekommen. Damit nicht genug: Laut Zeugenaussage handelte Strauß im Auftrag der Delta und konnte damit über Gelder und Konten der Delta verfügen. Vor diesem Hintergrund wird Strauß junior einige Mühe haben, weiter zu behaupten, es handele sich um einen gigantischen Ermittlungsirrtum.

Der Name Delta elektrisiert nicht nur die Fahnder in Augsburg, sondern in halb Europa, denn die Firma ist in den vergangenen Jahren berühmt geworden. Sie gehört Dieter Holzer, dem zweiten schillernden Vermittler im globalen Geschäft.

Damit taucht eine ganz neue Frage auf: Was haben Airbus-Provisionen auf dem Konto einer Firma zu suchen, die in die Leuna-Affäre verstrickt ist? Was verbindet Max Strauß mit Leuna und mit Dieter Holzer?

Zumindest die letzte Frage lässt sich leicht beantworten. Denn Dieter Holzer ist eine bekannte Gestalt aus dem Amigo-System des Franz Josef Strauß. Weggefährten aus jener Zeit erinnern sich gut daran. Danach lernen sich die beiden Ende der 60er Jahre kennen. Holzer ist für Strauß interessant wegen vielfältiger Verbindungen in den Nahen und Fernen Osten. Holzer begleitet Strauß auf einigen Auslandsreisen. Sie werden Freunde. So lernt später auch Sohn Max den Geschäftsmann Holzer kennen. Und der Freund des Vaters wird zum Freund des Sohnes.

Die Verbindung scheint zumindest bis 1995 gehalten zu haben. Denn zu diesem Zeitpunkt hatte ja, laut Zeugenaussage, Strauß junior Zugriff auf Holzers Firmenkonto. Auf Konten dieser Firma hat die Augsburger Staatsanwaltschaft weitere 500 000 Mark entdeckt, die sie Max Strauß zuordnet. Aber nicht als Provision aus den schon bekannten Geschäften, sondern aus dem Verkauf von Fuchs-Panzern nach Saudi-Arabien 1991. Der geschah wider die deutschen Exportrichtlinien und offenbar mit Hilfe von Millionen Schmiergeldern. Die Enttarnung dieser Geldflüsse stand am Anfang der ganzen Parteispendenaffäre und war lange Zeit nur verbunden worden mit Karlheinz Schreiber, jenem Mann, der später der CDU einen Geldkoffer überreichte – aus Dankbarkeit gegenüber politischen Förderern seiner Geschäfte. Die Fahnder sind im Besitz von Indizien, nach denen Max Strauß bei mindestens einer Vertragsabwicklung mit Schreiber paktiert und dafür Geld gesehen hat. So argumentieren sie in der Anklageschrift gegen Karlheinz Schreiber.

Offenbar schließt sich hier der Kreis. Einmal mehr finden die einzelnen Skandale – Fuchs-Panzer, Airbus, Leuna – zusammen. Gelder aus verschiedenen Affärenteilen begegnen sich auf den Konten einer einzigen Firma. Haben die verwickelten Personen untereinander intensivere Geschäftsbeziehungen als bekannt? Warum taucht Max Strauß überall auf?

Nach sechs Jahren sind die Ermittlungen gegen Max Strauß noch immer nicht abgeschlossen. Es liege zu wenig Material vor für eine Anklage, zu viel für eine Einstellung, sagte schon im fünften Jahr der Ermittlungen Bayerns Justizminister Manfred Weiß.

Dass die Staatsanwälte überhaupt so weit gekommen sind, ist eine kleine Sensation. Denn der zweite Teil der Affäre ist ein echter Justizskandal. Seit Beginn des Verfahrens bremsen immer wieder erstaunliche Zufälle die Ermittlungen. Als Staatsanwalt Winfried Maier am 24. Februar 2000 vor dem Untersuchungsausschuss des Bundestages erscheint, orakelt er von «speziellen Gründen – so sag ich einmal», die den Umgang mit Max Strauß so heikel machten. Gefragt, ob Strauß «Schutzengel, und zwar nicht nur im Himmel», habe, sagt Maier, schelmisch grinsend: «Sie fragen mich da ganz schwierige Sachen.»

Das ererbte Selbstbewusstsein des Max Strauß im Umgang

mit der Justiz haben die Staatsanwälte schon bei der ersten Vernehmung am 28. November 1996 kennen lernen dürfen. Zunächst lässt Max Strauß auf sich warten. Irgendwann tritt er schnaufend durch die Tür. «Ohne zu klopfen» sei er hereingekommen, notiert einer der beiden Staatsanwälte. Und ist verwundert, dass Strauß sich benimmt, als sei er der Hausherr. Er will seinen Mantel aufhängen, öffnet deshalb einen Schrank und durchsucht ein Nebenzimmer. Zurück kommt er – laut Aktenvermerk – mit einem weißen Verlängerungskabel, «wie es in Haushalten Verwendung findet».

«Was wollen Sie mit dem Kabel?»

Er brauche Strom für sein Tonband, antwortet Strauß, wolle die Vernehmung aufzeichnen. Die Staatsanwälte lehnen ab, Strauß bleibt hart. Dann kontern die Staatsanwälte. Die geplante Aufzeichnung mittels öffentlicher Steckdose sei womöglich eine strafbare Handlung, «Entziehung elektrischer Energie». Strauß versteht, er ist ja Anwalt.

Viel weiter führt die Vernehmung nicht. 16 Fragen stellen die Ermittler. Strauß beantwortet keine einzige. Er sagt nur: «Für Sie ist die Presse wichtiger als der Justizminister.» Die Drohung, die darin liegt, ignorieren die Staatsanwälte. Es ist in München stadtbekannt, dass Strauß mit seinen Kontakten winkt.

Aber er hat sie eben auch. Mindestens zweimal erhält er aus dem Innern des Apparates Informationen über die Fahndung, die er niemals bekommen dürfte. Einmal, so eine Zeugin, erhält er den Tipp, bei einem Mitbeschuldigten werde am folgenden Tag durchsucht. Strauß gibt die Warnung weiter. Mindestens drei Vermerke über undichte Stellen in der Justiz fertigt Staatsanwalt Maier an und sagt schließlich vor dem Untersuchungsausschuss: «Offensichtlich muss es ja irgendetwas geben. Man kann alles auch mit Zufall erklären, das ist sicher richtig.»

Sogar über geplante Durchsuchungen der eigenen Wohnungen weiß Strauß vorab offenbar Bescheid. Der erste Versuch scheitert schon im Justizapparat. Eine Richterin genehmigt zwar am 13. Dezember 1995 die Durchsuchung bei drei Mitbeschuldigten, nicht aber bei Strauß. Die Steuerfahnder in Augsburg empören sich. Die Staatsanwaltschaft legt zunächst keinen Widerspruch ein, was neue Wut bei den Steuerfahndern schürt. Am Telefon brüllen sich Staatsanwälte und Steuerfahnder an. In ihren Vermerken schreiben sie später von einem «ungehaltenen Ton».

Schließlich ringt sich die Staatsanwaltschaft noch zum Widerspruch durch und obsiegt. Knapp einen Monat später als seine Mitbeschuldigten, nach einer Flut neuer Zeitungsberichte, erhält auch Max Strauß Besuch von den Fahndern. Strauß zeigt sich nicht überrascht. Er verweist auf die Presse und meint, die Beamten hätten ihr Kommen faktisch selbst angekündigt.

Als die Staatsanwälte seinen Laptop inspizieren wollen, ist die Festplatte fast leer. Ein Virus, so heißt es, habe bedauerlicherweise den Datenspeicher leer gefressen. Tatsächlich ist die Festplatte nachweislich und vorsätzlich gelöscht worden – fünf Tage nach der Durchsuchung bei den Mitbeschuldigten. So steht es im Bericht des Sachverständigen. Nur einzelne Dateien seien neu aufgespielt worden.

Jahrelang versuchen die Staatsanwälte in Augsburg vergeblich, den Datenbestand zu rekonstruieren – und stolpern immer wieder über neue Hürden. Zunächst wird ein Sachverständiger bestellt. Als der nicht weiterkommt, bittet er das Landeskriminalamt (LKA) um Hilfe. Die Beamten winken ab. Keineswegs sei das «mangelnde Mitwirkungsbereitschaft», wird Bayerns Justizminister Weiß Jahre später, am 4. Mai 2000, im Landtag aussagen. Es hätten «die erforderlichen technischen Voraussetzungen» gefehlt. Eine wahrheitswidrige Äußerung. Denn das LKA selbst schreibt der Staatsanwaltschaft am 12. April 1996, es wolle nicht «Hilfsarbeiten für private Sachverständige leisten». Eine abenteuerliche Begründung angesichts der Tatsache, dass der Gutachter staatlich bestellt und vereidigt und für die Ermittlungsbehörden tätig ist.

«Undichte Stellen»

Im Wortlaut: Aus dem Protokoll der Vernehmung von Staatsanwalt Winfried Maier vor dem Untersuchungsausschuss des Bundestages am 24. Februar 2000

Frank Hofmann (Volkach) (SPD): Herr Dr. Maier, ich möchte Sie noch einmal auf Max Strauß ansprechen, der gesagt hatte, auf der Festplatte sei ein Virus gewesen; er sei am Tag vor der Durchsuchung bei Frau Riedl gewesen und habe gesagt – nach dem, was man so liest, scheint das eine schöne Vernehmung gewesen zu sein –, sie habe 500 000 DM auf einem Schweizer Konto erhalten usw., man müsse alle Aufzeichnungen vernichten. Das habe ich vorhin Verdunkelung genannt; denn ich hatte schon den Eindruck, dass Max Strauß sich im Prinzip eher aktiv darum bemühte, die Sache zu vertuschen. Ich habe mich im stillen Kämmerlein auch schon gefragt, weshalb es da keinen Haftbefehl gegeben hat. Verdunkelungsgefahr wäre da ja durchaus – –

StA Dr. Maier: Die Verdunkelungshandlung, wenn ich sie einmal als solche bezeichne, war 1997, wenn ich es richtig im Kopf habe; das mit dem Laptop war Anfang 1996. Wir hatten keine Unterlagen aus der Schweiz. Insoweit ließ sich ein Haftbefehl nicht rechtfertigen, als der Schritt vom Anfangsverdacht zum dringenden Tatverdacht meines Erachtens noch nicht gegeben war. Im Übrigen fand die unmittelbare Entscheidungsfindung noch vor meiner Zeit statt, auch wenn ich bei der Durchsuchung bei Riedl in München schon mit von der Partie war. Aber der dringende Tatverdacht ist aus unserer Sicht seinerzeit nicht bejaht worden, sodass die Verdunkelungshandlung insofern nicht gegeben ist. Die Rechtsproblematik war: Selbst wenn ein dringender Tatverdacht vorhanden gewesen wäre, könnte ich ihn nicht mit Verdunkelungshandlungen im Jahr 1995 begründen, weil mir das Gericht dann zu Recht sagen würde, dass wir da aber früh dran seien.

Frank Hofmann (Volkach) (SPD): Eine weitere Frage: Strauß muss ja vorher irgendetwas erfahren haben, wenn er zu Frau Riedl sagt, er werde am nächsten Tag kommen. Bestand danach der Eindruck bei Ihnen, dass jemand etwas von der Durchsuchungsaktion wusste? Gibt es undichte Stellen bei Ihnen?

StA Dr. Maier: Offensichtlich muss es ja irgendetwas geben. Ja gut, man kann alles auch mit Zufall erklären; das ist sicher richtig. Diese Möglichkeit kann man nicht ausschließen. Sie wissen, Herr Riedl hat mir bei der Durchsuchung gesagt, dass es seiner Frau passiert sei. Ich habe dann die Ehefrau gebeten, dass sie mir eine richterliche Einvernahme darüber gibt. Das hat sie vor dem Ermittlungsrichter in München gemacht, und eine Bekannte, bei der Strauß ebenfalls angerufen hatte, hat Gleiches bestätigt. Auch der Betrag von 500 000 DM stand ja nicht im luftleeren Raum.

Wo die undichte Stelle ist, weiß ich nicht. Ich kann sie Ihnen nicht nennen; ich würde es gern tun. Ich habe bei dieser Einvernahme zu klären versucht, wann genau der Zeitpunkt war, zu dem Strauß diese Warnung – ich nenne es jetzt einmal so – in München gegenüber Frau Riedl abgegeben hat. Frau Riedl konnte das vergleichsweise gut eingrenzen und sagte, sie meine, es sei am 6. Februar gewesen, 1996, glaube ich. Daraufhin habe ich nachgeschaut und etwas gefunden, was Frau Riedl meines Erachtens nicht wissen konnte. In der Tat war am 7. Februar – Strauß sprach ja davon, dass «morgen» eine Durchsuchung stattfinde – zwar keine Durchsuchung geplant – auch nichts in der Richtung; Sie wissen, da muss man zuerst den Bundestag informieren und die Aufhebung der Immunität beantragen und was weiß ich alles –, aber es gab Ende Januar ein Schreiben an das Verteidigungsministerium, glaube ich, und an das Wirtschaftsministerium – sicher an das Wirtschaftsministerium; ich müsste jetzt nachschauen –, in dem etwas von der Vereinbarung mit meinem Vorgänger stand, dass am 7. Februar in Bonn die Akten wegen des Panzergeschäftes eingesehen werden sollten. Insofern ist ein zeitlicher Zusammenhang nicht zu negieren; nur hat der Inhalt als solcher, was die Durchsuchung angeht, nicht gestimmt. Aber für den 7. Februar war in der Tat etwas geplant, was in die Richtung geht, das kann man nicht abstreiten.

Sie fragen jetzt, wer davon gewusst hat. Ich selbst war damals noch nicht der zuständige Staatsanwalt. Ich habe mir die Akte daraufhin angeschaut, weil es mich selbst interessiert hat, nachdem ich Frau Riedl vernommen hatte. Selbstverständlich haben die Ministerien in Bonn davon gewusst; sie sind ja um Amtshilfe und um Akteneinsicht gebeten worden. Über dieses Ersuchen um Akteneinsicht und Amtshilfe hat es auch einen Bericht nach München gegeben, der in der Handakte ist. Er stammt aber von irgendwann im Januar. Dem Bericht selbst habe ich den 7. Februar nicht entnommen. Das steht im schriftlichen Bericht zumindest nicht. Ob der Termin fernmündlich, irgendwo mitgeteilt worden ist, weiß ich nicht; das war vor meiner Zeit. Ich müsste da einmal meinen Vorgänger, Herrn Weigand, fragen, ob er daran noch eine Erinnerung hat. Wahrscheinlich hat er keine konkrete Erinnerung mehr daran. Es hat uns selber auch interessiert, wo eventuell eine undichte Stelle ist.

Als Nächstes wird der Staatsanwaltschaft gemeldet, es koste 150 000 Mark, den Datenspeicher wieder lesbar zu machen. Erwartungsgemäß befindet die Behörde, das sei die Sache nicht wert – was die Generalstaatsanwaltschaft in München laut Aktenvermerk froh stimmt. Erst als die Ermittler nochmal nachforschen, ist die Entschlüsselung plötzlich andernorts ganz billig: 5000 Mark. Der Auftrag wird vergeben, das Ergebnis ist aber unbefriedigend.

Die Angelegenheit ruht bis zum März 2000. Da will der Berliner Untersuchungsausschuss die Festplatte sehen. Und siehe da: Sie ist verschwunden. «Kriminelle Amtshilfe» nennt das die bayerische SPD-Politikerin Renate Schmidt. So weit will Münchens Justizspitze nicht gehen, normal findet sie es aber auch nicht. Ein Ermittlungsverfahren beginnt, wird jedoch wieder eingestellt.

Es sind aber nicht nur dunkle Mächte, die das Verfahren gegen Strauß, Schreiber und Freunde fürsorglich begleiten. Es sind Menschen mit Namen und Dienstrang. Sie wirken in der Spitze der bayerischen Ministerialbürokratie. Wie die meisten der Beschuldigten gehören sie fast alle derselben Partei an, der CSU. Ihre Namen stehen in der Handakte der Augsburger Staatsanwaltschaft, und sie verhalten sich, als wollten sie Figuren sein in Lion Feuchtwangers «Erfolg»: Bürokraten mit barockem Gehabe und bayerischer Durchtriebenheit, dienstbar und obrigkeitstreu; Menschen, von denen so mancher zermürbt wird, der unerwünscht Recht sucht und an Recht glaubt. In ihrem Verhalten wird man einen der Gründe suchen müssen, warum die Aufklärung der Affäre so mühsam ist.

Wer die Chronik der Justizbehinderungen in der Handakte liest, erkennt dahinter ein System. Es funktioniert nach dem Münchener Dreisatz: Ausdünnen, abtrennen, befördern. Es ist nur ein winziges Team, das in diesem Mammutverfahren ermittelt – drei Fahndungsprüfer und zwei Staatsanwälte, einer davon nur Springer, beide müssen auch andere Verfahren betreuen. In einer ewigen Litanei fordert das Amt Verstärkung. Vergebens.

Stattdessen mühen sich die vorgesetzten Behörden, die Ermittlungsgruppe Strauß/Schreiber «weiter zu schwächen», wie die Staatsanwaltschaft im November 1996 klagt. Ein Fahndungsprüfer wird abgezogen. 1999 noch einer. Die Staatsanwaltschaft protestiert, spricht von einer «Katastrophe» für den «weiteren Fortgang des Verfahrens». Auch der Hinweis auf «etwaige Vorwürfe in der Öffentlichkeit» fruchtet in München nicht.

110

Die dortige Generalstaatsanwaltschaft, dem Justizminister direkt unterstellt, hat ganz eigene Vorstellungen davon, wie dem Ermittlungsnotstand abzuhelfen sei. Staatsanwalt Maier wird am 27. Mai 1999 nach München zitiert, wo man ihm eröffnet, Augsburg möge das Verfahren abgeben. Vier kleinere Teilverfahren sollen es werden, über ganz Deutschland verteilt, der Fall Max Strauß wandere aus Augsburg nach München.

Maier ist entsetzt. Wie sollen sich vier ahnungslose Kollegen so schnell in ein kompliziertes Verfahren einarbeiten? Wie lange wird es allein dauern, die Akten neu zu gliedern und zu versenden? Immerhin drohen die ersten Taten zu verjähren. Aber Widerstand ist zwecklos: Eine «zwingende Anregung» nennt die Generalstaatsanwaltschaft ihren Vorstoß. Maier rastet aus, brüllt seine Vorgesetzten an. Die fordern von ihm einen Bericht, in dem er die Aufteilung des Verfahrens als eigenen Wunsch darstellt. Maier weigert sich. Schließlich formuliert sein Chef für ihn die erbetene Bitte.

Im Protokoll dieser denkwürdigen Sitzung findet sich ein besonders schöner Satz: Staatsanwalt Maier sei «auch eine Stelle beim Oberlandesgericht München in Aussicht gestellt» worden. Beförderung für einen renitenten Staatsanwalt.

Gegen beruflichen Aufstieg hat Maier im Prinzip nichts. Auch nicht gegen das Richteramt. Jedenfalls nicht mehr, seit seine Vorgesetzten ihm klargemacht haben, dass er für eine Karriere in der bayerischen Staatsanwaltschaft nicht infrage komme. Bloß zu schnell möchte Maier nicht befördert werden. Erst will er im Verfahren gegen Strauß, Schreiber & Co. «Pflöcke einschlagen».

Aber die bayerische Justizverwaltung hat es eilig, diesen fähigen Beamten zum Richter zu ernennen. So geschieht es im April 2000. Die Ermittlung gegen Max Strauß hat Winfried Maier nicht mehr abschließen können. Das Verfahren wird, wie von der bayerischen Obrigkeit erzwungen, verlegt, zur Staatsanwaltschaft München II. Dort ist es einstweilen zur Ruhe gekommen.

Dass irgendetwas falsch gelaufen sein könnte im Staate Bayern, mag keiner der Münchener Würdenträger so sehen. Wer sagt, von einem sachgerechten Ermittlungsverfahren gegen Max Strauß könne keine Rede sein, gilt als Demagoge. Generalstaatsanwalt Hermann Froschauer kann gar nicht verstehen, warum die Grünen ihn wegen «Verdachts der versuchten Strafvereitelung im Amt» angezeigt haben und warum im Münchener Landtag aus demselben Grund ein Untersuchungsausschuss zusammengetreten ist. «Nicht den Hauch einer politischen Einflussnahme» habe es gegeben. Justizminister Weiß preist wortreich die Verdienste der Strafverfolgungsbehörden bei den Ermittlungen gegen Strauß & Co. Einem Kampf, den das Ministerium kräftig gefördert haben will. Dem Landtag erklärt Weiß, dem Augsburger Staatsanwalt sei «neben seinem Bildschirmarbeitsplatz ein Laptop zugeteilt».

Einer im Lande schweigt beredt. Das ist Edmund Stoiber, der Ministerpräsident. Was verständlich ist, denn der Mann hat mit der ganzen Sache ja nichts zu tun. Als er 1993 das Amt übernimmt, erklärt er sogleich die ganze Amigo-Wirtschaft für beendet. Dass er selbst befreundet ist mit all den Provisionären, Amigos und Freunden der Freunde, mit Karlheinz Schreiber und Dieter Holzer, mit Strauß sowieso, wird ihm niemand vorhalten wollen. Auch nicht, dass er als Leiter der Staatskanzlei, direkt unter Franz Josef Strauß, nie etwas mitbekommen hat.

Nur einmal gerät er unerwünscht in Kontakt mit der Affäre, ganz am Anfang, 1995. Da setzt sich nämlich der Kaufmann Karlheinz Schreiber an die Schreibmaschine. In einem Brief an die Steuerfahnder, die ihn selbst und seinen Freund Max Strauß belästigen, erklärt er den Sinn der «nützlichen Ausgaben», die andere Schmiergelder nennen. Korruption, so Schreiber, dürfte den Beamten «nicht so unbekannt sein». Denn ohne Schmiergelder laufe in der globalen Wirtschaft oft nichts. Ob sie die Sorgen kennten, die Bayerns Ministerpräsident Edmund Stoiber manchmal «um den Schlaf bringen?» Arbeitsplätze, Arbeitsplätze. «Nehmen Sie und Ihr Haus zur Kenntnis, dass ohne Politiker wie Stoiber» längst «das technologische Aus für Deutschland» gekommen wäre.

Er schließt den Brief mit den Worten: «Right or wrong – my country! Ich liebe dieses Land und insbesondere den Freistaat Bayern.»

6. Die Akte Pfahls

**Wie ein Staatssekretär der Firma Thyssen
zu einem gigantischen Rüstungsgeschäft verhilft**

Am 10. Dezember 1999, gegen Mittag, verlässt Birgit Pfahls ihr
privates Idyll über dem Vierwaldstätter See und bricht auf zu
einer öffentlichen Demütigung. Mit dem Auto fährt sie Richtung
Gebirge, von den Gipfeln schimmert erstes Winterweiß. Die
Fahrt dauert wenige Minuten und endet im nahen Stans, einem
Touristenflecken im Talgrund. Frau Pfahls schlendert, scheinbar
ziellos, durch den Ortskern und betritt, scheinbar zufällig, die
Telefonzelle am Länderpark, einem kleinen Einkaufszentrum.
Hier setzt sie, um 13.02 Uhr, zu einem merkwürdigen Telefon-
stakkato an. Achtmal spricht sie, fünfmal nur sekundenlang. Im
Wechsel wählt sie zwei Schweizer Anschlüsse an, einen im Fest-
netz, einen mobilen. Dann fährt sie nach Hause und benutzt dort
weder ihren Privatanschluss noch ihr Mobiltelefon.

Den kleinen Ausflug beobachten, aus der Deckung, zwei
Schweizer Zielfahnder, ihrerseits beobachtet von zwei deutschen Kollegen. Die Hinterlassenschaft dieses bizarren Grup-
penrendezvous ist ein kleiner Stapel amtlichen Papiers. Danach
hat Birgit Pfahls, wissend, dass sie observiert wird, alle Regeln
der Konspiration perfekt befolgt. Sie benutzt ein schwer abhör-
bares «Publi Phone Comet Swisscom» und behindert die Loka-
lisierung ihres Gesprächspartners durch Blitzanrufe. Denn sie
telefoniert mit einem Menschen, der ihr nah und ganz in ihrer

114

Nähe ist. Am anderen Ende meldet sich ihr Gatte, Deutschlands meistgesuchter Flüchtling, eine Schlüsselfigur in der großen Finanzaffäre von CDU und CSU: Holger Pfahls.

Birgit Pfahls wird später berichten, sie sei Opfer einer Täuschung geworden. Ihr Mann habe ihr – vor Monaten in Taiwan im Krankenhaus liegend – vorgegaukelt, er wolle sich den deutschen Behörden stellen. Es sei Zeit, sich des Vorwurfs der Bestechlichkeit und der Steuerhinterziehung zu erwehren. Stattdessen sei Holger, ohne Lebenszeichen, ins Nichts abgetaucht. Von ihrer großen Liebe enttäuscht, frage sie sich: «Wie werde ich diesen Namen wieder los?» In Abwesenheit ihres Mannes könne sie sich nicht scheiden lassen. Die rührende Geschichte erzählt sie einem Journalisten, auf dass der sie verbreite. Die Mär vom verlorenen Gatten, einem Falschspieler, der sich in Ländern herumtreibt, die nicht nach Deutschland ausliefern.

Tatsächlich ist Ludwig-Holger Pfahls in der Schweiz und bereitet in innigem Kontakt mit seiner Frau den Umzug des Hausstands aus Deutschland vor. Just jene Dezemberwochen verbringt er bei den Eidgenossen, in denen eine aufgeregte deutsche Öffentlichkeit erfährt, wie die CDU auf einem Schweizer Parkplatz eine Million Mark schwarz und in bar erhielt; in denen jedermann wissen will, was Helmut Kohls damaliger Rüstungsstaatssekretär Pfahls damit zu tun hat: ob er nur persönlich – wie es im Haftbefehl steht – Millionen für industriefreundliches Regieren erhielt oder ob, obendrauf, die frisch entdeckte Millionenspende zum Dankeslohn einer ganzen Regierungspartei zählte. Pfahls will keine Antworten geben. Er kümmert sich darum, wie er seine verborgenen Beweisstücke zur Finanzaffäre aus Deutschland in die Schweiz holen kann und außerdem seine Möbel. Bei einer Spedition mietet er drei Kubikmeter Ladevolumen an.

Keine seiner Vorbereitungen entgeht den Zielfahndern. Am 14. Dezember 1999, vier Tage nach der Telefonaktion von Stans, weist das Zollkriminalamt Köln alle Kollegen per Fax an, den

Pfahls-Laster zu stoppen, spätestens an der Schweizer Grenze. Auf dem Schreiben steht unten, fett, die Warnung: «Person Pfahls ist vermutlich bewaffnet. Eigensicherung beachten.» Ein unnötiger Hinweis. Der Laster wird nicht gefunden, jedenfalls nicht angehalten; und Pfahls, in der Schweiz von Ermittlern pausenlos beschattet, wird nicht festgenommen. Ein Fahndungsdebakel. Jedenfalls wenn das Ziel gewesen sein sollte, den Mann festzunehmen.

Dazu hat es noch mehr gute Möglichkeiten gegeben. Mal steht ein Ermittler an seinem Krankenlager in Taiwans Hauptstadt Taipeh. Mal wird er in London geortet, als er, aus dem Flugzeug steigend, per Handy einen Freund informiert. Mal können Ermittler die drei Häuser benennen, zwischen denen sich Pfahls, diesmal auf Bali, bewegt. Im Jahr 2000 haben sie ihn auf dem Radarschirm, als er drei Wochen lang nahe Johannesburg wohnt und von einem früheren Generaldirektor des südafrikanischen Außenministeriums betreut wird. Die Fahnder kennen mindestens eine der Kreditkarten auf fremden Namen, die Pfahls benutzen darf (Nummer 5404 4321 2719 8030), und könnten eine Stunde nach einer abgebuchten Zahlung am Ort sein. Zudem sind die Fluchthelfer bekannt.

Dass Pfahls immer wieder entkommt, mag, wer will, für Zufall halten. Oder für eine Verkettung unglücklicher Umstände. Oder gleich für das Werk von Dorftrotteln in Polizeiuniform, die unglücklicherweise global zu Werke gehen. Wer aber glaubt, dass die Zahl möglicher Zufälle endlich ist, und nachforscht, wird auf mysteriöse Tipps für den Flüchtigen stoßen und auf Interessen. Und feststellen, dass es mächtigen Menschen offenbar wichtig ist, dass diese nur schemenhaft sichtbare Schlüsselfigur der Finanzaffäre von CDU und CSU verschwunden bleibt.

In den fliegenden Blättern der Akte Pfahls finden sich bestürzende Antworten und alarmierende Fragen. Ein Zielfahnder meint: «Unsere Probleme sind nicht nur technischer Natur. Mehr sage ich dazu nicht.»

«... mit der ausdrücklichen Zielsetzung, ein Stück Industriepolitik mitzugestalten»

Der 26. Februar 1991 ist für Ludwig-Holger Pfahls ein Tag, der furchtbarer nicht beginnen kann. Der Staatssekretär betritt sein Büro im Verteidigungsministerium auf der Bonner Hardthöhe und findet auf dem Tisch drei einander widersprechende Vorlagen, alle für die Sitzung des Bundessicherheitsrates am folgenden Tag. Eine empfiehlt, die Exportrichtlinie weit auszulegen und 36 Füchse (Mannschafts- und ABC-Spürpanzer) nach Saudi-Arabien auszuführen – schließlich greifen von dort aus gerade die Alliierten den Irak Saddam Husseins an. Die zweite Vorlage beharrt auf der traditionellen Position, die Bundesrepublik liefere kein Kriegsgerät in Kriegsgebiete. Die dritte setzt auf einen windigen Kompromiss. In drei Papieren der ganze befrachtete Streit um die deutsche Außenpolitik. Pfahls ist außer sich, kann nur mit Mühe die Form wahren. Diese Quertreiber in den Ministerien!

Fünf Monate lang hat er für diesen Export geackert, sich mit störrischen Referenten herumgeschlagen, renitente Generäle diszipliniert, sperrige Kollegen im Außenministerium bearbeitet und am Ende auch noch den wankelmütigen Verteidigungsminister auf Linie gebracht. Und plötzlich, am Tag vor der Entscheidung, Widerstand!

Pfahls' Mitarbeiter gehen in Deckung, fragen sich, wie der Chef die Sache diesmal deichseln wird. Einige bewundern ihn für seine Überzeugungskraft. Andere sind skeptischer. Einerseits halten sie ihn für «einen brillanten Vorgesetzten»; einer sagt, nie habe er «bessere Arbeitsvorgaben bekommen». Andererseits sei Pfahls ein Streber, streng gescheitelt, arrogant. Und, wie zu fragen wäre, bestechlich? Als Mitglied der Bundesregierung?

Pfahls greift zum Hörer. Jetzt ist keine Zeit mehr für den Dienstweg, für den Weg zum Minister. Jetzt kann nur noch die Machtzentrale helfen. Anruf im Kanzleramt. Die Tür schließt

117

sich hinter Pfahls. Als er wieder aus dem Büro tritt, ruft er dem Referenten zu: «Das läuft.» Kohls Leute werden die Sache noch umbiegen. Mit 48 Jahren hat Pfahls, Mitglied der CSU, einen neuen Höhepunkt seiner Karriere erreicht. Vier Jahre zuvor war er von Franz Josef Strauß ins Amt empfohlen worden, «mit der ausdrücklichen Zielsetzung», wie Pfahls später schreibt, «ein Stück Industriepolitik (…) mitzugestalten». Jetzt kann er sich rühmen, «viel für die deutsche wehrtechnische Industrie geleistet» zu haben. Von «den umfangreichen Kickbacks» im saudischen Panzergeschäft, den 219 Millionen Mark Bakschisch, will Pfahls «erst im Laufe des Ermittlungsverfahrens Kenntnis erhalten» haben. Aber warum fördert er den Export schon lange, bevor die Bundesregierung auch nur über die Idee eines Panzergeschäfts informiert wird? Über welchen Privatkanal verfügt Pfahls?

Die Antwort führt an einen Ort, der in der Geschichte deutscher Verbrechen inzwischen legendär geworden ist – in einen Partykeller im bayerischen Kaufering. Dort empfängt am Abend des 7. September 1990 ein Kaufmann, mittlerweile die zweite Fluchtfigur im Schmiergelddrama, eine kleine Gruppe von mindestens vier Geschäftsfreunden. Am Weißbier-Tresen bewirtet Karlheinz Schreiber den Thyssen-Vorstand Jürgen Maßmann sowie drei saudische Importvermittler. Die Runde ist beschwingt, denn es ist Krieg. Irak hat eben Kuwait überfallen, nun könnten endlich lästige Exporthindernisse im moralgesättigten Deutschland fallen. Aber allen ist auch klar: Das wird teuer.

Aus Dokumenten und Erinnerungen ergibt sich, dass das gesamte System der Bestechungen schon an diesem Abend im Detail festgelegt wird. Schlüsselfigur bei der Geldverteilung soll Schreiber sein. Ein kleines Geflecht von panamaischen Scheinfirmen wird in Stellung gebracht. Die Briefkästen haben klingende Namen: Ovessim, Linsur Investment, Great Aziz sowie ATG Investment. Mit diesen Firmen wird der Essener Thyssen-Konzern erst «Consulting-», später «Marketing-Verträge» für «die Golf-Region» abschließen. Deren «Provisionen» – 219 Millionen Mark, knapp die Hälfte des gesamten Geschäftsvolumens – werden klandestin an die gedungenen Freunde weitergeleitet. Thyssen-Vorstand Maßmann besteht nach Zeugenaussagen auf diesem bürokratischen Umweg, damit später keiner der korrupten Partner den Konzern erpressen kann. Formal muss Thyssen also nichts von Bestechung wissen. Die Verträge sollen auch nicht kopiert, sondern im Original in Zürcher Bankschließfächern deponiert werden. Jahre später wird ein kleiner Assistent den Thyssen-Vorstand per Hausmitteilung wissen lassen, mehrere Dutzend Millionen Mark «Marketingausgaben» hätten keinen einzigen neuen Auftrag geboren. Geldvernichtung, die sofort zu stoppen sei. Der naive Narr erhält nie eine Antwort.

Wie üblich in Schreibers Partykeller endet der Abend feucht und fröhlich. Der Gastgeber spielt Ständchen auf dem Akkordeon und erfreut besonders die Saudis mit einer Jodeleinlage. Erst spät in der Nacht verlassen die Gäste die Villa. Erwiesen ist nicht, dass Holger Pfahls, der Staatssekretär, diese Geburtsstunde des Bestechungsskandals miterlebte. Gewiss ist dagegen, dass er kurz nach dem kleinen Gelage bei Schreiber aktenkundig aktiv wird. Und gewiss ist auch, dass Pfahls seit Jahren zu den gern gesehenen und regelmäßigen Gästen im Partykeller zu Kaufering zählte.

Eingeführt in diesen politkriminellen Zirkel von Männerfreunden hatte ihn sein Mentor Franz Josef Strauß. Der Zögling galt damals als Wunderknabe der bayerischen Politik, «der Mann vor, neben und hinter Strauß». Kometenhaft sein Aufstieg am Hofe des Patriarchen: Erst «Prinzenlehrgang», dann persönlicher Referent, später Intimus von FJS, mit 42 protegiert zum Chef des Verfassungsschutzes, zwei Jahre später Staatssekretär in Bonn.

Sollte Pfahls die Geburtsstunde des Verbrechens im Partykeller verpasst haben, so wird er doch eilends und umfassend über das Gespräch mit Akkordeon-Nachspiel informiert. Jedenfalls rührt sich der Staatssekretär 60 Stunden später. Am 10. September 1990 fragt er schriftlich und «im Vorfeld konkreter politischer Entscheidungen» beim Führungsstab an, ob das Heer Füchse zum Verkauf entbehren könne. Ein erstaunlicher Vorgang: Zu diesem Zeitpunkt kennt die Bundesregierung den Plan Fuchs noch nicht, es gibt keine Anfrage Thyssens bei der Bundesregierung und keinen offiziellen Kontakt nach Saudi-Arabien. Der Staatssekretär handelt ohne Amtswissen und ohne Amtsauftrag, also offenbar geführt von Dunkelmännern. Dies ist eines der Indizien, die Ludwig-Holger Pfahls vor Gericht schwer belasten werden – falls ihn je jemand dorthin bringt.

Die außergewöhnliche Tatkraft des Fuchs-Freundes Pfahls erlebt elf Tage später der saudische Botschafter. Zunächst will das Gespräch nicht so recht in Gang kommen, denn Pfahls' Englisch ist schlecht. Erst als ein Übersetzer hilft, kann Pfahls losplaudern. Er erzählt vom großen Herzen und von der großen Saudi-Freundschaft seines alten Chefs Strauß. Der Botschafter strahlt, lobt FJS in den höchsten Tönen («a great man») und berichtet seinerseits von Jagdabenteuern des Bayernfürsten mit der saudischen Königsfamilie. Dann kommt Pfahls, nicht der saudische Botschafter, zur Sache. Pfahls weist ihn auf das Fuchs-Projekt hin, auf «Industriekontakte aus Deutschland nach Saudi-Arabien». Keinesfalls hat also Saudi-Arabien aus Deutschland Fuchs-Panzer erbeten. Es ist umgekehrt: Ein Aktenvermerk über das Gespräch hält ein «deutsches Angebot» fest. Tatsächlich ist es ein Angebot des Staatssekretärs Pfahls, das dieser in Amtsanmaßung ausspricht. Denn eine Verständigung im Regierungsapparat hat es zu diesem Zeitpunkt noch nicht gegeben.

Kaum hat der Botschafter die Hardthöhe verlassen, diktiert Pfahls auch schon einen Brief an den Kollegen vom Außenministerium («Per Fax vorab»). Darin stellt er den Sachverhalt auf den Kopf. «Wie ich höre», schreibt er, «hat die Regierung des

Königreiches Saudi-Arabien Interesse bekundet», Fuchs-Panzer zu kaufen. So findet eine saudische Anfrage, die nicht von den Saudis kam, sondern aus einem Partykeller in Kaufering, Eingang in die deutsche Regierungsmaschinerie.

Der Staatssekretär hegt und pflegt das Projekt. Seine Interventionen sind Legion und akribisch dokumentiert. Seine Amtsstube wirkt wie die Zentrale einer Unterwanderung, in der die Konspirateure unangemeldet ein und aus gehen: Thyssen-Vorstand Maßmann, Karlheinz Schreiber, Max Strauß, den Pfahls zwischenzeitlich den Saudis als weiteren Vermittler ans Herz gelegt hat. Als sich ein Pfahls-Referent über den Publikumsbetrieb wundert, hört er von der Sekretärin: Der Staatssekretär habe ihr gesagt, es handele sich um Privatbesuche; kein Treffen, kein Telefonat mit dieser Gruppe solle sie in den Kalender eintragen, auch nicht in den privaten.

Monatelang geht das so, bis der Bundessicherheitsrat den Export endlich genehmigt. Gut ein halbes Jahr später, am 2. September, überweist die panamaische Firma ATG Investment, für die der Waffenhändler Schreiber als «wirtschaftlich Berechtigter» auftrat, 3,8 Millionen Mark auf das Rubrikkonto «Holgart», Nummer PO-46 341.0, beim Schweizerischen Bankverein. Dieses Konto ordnet die Augsburger Staatsanwaltschaft Pfahls zu. Der streitet ab. Aber die Strukturbäume über die Geldflüsse, die die Augsburger Justiz hergeleitet hat, belegen: Bei Pfahls laufen die Linien zusammen.

Gegen ihn gibt es Indizien, auch Nachweise. Insgesamt sind knapp 90 Prozent der 219 Millionen Mark Thyssen-Bestechungsgelder verschwunden. Nicht, weil es unmöglich ist oder gewesen wäre, die Beglückten zu finden. Sondern weil sich die deutsche Justiz jahrelang nicht darum kümmerte. Die Augsburger Staatsanwaltschaft hat in den fünf Jahren ihrer Ermittlungen nur eine der vier Panama-Firmen durchleuchtet.

Warum eigentlich? Warum hat es bis zum Sommer 2000 gedauert, bis sich eine andere Staatsanwaltschaft, Düsseldorf, erbarmte und um ausländische Rechtshilfe zur Aufklärung der restlichen Geldströme nachsuchte? Warum hat es in Deutschland erst einer Affäre bedurft, um der Frage nachzugehen, ob noch weitere Regierungsmitglieder im Verdacht der Käuflichkeit stehen? Oder ob Regierungsparteien «Provisionen», «Spenden» erhielten als Dreingabe für freundliche Entscheidungen?

Exkanzler Kohl und seine Partei haben sich von Anfang an dieses Vorwurfs erwehrt. Sie argumentieren, im Fall Pfahls gehe es, wenn überhaupt, um die Verfehlungen eines Einzelnen; der habe als kleiner Staatssekretär auf die Entscheidung ohnehin kaum Einfluss gehabt; und die legendäre Spendenmillion vom Schweizer Parkplatz habe nichts mit der CDU und nichts mit der Panzerentscheidung zu tun. Nichts davon stimmt.

Einer der großen Förderer des Panzergeschäfts ist der Schatzmeister der CDU, Walther Leisler Kiep. Der zählt das Multitalent Karlheinz Schreiber zu seinen persönlichen Freunden. Und Freunde verabreden sich gelegentlich. So treffen sich die beiden in Bonn, gerade als der Widerstand gegen den Panzerexport in den Ministerien wächst – acht Tage vor der Entscheidung des Bundessicherheitsrates. Schreiber agitiert Kiep, er solle sich für den Panzerexport stark machen. Dem Bundeskanzler möge Kiep schnellstens ein Memorandum bekannt machen, verfasst vom Privataußenpolitiker Karlheinz Schreiber in tiefer Sorge um die deutsch-saudischen Beziehungen.

Kiep tut, was Schreiber aufträgt. Weil ihn dessen politische Argumente überzeugen? Oder weil es andere Absprachen zwischen beiden gibt? Dazu schweigen Kiep und Schreiber. Sicher ist nur: Kiep verabredet sich noch am selben Tag zum Abendessen mit Kohls zuständigem Abteilungsleiter im Kanzleramt. Lobbying in Sachen Panzerdeal.

Wer diese Vorgeschichte kennt, wird es kaum für Zufall halten, dass später die Million für die CDU, schwarz und in bar, aus den Händen Schreibers in die von Kiep wandert. Ein Indiz ist das gewiss, aber noch kein Beweis. Doch auch der Beweis hat sich angefunden: Die CDU-Million kommt nach den Ermittlungen der Fahnder vom selben Konto wie die Dankesschuld für Pfahls (472 520 beim Schweizerischen Bankverein). Dieses Konto wird allein aus den Bestechungsgeldern des Thyssen-Konzerns für das Panzergeschäft gespeist. So verwandelt sich Bakschisch in eine Parteispende. Wäre die CDU keine Partei, sondern eine Ministerialbeamtin, wäre sie damit der Vorteilsannahme überführt. Dieser Beleg zeigt, was die CDU abstreitet: den Zusammenhang zwischen Thyssens Schmiergeldzyklus und der Schwarzgeldreserve der Partei.

Ohne Beleg bleibt freilich die zweite Hypothese, dass nämlich die Panzer 1991 nur deshalb nach Saudi-Arabien rollen dürfen, weil sich die CDU davon Vorteile verspricht. Das wäre nicht Vorteilsannahme, sondern schlichte Bestechung. Derart simpel dürfe man sich industriegesponserte Politik nicht vorstellen, lautet das Standardargument. Wahrscheinlicher sei, dass sich die CDU, schlimm genug, eine Entscheidung, für die es politische Gründe gibt, vergolden lässt. Man müsse Helmut Kohl glauben, wenn er darauf bestehe, nicht Geld, sondern die Golfkrise sei sein Motiv gewesen.

Diese Theorie klingt einleuchtend. Wenn sie aber stimmt: Warum verwickelt sich der ehemalige Bundeskanzler dann beständig in Widersprüche? Helmut Kohl gibt an, er habe dem amerikanischen Außenminister James Baker den Export von Fuchs-Panzern an die saudischen Golf-Alliierten persönlich versprochen. Über diesen Staatsbesuch am 15. September 1990 in Oggersheim gibt es Protokolle. Tatsächlich verspricht Kohl an diesem Tag umfangreiche Waffenlieferungen. Bloß: Von Füchsen für die Saudis keine Zeile. Dazu im Untersuchungsausschuss befragt, sagt Kohl: «Deutschland ist nicht regierbar, wenn der Bundeskanzler sich nicht einen Freiraum hält.» Er habe Baker die Saudi-Füchse nur unter vier Augen und außerhalb des Protokolls zugesagt. Er wisse eben, wie sensibel die Sache in der deutschen Öffentlichkeit zu behandeln sei. Merkwürdig: Sind all die anderen Exportpläne vom selben Tag der deutschen Öffentlichkeit einfacher zuzumuten? Warum verschweigt Kohl sein Ehrenwort an Baker sogar seinem Verteidigungsminister, als er ihm drei Tage später die Lieferliste übermittelt? Und warum finden Kohls angebliche Fuchs-Pläne auf so bizarren Wegen ins Getriebe der Regierungsmaschinerie? Weit abseits des Dienstwegs, gegen alle Regeln, eingefädelt von einem Staatssekretär ohne Auftrag?

Helmut Kohl achtet peinlich darauf, Holger Pfahls als fernen Satelliten in seinem Regierungssystem darzustellen. Dem Untersuchungsausschuss hat er drei Sätze gesagt: «Herr Pfahls war niemand, der sozusagen bei mir ein und aus ging, mit dem ich mich regelmäßig beraten habe.» – «Wenn ich jemanden informiert hätte, dann wäre sicherlich Herr Pfahls unter den Staatssekretären der Allerletzte gewesen.» – «Herr Pfahls war mit Sicherheit einer von denen, der mich weder beraten hat, noch mit mir in der Sache in irgendeiner Form einen Kontakt hatte.» Von der Wochenzeitung DIE ZEIT befragt, ließ Kohl dann aber mitteilen, «dass er Herrn Dr. Pfahls im Laufe von dessen Dienstzeit als Staatssekretär im Verteidigungsministerium gelegentlich bei Beratungen im Kanzleramt angetroffen hat». Weiter heißt es: «Er (Kohl) mag ihn auch bei dienstlichen Besprechungen im kleinen Kreis getroffen haben.» Ein Widerspruch zu Kohls Aussagen im Ausschuss.

Dass es, wie behauptet, «keine regelmäßigen Treffen von Dr. Kohl mit Dr. Pfahls» gegeben hat, scheint fraglich. Pfahls' Referent hat vor dem Untersuchungsausschuss die Verbindung beider Männer anders beschrieben. Danach entwickelt sich während der entscheidenden Monate ein heißer Draht zwischen Kanzleramt und Staatssekretär; täglich telefoniere Pfahls mit Kohls zuständigem Abteilungsleiter. Mehr noch: In dieser Phase habe Pfahls den Kanzler persönlich alle zwei Wochen getroffen, um über den Panzerexport zu sprechen. Immer abends, immer privat. Kohl bestreitet dies.

Sollte die Version des Pfahls-Referenten jedoch stimmen, stellen sich gleich mehrere Fragen: Warum waren Kohl die Spürpanzer so wichtig? Und was hat er mit Pfahls, den er kaum gekannt und nicht geschätzt haben will, privatim besprochen?

Sicher ist: Die kleine Machtallianz aus Kanzler und Rüstungsstaatssekretär boxt den Export gegen jede Opposition durch; diese Bruderschaft sorgt noch am Tag vor der Entscheidung dafür, dass der Hort des Widerstandes, das Außenministerium, fällt. Am Ende verzeichnet das Sitzungsprotokoll des Bundessicherheitsrats, dass Außenminister Hans-Dietrich Genscher den Raum während jener drei Minuten verlässt, in denen die Fuchs-Entscheidung fällt.

Antworten auf die großen offenen Fragen der Panzeraffäre versprechen nur drei Quellen. Erstens: Helmut Kohl. Aber der Altkanzler hat seit seinem Bekenntnis zur illegalen Spendenpraxis Ende 1999 keinen sachdienlichen Hinweis mehr zur Aufklärung der verschiedenen Affären gegeben. Zweitens: die Akten des Kanzleramtes. Aber alle Dokumente über das Panzergeschäft sind vor dem Regierungswechsel 1998 aus der Registratur verschwunden. Nur einzelne Papiere sind, als Privatarchiv des einstigen Kanzleramtsministers Friedrich Bohl deklariert, in der Konrad-Adenauer-Stiftung aufgetaucht.

Drittens: Holger Pfahls. Aber der Mann ist verschwunden. Und weil das einem Kartell des Schweigens und Verschwindens gut zu gefallen scheint, ergeben sich aus der Odyssee des Holger Pfahls weitere heikle Fragen. Schon das Abtauchen nach dem Haftbefehl wird aus deutschen Ämtern sorgsam begleitet – eine aufwendige Auslandsbetreuung, denn die Geschichte spielt in Singapur. Dorthin ist Pfahls übersiedelt, als er nach seiner Blitzkarriere 1992 plötzlich als Staatssekretär abdankte, zum Ausscheiden noch eine «Serenade mit Waffenzug» erhielt, dann aber Mercedes-Manager wurde. Warum – das verstand in Bonn niemand. Im Ausland beginnt Pfahls ein neues Leben, mit neuen Aufgaben und neuer Frau (samt nachgereister Schwiegermutter). Er wohnt in der Temasek Avenue 27/01, darf sich «President of Daimler Benz Asia» nennen, erhält im Jahr eine Million Mark, die Firma übernimmt die Beiträge für den Golfclub, Dienstwagen ist die 500er-S-Klasse mit langem Radstand.

Dass die Staatsanwaltschaft im fernen Augsburg seit 1995 gegen ihn ermittelt, belastet ihn durchaus. Andererseits: Nach den langen Jahren könnte die Sache genauso gut im Sande verlaufen. Aber plötzlich muss Pfahls eine Warnung aus der Heimat erhalten haben. Denn nur einen Tag bevor das Auswärtige Amt vom internationalen Haftbefehl gegen ihn erfährt, drei Tage bevor die Zielfahndung beginnt, regelt Pfahls noch schnell Vermögensangelegenheiten. Am 6. Mai 1999 erscheint er in der deutschen Botschaft von Singapur und beurkundet eine Vollmacht, damit seine beiden Töchter die Familienvilla am Tegernsee verkaufen können. Am Tag darauf ist Pfahls Richtung Taipeh verschwunden.

Nichts als Zufälle:
Die behinderte Fahndung nach Holger Pfahls

Die Augsburger hatten gefürchtet, dass es ein Leck geben könnte, und ihr Ermittlungsteam gegen Indiskretionen abgedichtet wie noch nie. Geradezu konspirativ bereiten sie den Haftbefehl für den 22. April 1999 vor. Die Generalstaatsanwaltschaft in München erfährt zunächst nichts, weil die Ermittler dort einen von Pfahls' Schutzheiligen vermuten.

Trotzdem greift irgendeine unsichtbare Hand ein. Generalstaatsanwalt Hermann Froschauer weiß plötzlich, was er nicht wissen soll, und bedrängt die Augsburger, den Haftbefehl zurückzunehmen. Als das nichts fruchtet, weist er sie an. So ungeheuerlich findet das der ermittelnde Staatsanwalt Winfried Maier, dass er die Anweisung schriftlich verlangt, da, so notiert er in seiner Handakte, «erlassene Haftbefehle grundsätzlich sofort zu vollziehen seien, um sich nicht dem Vorwurf der Strafvereitelung im Amt auszusetzen». Es hilft nichts. Die Münchener Behörden erwägen und prüfen, der April verstreicht, der Mai beginnt, und irgendwann übermittelt irgendein Mitglied im Verein der Freunde und Förderer des Holger Pfahls die Münchener Querelen nach Asien. Die Augsburger lernen: Die CSU lässt die ihren so schnell nicht fallen.

Schon wenige Tage später gibt es neue Nachrichten vom abgängigen Holger Pfahls. Er lässt seinem Arbeitgeber ausrichten, er sei krank und liege im Veterans General Hospital in Taipeh, 19. Stock, Bett 7. Zur Genesung scheinen die Verhältnisse nicht angetan. Es dringt die Kunde aus dem Hospital, man habe den Patienten in eine Kluft gesteckt, die ihm wie Sträflingskleidung vorkomme. Statt Betten gebe es nur Pritschen. Das Personal spreche kein Englisch. Vielleicht ist so zu erklären, dass die erste Meldung lautet: «leichter Gehirnschlag», der erste Arztbericht aber nur «Schwindelgefühle und Taubheit der rechten Gliedmaßen» nennt. Er selbst klagt über Sehstörungen und Artikulationsschwierigkeiten.

Jedenfalls ist es ein schöner Teil der Legende. Jener großen Inszenierung, die Pfahls aufführt, um sein Abtauchen zu tarnen. Seine Frau, die ihm nach Taipeh folgt, lässt er von einer Depression berichten und einer Zeitung sagen: «Der springt mir aus dem Fenster.» Als er verschwindet – und zwar keineswegs durchs Fenster –, bleiben Rasierpinsel, Jeans und Medikamente zurück. Wird er es, zuckerkrank, im Untergrund ohne Insulin schaffen? Frau Pfahls dementiert: Ihr Mann leide gar nicht an Diabetes. Ist Holger Pfahls am Ende völlig gesund?

Ein Verwirrspiel, aber mit System. Wie das geht, hat Pfahls vom Vater gelernt. Der war beim BND, stieg dort auf zum Leiter der Agentenschule, wo all die filmreifen Tricks gelehrt wurden. So begreift auch der kleine Holger schnell, was wichtig ist in der Welt der Schlapphüte. Und ist ein Vierteljahrhundert später vorbereitet, als er, zum Verfassungsschutzchef promoviert, allerlei

LEITENDE OBERSTAATSANWALT
Augsburg
Alten Einlaß 1, 86150 Augsburg
cfach 11 19 40, 86044 Augsburg
efon: (0821) 3105-212
Telefax: (0821) 3105-213

Gz.: 501 Js 127935/95   Augsburg, den 28.04.1999

Verfügung

I.   Vermerk:

Heute, am 28. April 1999, kurz nach 9.00 Uhr, rief mich der Herr Generalstaatsanwalt an und bat um Auskunft, wie eilbedürftig der Vollzug der von uns in dem vorbezeichneten Ermittlungsverfahren gegen Karlheinz Schreiber erwirkten Haftbefehle vom 22.04.1999 sei. Er bat mich, von einem Vollzug dieser Haftbefehle bis Anfang nächster Woche Abstand zu nehmen, weil er die Angelegenheit sorgfältig prüfen möchte.

Ich habe dann versucht, Rücksprache mit Staatsanwalt a. Gl Dr. Maier aufzunehmen. Da ich weder den zuständigen Abteilungsleiter noch Staatsanwalt a. Gl Dr. Maier fernmündlich erreicht habe, habe ich Staatsanwalt a. Gl Holzner gebeten, Staatanwalt a. Gl Dr. Maier davon zu unterrichten, daß ein Vollzug der Haftbefehle vor Mitte nächster Woche nicht erfolgen solle. Ich erhielt dann die Mitteilung, daß die Haftbefehle bereits mit dem Ziele des Vollzugs an die zuständigen Polizeidienststellen gesandt worden seien.

Nach erneuter Rücksprache mit dem Herrn Generalstaatsanwalt bestand dieser darauf, daß die Haftbefehle derzeit nicht vollzogen werden.

Ich habe dann mit Staatsanwalt a. Gl Dr. Maier erneut fernmündlich Kontakt aufgenommen und ihn gebeten, die mit der Sache befaßten Polizeidienststellen davon zu unterrichten, daß die Haftbefehle vorerst nicht vollzogen werden.

II.   Abdruck dieses Vermerks mit Verfügung an Staatsanwalt a. Gl Dr. Maier mit der Anordnung, die am 22.04.1999 erwirkten Haftbefehle vorerst nicht zu vollziehen.

Hillinger

[handschriftlicher Vermerk:] Vermerk: Herr BL Hillinger erläuterte auf meine ausdrückl. Frage, daß dieser Vermerk in der Hauptakte abgeheftet werde. Herr OStA Nemetz äußerte die dringende Bitte, diesen Vermerk in der Beiakte als einer dienstlichen Angelegenheit zu führen. 30.04.99

Der Haftbefehl gegen Holger Pfahls durfte «vorerst nicht vollzogen» werden. Verfügung von Oberstaatsanwalt Karl Hillinger.

Geheime am Familiensitz zu Gast hat. Grußlos herein, grußlos heraus, dazwischen geschlossene Türen, gedämpfte Gespräche. So erinnern sich die Kinder, die diese Geheimnishuberei erlebten. Es kann niemanden wundern, dass es auch Pfahls' zweite Frau Birgit zu einer gewissen Perfektion beim Tarnen und Täuschen bringt.

Im Krankenbett zu Taipeh hält der leidende Pfahls Hof. Sein Anwalt ist aus München eingeflogen und informiert die deutschen Behörden brieflich («telefonisch diktiert aus Taipeh, 17 Uhr Ortszeit»), wie es um den Mandanten bestellt ist. Der lässt «versichern, dass er an seiner Entschlossenheit (...) festhält», sich zu stellen. Allerdings erst, «wenn medizinische Gründe nicht mehr entgegenstehen». Der Zustand des Mandanten Pfahls werde sich «voraussichtlich in wenigen Monaten schon so weit stabilisiert haben, dass er die Strapazen eines Fluges von Taipeh nach München auf sich nehmen kann».

Dabei plant Pfahls längst eine andere Reise und berät sich deshalb am Krankenbett mit einem guten Freund und Geschäftspartner: Dieter Holzer. Holzer ist eigens angereist und hat freundlicherweise seinen Sohn mitgebracht, der im Hauptberuf Sekretär beim President of Daimler Benz Asia ist – also bei Pfahls. Die beiden, zeitweise assistiert vom zweiten Holzer-Sprössling, betreuen Pfahls aufopferungsvoll während seines Taiwan-Ausflugs, zwei Monate lang.

Erstaunlich schnell erholt sich Pfahls vom angeblichen «leichten Gehirnschlag» und verlässt die Klinik nach kaum einer Woche, am 14. Mai um 17 Uhr. Er zieht um zu einem weiteren Geschäftsfreund, Herrn Sun Chung-Wei in der Nankang Road 53. Von dort geht er mindestens zweimal zum Reisebüro und bucht einen Flug. Pfahls fühlt sich nicht wohl, glaubt sich zu Recht beobachtet. Wird man ihn festnehmen, gar entführen? Die beste Versicherung gegen Piraterie scheint ihm ärztlicher Beistand zu sein. Am 25. Mai ist er zurück im Krankenhaus, wieder ein «Gehirnschlag». Diesmal sechs Wochen Bettruhe.

Während seiner taiwanischen Reise wird Pfahls beinahe rund um die Uhr von den verschiedensten deutschen Behörden begleitet. Zunächst spricht (am 12. Mai) Herr Beissert, ein Mitarbeiter des Deutschen Wirtschaftsbüros, am Bett des Kranken vor. Pfahls lehnt jede offizielle Fürsorge ab. Er weiß: Jetzt hat er es nicht mehr mit Behörden zu tun, in denen seine Freunde von CDU und CSU auf Augenmaß achten werden. Nein, Rot-Grün ist an der Macht und wird alles daran setzen, ihn nach Deutschland zurückzuholen.

Was Pfahls nicht wissen kann: Tatsächlich verstrickt sich die neue Regierung in eine diplomatische Komödie. Täglich gehen in der Bundesrepublik verschlüsselte Fernschreiben («Citissime») mit neuen Berichten ein. Beteiligt sind Staatsanwaltschaft, Justiz- und Außenministerium, Bundeskriminalamt (BKA), das Deutsche Wirtschaftsbüro in Taipeh sowie eine geheimnis-, wenn nicht geheimdienstumwitterte «Fachstelle vor Ort», die auch «inoffizielle Kontakte zu taiwanesischen Kreisen» pflegt.

Es geht immer nur um eins: die Auslieferung aus einem Land, mit dem es kein Auslieferungsabkommen gibt. Anfangs heißt es in den Berichten, die Frage werde in Taiwan «wohlwollend geprüft». Deshalb fragt das Auswärtige Amt vorsorglich an, welche «Unterlagen für eine vorläufige Festnahme» benötigt würden. In welcher Sprache? In Englisch oder Chinesisch? Und falls in Chinesisch: in Mandarin oder in Kantonesisch? Welche Art der Versiegelung notwendig sei? Ohne sich auf diese Fragen einzulassen, teilt Taiwan plötzlich mit, Herr Pfahls habe dort kein Verbrechen begangen und könne nicht festgenommen werden. Eine Auslieferung sei nur nach einer Grundsatzvereinbarung über künftige Fälle möglich und nach einer Aufwertung des taiwanischen Wirtschaftsbüros in Bonn.

Plötzlich ist der Fall Pfahls zu einer Statusfrage im deutsch-chinesischen Verhältnis geworden. Und damit ein Casus für Juristen, Diplomaten, Politiker, für Gesprächskreise und Grundsatzentscheidungen über sensible Fragen nationalen Interesses, internationalen Austauschs und der Loyalität gegenüber Bündnispartnern. Was gilt da noch die Figur Pfahls? Das taiwanische Außenministerium äußert Verwunderung, dass alles so langsam geht. Fängt man so in Deutschland einen Flüchtigen?

Um die Sache zu beschleunigen, wird schließlich eine begleitete Abschiebung diskutiert. Mitten hinein in diesen komplizierten Abstimmungsprozess über acht Zeitzonen hinweg platzt die Nachricht, Holger Pfahls habe sich in Luft aufgelöst. Hat der BND geschlafen? Hatte der Wachmann vor dem Krankenzimmer Pinkelpause? Wieder ein Zufall, eine Panne? Wer glaubt noch daran?

Wer es nicht tut, muss Verschwörungstheorien bemühen: Weiß Pfahls etwas, das niemand enthüllt sehen möchte, Kohls Leute nicht und auch nicht ihre Nachfolger in der Regierung?

Pfahls hat, so viel ist heute klar, bei seinem Abgang in Taipeh einen Begleiter gehabt. Der heißt Dieter Holzer. Gemeinsam treten die beiden eine Reise mit dem Flugzeug an. Nach Deutschland, über Hongkong, behauptet Holzer. Pfahls habe sich stellen wollen. Etwas merkwürdig an dieser Version für Arglose ist, dass Pfahls sieben verschiedene Tickets kauft, von Hongkong aus in sieben verschiedene Richtungen. Auf dem Flughafen von Hongkong will Holzer seinen Freund zum letzten Mal gesehen haben, in der Abfertigungshalle. Dann, ein Rätsel, sei Pfahls in Begleitung von zwei Chinesen einfach weggegangen.

«Unterschiedliche Haftbefehle»

**Im Wortlaut: Staatsanwalt Winfried Maier zur Fahndung
nach Holger Pfahls; Auszug aus dem Protokoll
des Untersuchungsausschusses des Bundestages am
24. Februar 2000**

Frank Hofmann (Volkach) (SPD): Wie ist es mit den Durchsuchungsaktionen und Haftbefehlen gewesen? Gab es dabei teilweise – wie ich es gelesen habe – Verzögerungen?

StA Dr. Maier: In dem Verfahren gab es ja unterschiedliche Haftbefehle. Bei dem vom 17. Mai 1997 konnte es insofern keine Verzögerung geben, als er vom Ermittlungsrichter in Absprache mit dem damaligen Behördenleiter, Herrn Hillinger, der ja verunglückt ist, erlassen wurde, ohne München zu informieren. Es ist erst über den unterschriebenen Haftbefehl nach München berichtet worden.

Dann gab es die nächsten Haftbefehle am 22. April gegen Pfahls, Maßmann und Haastert. Auch hier hat Hillinger – seinerzeit hat er noch gelebt – ausdrücklich gesagt – darüber gibt es auch einen Vermerk in der Handakte; insofern habe ich mich abgesichert, das sage ich Ihnen ganz ehrlich –: Herr Maier, beantragen Sie die Haftbefehle, und anschließend werden sie nach München berichtet. München konnte insofern nichts darüber wissen und hat wohl auch nichts gewusst. Dass Herr Hillinger irgendwann einmal telefoniert und es dabei angedeutet hat, mag sein; das weiß ich aber nicht. Offiziell jedenfalls hat Hillinger angeordnet: Nein. Weiterhin ging es um die Frage des Betruges im Zusammenhang mit Saudi-Arabien. Da haben wir auch daran gedacht, dass es außenpolitisch problematisch sein mag, wenn man so etwas behauptet. Ich habe das mit Hillinger abgesprochen, weil ich mir gedacht habe, für so etwas habe ich gar nicht die richtige Schuhgröße. Auch da hat er gesagt: Schreiben Sie das hinein, wenn es Betrug ist, ist es Betrug; das teilen wir nach Erlass des Haftbefehls mit.

Das ist dann auch so gewesen: Am 22. April wurde der Haftbefehl erlassen. Ich habe an diesem Tag – ich habe es schon gesagt – Geburtstag gehabt und war gar nicht im Büro. Ich bin am nächsten Montag ins Büro gekommen. Am Montag sind die Haftbefehle auf dem Berichtswege nach München geschickt worden. Gleichzeitig wurde die Fahndung nach diesen drei Personen eingeleitet. Wir haben sie nicht sofort im Fahndungscomputer ausgeschrieben, sondern ich habe die Kripo gebeten, für mich Kontakte nach Tegernsee – das war Miesbach –, nach Düsseldorf und nach Kassel herzustellen. Damit es nicht publik wird, wollte ich die Haftbefehle direkt dort hinschicken, damit diese von Kriminalbeamten vor Ort vollzogen werden könnten.

Dann ist vom Generalstaatsanwalt in München – das hat so kommen müssen, das ist ja klar; darum bin ich auch der Meinung, dass man in München überhaupt nicht Bescheid wusste und insofern auch nicht Einfluss nehmen konnte – die Anordnung gekommen, dass die Haftbefehle nicht vollzogen werden dürften, weil der Generalstaatsanwalt erst prüfen wollte, ob wir bei den Haftbefehlen alles richtig gemacht hätten. Ich bin dann von Herrn Hillinger angerufen worden – ich war zu der Zeit bei der Kripo und was weiß ich wo – und habe daraufhin gesagt, dass ich eine schriftliche Anweisung haben möchte, dass die Haftbefehle nicht vollzogen werden. Das ist auch alles schriftlich festgehalten; es gibt dazu einen Vermerk von Herrn Hillinger. Ich betone dies deshalb, weil es der letzte Vermerk war, den Herr Hillinger überhaupt geschrieben hat. Er ist unmittelbar danach verunglückt.

Ich wollte das also in der Akte haben und habe gesagt: Wenn ich das schriftlich habe, dann bin ich dazu bereit; vorher bin ich nicht bereit, den Vollzug aufzuheben. Dann hat es da wieder ein Gespräch gegeben – ich weiß nicht, wie die Diskussion war, ich war nicht dabei –, und danach habe ich die schriftliche Anweisung, um die ich gebeten hatte, auch zu den Akten erhalten. Im Anschluss daran ist Herr Hillinger auf eine Tagung gefahren und ist aus ungeklärten Gründen, soweit ich weiß, von der Fahrbahn abgekommen und tödlich verunglückt. Ich sage das deshalb, weil mich das persönlich sehr berührt hat, weil vorher der letzte Kontakt war und das mutmaßlich auch seine letzte Unterschrift war. Dieses Verfahren trug ja in starkem Maße seine Handschrift.

Ich weiß nicht genau, an welchem Wochentag das war, ich glaube, an einem Mittwoch oder Dienstag. Das könnte ich aber noch genau nachvollziehen. Am Freitag oder Montag – auch das müsste ich jetzt aber nachschauen – kam dann das Okay aus München, dass die Haftbefehle vollzogen werden dürften. Die Prüfung hatte offensichtlich ergeben, dass diese Haftbefehle von der Sache her in Ordnung sind. Um Ihre Frage zu beantworten: Faktisch ist natürlich der Vollzug der Haftbefehle hinausgezögert worden. Aber das war fast von der Staatsanwaltschaft Augsburg provoziert, um es einmal so zu formulieren.

Es war – das werden Sie dann auch in der Akte sehen; der Teil der Akte ist allerdings noch nicht übersandt – natürlich etwas problematisch, weil genau an dem Tag, an dem die Haftbefehle übersandt wurden, Verteidiger, beispielsweise Pfahls' Verteidiger, angerufen und gefragt haben, wie es um die Sache stehe. Wenn Sie als Staatsanwalt vom Verteidiger angerufen werden, sind Sie natürlich in einem Dilemma: Lügen dürfen Sie nicht, Sie dürfen aber auch nicht sagen, dass ein Haftbefehl besteht. Insofern war die Situation doppelt misslich. Man musste sich durchlavieren: Einerseits konnte man den Haftbefehl nicht vollziehen, andererseits durfte man nichts sagen, aber auch nicht lügen. Das war also eine etwas schwierige Situation.

Der Verteidiger des Herrn Pfahls hat anschließend ständig angerufen. Ob er einen Tipp bekommen hat, weiß ich wirklich nicht. Man müsste ihn selber fragen. Aber er wird Ihnen sicherlich mit Rücksicht auf das Verteidigungsverhältnis keine Auskunft geben; davon bin ich überzeugt. Das Ganze kann auch Zufall sein. Diese

Geschichte kann wirklich Zufall sein, denn ein Verteidiger ruft öfters an. Natürlich hat er von mir ständig ausweichende Antworten bekommen, weil ich ihn eben definitiv nicht anlügen kann. Ich kann ihm nicht sagen, sein Mandant könne kommen, es sei alles in Ordnung, wenn er, sobald er seiner Einbestellung Folge leistet, festgenommen würde. Das geht ja nicht.

(Zuruf von BÜNDNIS 90/DIE GRÜNEN)

– Das geht auch, ja; aber dann bekomme ich in der Tat Probleme.

Frank Hofmann (Volkach) (SPD): Herr Dr. Maier, ich hab noch eine weitere Frage. Ich will einmal bei Pfahls und der Frage des Haftbefehls bleiben. Der Presse war zu entnehmen, dass er noch einige Zeit im asiatischen Raum war. Man hat auch gewusst, wo er war. Es gab ja auch Kontakte über die Anwälte, und man hatte bis Juni oder Juli gehofft, dass er nach Deutschland zurückkommen würde. Ist aus Ihrer Sicht sein Abtauchen richtiggehend vorbereitet worden, was etwa den Verkauf der Pfahls-Villa am Tegernsee angeht? Hat er das zusammen mit seiner Tochter vorbereitet gehabt? Das würde mich noch interessieren.

StA Dr. Maier: Die Erkenntnisse, die wir da haben, gehen jetzt teilweise in die Fahndungsmaßnahmen hinein.

Frank Hofmann (Volkach) (SPD): Daher komme ich!

StA Dr. Maier: Es ist kein Geheimnis, dass wir das Bundeskriminalamt gebeten haben, insoweit eine Zielfahndung zu übernehmen. Zur Pfahls-Villa: Kurz vorher wurde beim Generalkonsul – möglicherweise war es auch beim Botschafter – in Singapur eine notarielle Vollmacht – sie ist auch bei den Akten – ausgestellt, die besagt, dass die Tochter ermächtigt ist, dieses Haus in Tegernsee zu verkaufen; das ist richtig.

Frank Hofmann (Volkach) (SPD): Wissen Sie, zu welchem Zeitpunkt das war?

StA Dr. Maier: Das war kurz bevor die Haftbefehle erlassen worden sind. Das Datum lässt sich in der Akte feststellen. Ich habe nicht alle Daten parat. Wie gesagt, das kann man nachvollziehen.

Die Akte haben Sie noch nicht; das war nach Februar 1999. Aber das ist natürlich ein Teil, den wir aussondern könnten, wenn die Schweiz nein sagt. Wir haben das bisher nicht gemacht, um die Akten nicht völlig durcheinander zu bringen. Aber das wäre eine Möglichkeit, weil nichts aus der Schweiz dabei ist.

Dann zur nächsten Frage, ob die Flucht vorbereitet worden ist. Ich muss dazu jetzt nicht alle möglichen Einzelheiten erzählen; man kann es sich an fünf Fingern abzählen, dass ein spurloses Untertauchen selbst in Singapur, Taiwan oder Hongkong bis heute – auch die Zielfahndung ist an der Fahndung beteiligt – ohne weiteres nicht möglich ist. Ich gehe eindeutig davon aus, dass die Flucht geplant war. Ganz so einfach ist eine solche Flucht nicht, gerade wenn man die Zielfahndung am Hals hat. Auch nach den Erkenntnissen, die wir haben, ist die Flucht eindeutig geplant worden. Ich kann so viel sagen: An diesem Tag sind diverse Flugtickets nach überallhin unter Pfahls-ähnlichen Namen gekauft worden. Das ist also durchaus ein bisschen professioneller gemacht worden; das ist sicherlich eindeutig.

Ermittlungen im asiatischen Raum sind natürlich sehr schwer. Aber Sie kommen ja, glaube ich, aus dem BKA; da wissen Sie es besser. Wenn zum Beispiel auf Swissair gebucht ist und eine Umbuchung erfolgt, dann ist es für uns natürlich sehr wichtig, herauszufinden, wohin er wirklich geflogen ist. Bei der Swissair ist die zentrale Stelle für Umbuchungen – das wusste ich vorher auch nicht – in Indien, weil das da wahrscheinlich kostengünstiger ist. Ich will Ihnen damit nur zeigen, wie schwierig es ist, eine Umbuchung nachzuvollziehen. Auch hier geht es wieder um internationale Rechtshilfe. Das BKA hat natürlich schnellere Kontakte. Aber auch da ist die Klärung nicht mit einem einfachen Anruf getan.

Frank Hofmann (Volkach) (SPD): Aber die Polizei ist im Moment noch schneller als die Justiz. Da wir vorhin über Rechtshilfe gesprochen haben: Im polizeilichen Bereich – –

StA Dr. Maier: Das ist sicher richtig. Aber die polizeilichen Befugnisse im Ausland haben natürlich ihre Grenzen. Das ist das Problem.

Frank Hofmann (Volkach) (SPD): So ist es, ja.

7. Der Spender und sein Kanzler

**Wie ein dankbarer Milliardär sich
um die Demokratie sorgt**

Der Tag, an dem sich die Lebensgeschichten vom Spender und
seinem Kanzler unheilvoll verschränken, ist der 23. September
1998. Nur kurz, für einen symbolischen Moment, begegnen sich
Förderer und Geförderter, schütteln sich die Hände, blicken einander unschuldig in die Augen, wechseln ein paar Worte. Drei
Dutzend Menschen schauen zu. Kurz davor sind es noch 7000,
als Helmut Kohl, der große Kämpfer, das Unmögliche versucht.
Vier Tage vor der Bundestagswahl will er sein Schicksal besie-
gen. Auf dem Hamburger Gänsemarkt entsteigt er einem gepanzerten 500er-Mercedes. Die Menge jubelt. Die Kapelle stimmt
die Hamburger Kanzler-Hymne an: «Ein Freund, ein guter
Freund, das ist das Beste, was es gibt auf der Welt.»

Sechs Minuten vergehen, bis Helmut Kohl die 100 Schritte
zur Bühne geschafft hat. Eine Huldigung. Die Anhänger lassen
ihn spüren: Er, Helmut Kohl, kann es schaffen. Vom Podest aus
hämmert er den 7000 ein, worum es jetzt geht: «Dass in
Deutschland niemals wieder Kommunisten Zugang zur Macht
haben sollten!» Ein Staat in Gefahr: «Rot-grüne Chaosregie-
rung», «Zeitenwende», «Filz und Stillstand». Schließlich die
Nationalhymne. Kanzler ab. Applaus, viele Minuten Applaus.

Ob zu den Fans auf dem Gänsemarkt Karl Ehlerding zählt,
der stille Milliardär, der an diesem Tag der CDU die größte Ein-

zelspende ihrer Geschichte überreichen wird, ist nicht verbürgt. Wohl aber, dass er samt Ehefrau Ingrid ein paar Minuten später im Gobelinsaal des nahen Hotels Vier Jahreszeiten sitzen wird. Wieder spricht Helmut Kohl, diesmal steht vor ihm ein Weizenbier, diesmal redet er leiser, zu kleinen Differenzierungen bereit. Ein Essen für die Gönner der CDU wird serviert, auf Wunsch des Kanzlers Matjes nach Hausfrauenart, verfeinert durch Rinderconsommé mit Markklößchen. An einem großen Oval sitzt Kohl dem Ehepaar Ehlerding gegenüber, und einer der dienstbaren Geister ermahnt den Kanzler, nur ja persönlich auf die Ehlerdings zuzugehen. «Selbstverständlich habe ich mich für die Unterstützung bedankt», wird Kohl sich erinnern.

Zuvor haben die Ehlerdings dem Schwarzkontenverwalter Kohls, Hans Terlinden, vier Schecks über insgesamt fünf Millionen Mark zugesteckt. «Meine Frau und ich», wird Ehlerding später sagen, «haben für die Demokratie gespendet.» Für die Demokratie in Gestalt Helmut Kohls. Denn Ehlerding will, wie er sagt, «genau wissen, was mit dem Geld passiert». Die Spende soll eine der letzten Anstrengungen im Wahlkampf finanzieren, jene gewaltige Anzeigenkampagne, die vor dem Wahltag in den deutschen Zeitungen geführt wird. Ehlerding ist sich einig mit dem Vorsitzenden der CDU: Helmut Kohl muss Kanzler bleiben.

Zwei Tage nach der Tafelrunde im Hotel Vier Jahreszeiten werden Ehlerdings Millionen auf das berühmte Anderkonto des CDU-Steuerberaters Horst Weyrauch überwiesen, jenes Konto, auf dem Helmut Kohl die Millionen der anonymen Spender zu deponieren pflegt. Aber anders als im Fall der Anonymi ist die Causa Ehlerding ein Betriebsunfall des Systems Kohl. Ein Unfall, der das System selbst so grell ausleuchtet wie keine andere der vielen Unteraffären. Denn zwei Tage nach der Schwarzbuchung geschieht etwas Unerhörtes: Helmut Kohl verliert die Wahl. Ohne das große parteiinterne Aufräumen, das der Wahlniederlage folgt, wäre die größte Spende für den Vorsitzenden Kohl wohl nie in den CDU-Rechenschaftsbericht geraten.

Auf das Konto des Steuerberaters Horst Weyrauch, wo Kohl das Geld der geheimen Spender deponierte, flossen auch Ehlerdings Millionen.

Niemand würde auf den Namen des Spenders Ehlerding stoßen, so wenig wie auf all die anderen vom Ehrenwort verschluckten Förderer Helmut Kohls. Und niemand würde fragen können, ob Ehlerding Kohl mit einer Spende dafür belohnte, dass er persönlich Ehlerding und seine Geschäftspartner beim Verkauf von bundeseigenen Eisenbahnerwohnungen zum Zuge kommen ließ – ob also der Unternehmer fünf Millionen zahlte und Hunderte sparte.

Vor dem Spenden-Untersuchungsausschuss des Deutschen Bundestages hat Ehlerding sich Helmut Kohls Sicht der Dinge angeschlossen: alles sauber, alles ganz normal. Interne Dokumente lassen freilich die großzügige Gabe in anderem Licht erscheinen. Aus den Akten lässt sich der Ablauf der politischen Entscheidung und der politischen Spende exakt rekonstruieren: der Wettbewerb um die Wohnungen, der Beschluss der Regierung, die Spendenanbahnung, die Buchung bei der CDU, die Vertuschung. Das Ergebnis ist beunruhigend: Es begründet den Verdacht der Vorteilsannahme durch den Bundeskanzler. Die Staatsanwaltschaft könnte, wenn sie nur wollte, einen Anfangsverdacht erkennen und ermitteln.

Die Geschichte beginnt mit einer Entscheidung, die zweifelsfrei nicht gekauft ist. Um an Geld für die Neubaustrecken der Bahn zu kommen, will die Regierung 112 600 bundeseigene Eisenbahnerwohnungen verkaufen. Darin leben lauter kleine Leute, viele von ihnen im Rentenalter. Als gemeinnützige Siedlungen waren diese Häuser einst in der Nähe von Bahnhöfen, Stellwerken und Rangieranlagen entstanden. Um Widerstand zu vermeiden, sagt die Regierung den Bewohnern in den künftigen Privatgebäuden einen Mieterschutz zu, der viel weiter geht, als im Gesetz vorgeschrieben.

Nur wer sich dieser Bedingung unterwirft, hat eine Chance, den Zuschlag zu bekommen. 150 Investoren melden sich, Anfang 1998 bleiben zwei Gruppen übrig. Die eine besteht aus einem Zusammenschluss öffentlicher und privater Investoren, dominiert von der Hamburger WCM Beteiligungs- und Grundbesitz AG. Dahinter steht die Familie Ehlerding als Mehrheitsaktionärin.

«Ein waschechter Geestemünder Buttjer»

Karl Ehlerding ist einer der reichsten Menschen der Bundesrepublik, ein Milliardär und zugleich gänzlich unbekannt. Trotz seines Geschäftserfolges erscheinen in den Zeitungen so gut wie keine Porträts über ihn, und wenn, dann wissen die Autoren allenfalls zu berichten, er sei unscheinbar und schmächtig, trage

141

eine randlose Brille und wandere, wenn Zeit bleibe, im Harz. Vielleicht ist es sein Beruf, der manchem suspekt erscheint. In Amerika würde er «raider» genannt, einer, der die Kontrolle über marode Aktiengesellschaften erlangt, die Unternehmen groß macht und profitabel oder zerschlägt und ausschlachtet, mit Firmenmänteln um sich wirft und durch Verlustvorträge Steuern spart.

Wer das nicht für unmoralisch hält, wird Ehlerdings Werdegang faszinierend finden. Mit 19 Jahren und einer Erbschaft von 3200 Mark macht er sein erstes Börsengeschäft. «Seitdem», sagt er heute, «habe ich nur noch über Aktien nachgedacht.» Als Student liest er, die Hildesheim-Peiner Kreiseisenbahn gehe in Liquidation. Spannend, findet der junge Ehlerding: «Im Seminar hatten wir gerade das Thema Liquidationsbilanzen. Im Keller der Universität standen die Firmenhandbücher. Dort habe ich mir dann alles zur Kreiseisenbahn herausgesucht. Dann habe ich – wie im Seminar gelernt – gerechnet und bin zu dem Ergebnis gekommen, dass allein aus dem Vermögen der Kreiseisenbahn 110 Mark pro Aktie herauskommen müssten.»

Im Börsenteil notiert die Aktie aber nur bei 2 Mark. Ehlerding traut seinen Augen nicht. Hat er sich verrechnet? Er geht zurück in den Keller, kalkuliert alles noch einmal und kommt sogar auf 130 Mark pro Aktie. Er fährt nach Peine, schaut sich um und investiert seine Erbschaft in die Eisenbahnaktie zu 2 Mark das Stück. Zwei Jahre später liegt der Liquidationserlös bei 200 Mark je Aktie, steuerfrei.

Ehlerding macht weiter so, auch dann noch, als er längst Milliardär ist. Die *Börsen-Zeitung* beschreibt sein Wirken als «bakteriologische Zersetzungstätigkeit an den Rändern des Kapitalmarktes». Dass er sich Jahrzehnte später für Eisenbahnerwohnungen interessiert, hat nichts mit Nostalgie zu tun. In einem Bericht an die Aktionäre heißt es, die WCM kaufe ehemals gemeinnützige Wohnungen, «weil dort der Mieterhöhungsspielraum am höchsten» sei. In seiner Bietergruppe tut sich Ehlerdings WCM mit ein paar Landesentwicklungsgesellschaften zusammen, um seinem Angebot eine soziale Note zu geben. Eine raffinierte Idee, wie sich erweisen wird. Am Ende heißt das Konsortium «die regionale Bieter-Gruppe». Das klingt sympathisch, kleinräumig, verlässlich.

Doch Ehlerdings Gruppe hat einen bedrohlichen Konkurrenten, die Deutsche Annington Immobilien GmbH. Eine Tochter der japanischen Finanzgruppe Nomura Securities, die in Deutschland neu und deshalb im hiesigen Wohnungsmarkt unerfahren ist. Deshalb verbündet sie sich mit der Thyssen Immobilien GmbH. Obwohl Deutschland der Sitz des Konsortiums ist, wird die Gruppe «die Japaner» genannt werden.

Um zwischen den beiden Bietern entscheiden zu können, versichert sich die Bundesregierung sachkundigen Rates. Wie wichtig dem Bund die Hilfe ist, zeigt das Honorar der Finanzberater. Die Unternehmensberatung Drueker & Co. sowie die Deutsche Bau- und Bodenbank bekommen für ihre Expertise 35,7 Millionen Mark. Sie empfehlen die Deutsche Annington in jedem einzelnen Schreiben an die Bundesregierung, insgesamt sechsmal. Zum einen, weil die Gruppe 8 Milliarden Mark offeriert, eine Milliarde mehr als Ehlerdings Gruppe. Aber auch wegen «aller weiteren Konditionen», kurzum: Es sei «das beste Angebot». Die Berater sehen «bei entsprechender Würdigung aller Sachargumente keinen Grund, das Angebot abzulehnen».

Niemand zweifelt an der Empfehlung – nicht die Beamten im Verkehrsministerium und erst recht nicht die Kollegen vom Finanzressort. Nicht ein einziges der vorliegenden internen Dokumente aus der Arbeitsebene, nicht eine einzige Formulierung widerspricht den Beratern. Als sich Verkehrsminister Matthias Wissmann, Finanzminister Theo Waigel und Bundeskanzler Helmut Kohl am 8. Juni 1998 zur Abstimmung treffen, erwartet niemand eine Überraschung. Drei Tage vor diesem kleinen Gipfel hat Waigels zuständiger Referatsleiter seinem Chef noch einmal geraten: «Die Entscheidung sollte zugunsten Bestbieter rasch getroffen werden.» Warum? Das Haushaltsrecht und schon gar die Haushaltslage zwingen «zur Realisierung des Bestgebotes». Dann das Japan-Argument: «Eine ‹Diskriminierung› einzelner Anbieter hinsichtlich der Nationalität wäre auch im Hinblick auf weitere Privatisierungen nicht akzeptabel.» Schließlich das Bundestags-Argument: Im Haushaltsausschuss hätten «sämtliche Abgeordnete (Ausnahme MdB Riedl)» für den besten Bieter votiert.

Doch beim Kanzlergespräch gelten diese Argumente nicht mehr. Ehlerding und seine Partner erhalten den Zuschlag. Kohl sagt, er habe eine eindeutige Position bezogen und die Sache selbst entschieden: «Kommt überhaupt nicht infrage, dass wir das an die Japaner geben!» So berichtet er es später dem Untersuchungsausschuss. Was ist in den entscheidenden Minuten geschehen? Was hat Kohl bewegt?

Zwei Tage nach dem Kanzlerwort entsteht im Verkehrsministerium das erste Papier, das contre cœur die neue Linie verficht. Formell soll dort erst am 23. Juni entschieden werden. Auf den zu erwartenden Widerspruch bereiten sich die Beamten vor und nennen drei Argumente für ihren plötzlichen Sinneswandel.

Erstens spricht plötzlich die Asien-Krise gegen «die Japaner». Was geschieht, wenn die Bietergruppe nicht mehr zahlen kann? Eine eigentümliche Sorge: Nomura Securities – so steht es auch in dem Gutachten der Unternehmensberater für die Bundesregierung – ist Japans größtes Wertpapierhaus, die Eigenkapitalbasis betrug im Vorjahr 26,5 Milliarden Mark, der Aktienkurs steigt trotz Asien-Krise um 37 Prozent, das Bonitätsranking der Gruppe ist A1 und A+. Außerdem hat das Konsortium angeboten, die Bundesregierung könne die Wohnungen zum Schnäppchenpreis zurückhaben, falls sich die Finanzlage der «Japaner» verschlechtere. Eine Regelung, schreiben die Berater der Regierung, die «in dieser Form bei vergleichbaren Transaktionen noch nicht erreicht worden» sei.

Zweitens sorgt sich die Bundesregierung mit einem Mal mehr

um das heimische Glück der Eisenbahner als um Deutschlands Haushaltsdefizit. Nicht um Geld allein sei es gegangen, schreibt das Verkehrsministerium, sondern um einen «Wettbewerb der besten sozialen Konditionen und deren Sicherstellung auf Dauer». Dabei hat gerade die Deutsche Annington mehr Mietersicherheit und geringere Mietsteigerungen garantiert als Ehlerdings Gruppe.

Weil also beide Argumente ins Leere laufen, beruft sich Helmut Kohl gerne auf einen dritten Grund: die Angst der Mieter vor «den Japanern». «Ein sensibles Thema», sagt Kohl vor dem Ausschuss und entwirft das Panorama einer Protestwelle. Ganz Unrecht hat er nicht. Zum Beispiel steht in der *Kornwestheimer Zeitung*: «Am Nordbahnhof fühlt sich der Mieter verkauft: Wenn die Japaner kommen, brennt das Viertel.» Woraufhin ein rühriger Sozialdemokrat zum Protest ins Gasthaus Bäuerle lädt. Überhaupt die SPD. Zwar möchten die Verkehrspolitiker im Bund an die Deutsche Annington verkaufen, aber die SPD-Ministerpräsidenten Johannes Rau und Gerhard Schröder wollen Ehlerdings Gruppe und schreiben das dem Verkehrsminister. Kurzum: Kohl reklamiert, er habe nicht mit den Eisenbahnern streiten wollen. Und sein Verkehrsminister Wissmann wird später dem Untersuchungsausschuss erklären, warum: Die Vergabe an «die Japaner», das «konnten wir in einem Wahljahr nicht hinkriegen».

Würde an dieser Stelle die Geschichte vom Spender und seinem Kanzler enden, so wäre eine Entscheidung zu besichtigen, die Fachleute verzweifeln ließe, Machttaktiker und Zyniker aber verstehen würden. Der Bundeskanzler hätte nämlich eine Milliarde Mark Steuergelder verschleudert, um seine Wahlchancen zu verbessern. Der Verdacht, dass die Entscheidung zum Verkauf der Eisenbahnerwohnungen gekauft war, wäre weder widerlegt noch erhärtet.

Aber die Geschichte geht weiter, und am Ende wird zu fragen sein nach einem Zusammenhang zwischen politischer Spende und politischer Entscheidung: Auch ein rechtmäßiger Beschluss lässt sich belohnen.

Ingrid und Karl Ehlerding zählen zu den großen Mäzenen der Republik. Gut 20 Millionen Mark haben sie nach eigener Angabe mildtätig unters Volk gebracht. Mancher mag das nur für angemessen halten bei einem Finanzakrobaten, der sich der kreativen Steuergestaltung rühmt und, so heißt es, zeitweise nur drei Prozent seiner Einkünfte beim Fiskus abliefere. Doch allzu leichtfertig sollte niemand das soziale Engagement der Ehlerdings als Ablasszahlungen abtun. Denn warum hat dann Ingrid Ehlerding vor Jahren über das Sozialamt Kontakt zu türkischen Nachbarn mit vielen Kindern und vielen Problemen aufgenommen?

Einen «waschechten Geestemünder Buttjer» nennt sich Karl Ehlerding, der als Junge immer um die Bremerhavener Schichau-Seebeck-Werft herumstrich. Als die Werft Jahrzehnte später Pleite geht, steigt er, im Schiffbau unerfahren, bei der Nachfolgegesellschaft ein, «als Bremerhavener» eben. Genauso beim Engagement für das Schullandheim Barkhausen. Ingrid und Karl waren als Schüler beide dort – damals, als die Toiletten zwischen Hühnerauslauf und Scheune lagen und morgens ein Huhn sein Ei auf dem Klodeckel ablegte. Drei Millionen Mark haben die Ehlerdings in die Ausflugsstätte ihrer Jugendtage investiert.

Mögen die sozialen Taten der Ehlerdings von Herzen kommen, einen Bereich haben sie stets ausgespart. Nie haben die Ehlerdings einen Pfennig für die Bundespolitik gegeben. Bis zu jenem Sommer 1998, als gleich ihre erste Parteispende die größte in der Geschichte der beschenkten Volkspartei ist und mit einem Mal Spender und Parteivorsitzender, Begünstigter und Kanzler auf wundersame Weise voneinander profitieren.

Karl Ehlerding erwartet, dass man diesen wechselseitigen Vorteil für einen Zufall hält. «Ich wähle seit 40 Jahren CDU», sagt er. «Und ich habe gesehen, dass die CDU offenbar große Schwierigkeiten bei der Finanzierung des bevorstehenden Wahlkampfes hat. Warum sollten wir in einer solchen Situation nicht spenden? Wer, wenn nicht wir, soll das denn tun?»

Jeden Verdacht sucht Ehlerding mit einem einfachen Hinweis auszuräumen: Hätte er Einfluss nehmen wollen auf die Privatisierung der Eisenbahnerwohnungen, hätte er besser vor und nicht drei Monate nach der Entscheidung spenden sollen. Das klingt plausibel, und Ehlerding hat auch Anhänger gefunden für diese These.

Tatsächlich erklärt der Paragraph 25 des Parteiengesetzes allein solche Spenden für rechtswidrig, die «in Erwartung» eines «bestimmten wirtschaftlichen oder politischen Vorteils gewährt werden». Das heißt: Erst Zahlung, dann politische Entscheidung – nur diese Reihenfolge verstößt gegen das Parteiengesetz. Sogar das Versprechen einer Spende darf vor der politischen Entscheidung liegen, interessant ist nur der Zahlungstermin. Wird erst entschieden und dann gezahlt, ist laut Parteiengesetz alles einwandfrei. Deshalb hat Bundestagspräsident Wolfgang Thierse die milde Gabe Ehlerdings nicht als «Einfluss-Spende» beanstandet.

Hier beginnt das Dilemma des Berliner Untersuchungsausschusses. Er stochert herum in den inneren Windungen einer Volkspartei, fördert übel Riechendes zutage und steht doch dumm da, wenn der größte CDU-Spender ein öffentliches Jubilate auf den Parlamentspräsidenten anstimmen kann: «Die Ehlerding-Spende ist sauber. Das ist ein Zitat: Die Spende ist sauber!»

Die Folgen für die Demokratie sind verheerend. Wirtschaftslenker sind längst nicht mehr Bürger unter Bürgern. Sie sind Menschen, denen es «Türen zu öffnen» gilt, zum Wohle des Landes selbstverständlich. Das Verhältnis zwischen Politik und Wirtschaft ist intim geworden, die Trennung der Sphären schon fast Vergangenheit. Beide Seiten wissen, was sie voneinander zu erwarten haben. Diese kumpelhafte Attitüde, der Geist des Gebens und Nehmens im stillen Einverständnis ist das zersetzende

Erbe der Kohl-Jahre. Und die Folge eines Parteienrechts, das kein Bollwerk sein will gegen die Korrumpierung von Politikern.

Deshalb sollte, wer Wolfgang Thierse zu seinem Schutzpatron ernennt, dessen Bericht zu Ende lesen. Da fragt Thierse nämlich, ob das Parteiengesetz, statt «Einfluss-Spenden» zu verhindern, eher «einen Umgehungstatbestand nahe legt». Die Debatte, die Thierse anzustoßen wünscht, kommt kaum in Gang. Nur der FDP-Bundestagsabgeordnete Max Stadler hat vorgeschlagen, auch Spenden zu verbieten, die sich nachträglich als «Einfluss-Zuwendungen» erweisen. Schon am Tag seines Vorstoßes regt sich Widerstand: «Es ist wohl schwierig, Firmen von Spenden auszuschließen, weil sie einmal in Kontakt mit staatlichem Handeln waren», so Angela Merkel, die Vorsitzende der CDU.

Würde hier die Saga von Gunsterweis und Günstlingswirtschaft enden, so böte sich bereits ein unansehnliches Panorama. Eines, in dem der Spender und sein Kanzler nur noch beschirmt werden von einem Gesetzgeber, der in eigener Sache unübertroffen handzahm ist.

Die mysteriöse Millionenspende

Dieser Geschichte fehlt allerdings noch das Finale. Denn das Ehler-Ding ist anders. Anders als die anderen Affären der CDU. In keinem anderen Fall ist der Konnex zwischen Spende und Entscheidung so eng, die Beziehung zwischen Förderer und Gefördertem so offensichtlich. Deshalb rückt der Fall nah heran an das Strafrecht.

Paragraph 331 des Strafgesetzbuches bedroht jeden Amtsträger mit Gefängnis oder Geldstrafe, der «für die Dienstausübung einen Vorteil für sich oder einen Dritten fordert, sich versprechen lässt oder annimmt». Anders als im Parteiengesetz ist es unerheblich, ob das Geld vor oder nach der belohnten politischen Entscheidung fließt. Allerdings setzt die «Vorteilsannahme» eine so genannte Unrechtsvereinbarung voraus. Spender und Amtsträger müssen sich wenigstens stillschweigend einig sein, dass das Geld eine Gegenleistung für die Amtshandlung ist. Dazu finden sich im Ehlerding-Puzzle – trotz des Schweigens wichtiger Zeugen – verschiedene Teile.

Da ist vor allem der Zeitpunkt der Spendenvereinbarung. Wann genau das war, ist zwar noch nicht abschließend geklärt, doch schon der Stand der Erkundungen ist bedrohlich für Kohl und Ehlerding. Der Ausschuss hat sich an den Zeugen Ulrich Born gehalten, Mecklenburg-Vorpommerns ehemaligen CDU-Justizminister. Nach seiner Aussage trifft er Ehlerding nur drei Wochen nach Bekanntgabe der Entscheidung über die Eisenbahnerwohnungen – am 15. Juli 1998.

An diesem Tag ist Hauptversammlung der WCM AG. 2000 Aktionäre sind ins Hamburger Congress Centrum gekommen und huldigen dem Großaktionär Karl Ehlerding, als sei er der amerikanische Wertpapiermagier Warren Buffet, der seine Gefolgschaft zu Millionären machte. Welche Aussichten angesichts des Bonner Deals! Und welche Gewinnerwartungen! Wohnnutzfläche: 1,174 Millionen Quadratmeter. Grundstücksfläche: 4,155 Millionen Quadratmeter. Kaltmiete: 13,6 Millionen Mark monatlich. Ertrag für die WCM: 49,5 Millionen Mark schon 1998, danach immer mehr.

In diesem Moment des Triumphes kommt Karl Ehlerding in einer Ecke der riesigen Halle mit dem CDU-Politiker Ulrich Born ins Gespräch, der ihn zugleich als Anwalt in einigen Vermögensfragen berät. Born wird später, als sich der Skandal entfaltet, einen Brief an Helmut Kohl schreiben und das Spendengespräch schildern: Ehlerding habe sich «betroffen» gezeigt über die «Absicht des DGB, mit einer groß angelegten Kampagne einseitig zugunsten der SPD in den Bundestagswahlkampf einzugreifen. (...) Er vertrat die Auffassung, dass von einer Chancengleichheit der Parteien kaum noch gesprochen werden» könne. Daraufhin will Born Ehlerding gefragt haben, ob er «grundsätzlich bereit wäre, die CDU durch eine Spende zu unterstützen».

Unterstellt, der Brief schildert den wahren Verlauf der Spendenanbahnung, dürfte Ehlerding in diesem Moment klar geworden sein, dass er Born nicht abweisen kann. Schließlich hat die CDU-Spitze ihm erst drei Wochen zuvor ein Riesengeschäft eröffnet. Ehlerding muss sogar für möglich halten, in Born einen Abgesandten der Parteiführung zu sehen, der eine Gegenleistung erbittet.

Er dürfte in diesem Augenblick auch erkannt haben, dass er Helmut Kohl nicht verprellen darf. Ehlerding wird ihn in Zukunft brauchen – als Bundesgenossen und Bundeskanzler. Denn während sich die Aktionäre in der Halle ihrer Euphorie hingeben, weiß Ehlerding, dass nur die übliche Verkaufsshow abgezogen wird. In Wahrheit ist das Geschäft noch lange nicht perfekt. Die Entscheidung des Verkehrsministeriums ist nur eine Willensbekundung, ein Zwischenschritt. Niemand hat bisher den Kaufvertrag unterzeichnet. Der Eisenbahner-Personalrat sperrt sich. Der Bundesrechnungshof hat Bedenken, weil der schwächere Bieter zum Zuge kommen soll. Ebenso der Haushaltsausschuss des Bundestages. Der damalige EU-Wettbewerbskommissar Karel van Miert muss überzeugt werden. Politische Unterstützung wird notwendig sein, Kampfgeist gar. Was also tun, wenn in so einem Augenblick ein CDU-Politiker eine Spende für die Bundespartei einwirbt? Ist sich Ehlerding sofort bewusst, dass eine Zusage ihn in die Nähe der «Vorteilsgewährung» (nach § 333 StGB) führen könnte?

Die Furcht, ein Regierungswechsel schade dem Geschäft, wird sich als begründet erweisen: Zwei Jahre und einen Prozess bis zum Bundesverwaltungsgericht dauert es, bis die Privatisierung abgeschlossen ist. Die neue Bundesregierung verhandelt nach, am Ende bleiben für Ehlerdings WCM nur 4400 Wohnungen in Wuppertal. So viel darf man unterstellen: Mit Helmut Kohl wäre das nicht passiert.

In der Halle des Hamburger Congress Centrums wenden sich die beiden Herren schließlich den Details zu. Born schreibt, er habe Ehlerding gebeten, neben der Bundespartei auch seinen Landesverband zu bedenken – was durch eine Spende von 900 000 Mark später auch geschieht. Zur Abwicklung der Spende an die Bundespartei will Born Ehlerding nicht an die Schatzmeisterei, sondern an den Kanzler-Vertrauten Hans Terlinden vermittelt haben – weil er den halt kenne.

Borns Brief an Helmut Kohl datiert vom Januar 2000 und ist geschrieben im Ton der Empörung angesichts der Vorwürfe gegen den Altkanzler. Dass er die Formulierungen des Schreibens zuvor mit Ehlerding abgestimmt hat, bestreiten die Beteiligten. Das ist vielleicht auch gar nicht nötig. Denn eine Kopie erhalten alle diejenigen in der CDU, die an der Spendenanbahnung beteiligt sind. Wahrscheinlich, dass hier das Drehbuch für alle folgenden Aussagen verschickt wird.

Tatsächlich gibt es Hinweise, dass alles noch schlimmer sein könnte, als die Version Borns glauben machen will. Womöglich ist er nicht einmal der erste CDU-Politiker, der die Ehlerdings bedrängt. *Der Spiegel* schreibt nämlich am 20. Dezember 1999, also vor dem Versionsabgleich der Beteiligten: Der Kanzler-Vertraute Hans Terlinden habe schon mitten in der Entscheidungsphase der Wohnungsprivatisierung – «im Juni 1998» – bei «den Ehlerdings wegen der Spende vorgesprochen». Die Information geht auf Ehlerding selbst zurück, verbreitet durch seinen PR-Agenten. Kaum ist *Der Spiegel* erschienen, lässt Ehlerding eine Presseerklärung verbreiten. Darin «korrigiert» er seine Angabe. Nicht Anfang Juni, sondern «acht Wochen später» will er nun Terlinden erstmals begegnet sein.

Sollte die Spende früher verabredet worden sein, als Born sagt, sollte der Spendenanbahner nicht er selbst, sondern der Kanzler-Vertraute Terlinden gewesen sein, wird es eng für Helmut Kohl. Der Vorwurf der Vorteilsannahme rückt dann immer näher. Fern ist er ohnehin nicht.

Das weiß Helmut Kohl. Deshalb ist er im Untersuchungsausschuss immer bestens präpariert. Er achtet in seinen Aussagen darauf, eine gewaltige Entfernung zwischen sich und Ehlerding, zwischen Amtsträger und Spender aufzubauen. Je größer die Distanz, desto schwieriger der Nachweis einer Unrechtsvereinbarung. Da behauptet Kohl etwa, die Namen Ehlerding und WCM während der entscheidenden Sitzung mit seinen Ministern Wissmann und Waigel nicht gekannt zu haben. Kohl: «Dann ist mir später mitgeteilt worden, dass der Zuschlag an eine andere Gruppe gegangen ist. Als dies mir so mitgeteilt wurde, habe ich die Details überhaupt nicht gewusst.» Über «die Japaner», die er verhindern wollte, war er allerdings informiert. Eine Privatisierung im Wert von sieben Milliarden Mark – und gerade die Bietergruppe, die er unterstützte, will Kohl nicht gekannt haben.

Das Gegenteil ließe sich normalerweise leicht beweisen. In einem ordentlichen Amt werden derlei Dinge aufgezeichnet. Im Kanzleramt entstehen in diesen Monaten mindestens sechs Leitungsvorlagen für Helmut Kohl und seinen Minister Friedrich Bohl. Doch die Akten über die Eisenbahnerwohnungen überstehen den Wechsel von Helmut Kohl zu Gerhard Schröder nicht. Für das entscheidende Jahr 1998 werden nur vier einzelne und unzusammenhängende Schriftstücke übergeben. Die zuständige Referatsleiterin sagt, dazu befragt, man habe eben telefoniert und nicht immer einen Vermerk angefertigt. Eine Privatisierung im Wert von sieben Milliarden Mark – und so gut wie nichts Schriftliches?

Allein diese Episode zeigt, wie zielgerichtet und mit wie viel krimineller Energie in Kohls Kanzleramt Akten vernichtet worden sind. Fände sich wider Erwarten noch irgendwo eine der vermissten Leitungsvorlagen und stünden darauf erwartungsgemäß die Begriffe «WCM» und «Ehlerding», trüge das Papier erwartungsgemäß die Paraphe von Helmut Kohl, so wäre erwiesen: Der Kanzler hat den Zusammenhang gekannt zwischen seiner Entscheidung über die Eisenbahnerwohnungen und der

Spende, die sein Vertrauter von den Ehlerdings annahm. Als Tatort für die Unrechtsvereinbarung wäre dann das Hamburger Hotel Vier Jahreszeiten anzunehmen. Tatzeit: 23. September 1998, zwischen 21.30 und 22.30 Uhr.

An dieser Stelle könnte die Erzählung vom Finanzier und seinem Politiker enden. Sofern das letzte Indizium sich erhärten ließe, wäre das Vollbild einer politischen Entscheidung zu besichtigen, die nicht gekauft und doch bezahlt war. Denn Ehlerdings Konsortium hätte den Zuschlag für die Wohnungen auch ohne die Spende erhalten können, aber ohne Zuschlag scheint ausgeschlossen, dass die Ehlerdings Millionen in Helmut Kohl investiert hätten.

Dieser Geschichte fehlt aber noch das dramatische Nachspiel. Finanzakrobatik und Luftbuchungen, das alles in der Geldverwaltung der CDU, werden zu bestaunen sein. Und später, viel später, ergreift sogar das schlechte Gewissen Besitz von CDU-Politikern. Aber nur von einigen. Eigentlich nur von einem.

Helmut Kohl hat sich angewöhnt, Ehlerdings Gabe unbedenklich zu nennen. Sie sei «ganz normal im Geschäftsgang behandelt», also verbucht und im Rechenschaftsbericht ausgewiesen worden. Das stimmt und ist doch ganz falsch. Helmut Kohl muss jedenfalls ein paar Details übersehen haben.

Die fünf Millionen Mark (eine Spende von 2,43 Millionen und ein Darlehen von 2,57 Millionen, später umgewandelt in eine Spende) werden nicht bei der zuständigen Schatzmeisterei eingezahlt. Sie landen zunächst auf dem schwarzen Anderkonto. Verfügungsgewalt hat Kohl. Der verliert zwei Tage später die Wahl, und nochmal drei Tage später werden die Millionen der Bundesgeschäftsstelle überwiesen.

Warum? Weil Ehlerdings Spende ordentlich verbucht werden soll, und zwar von Anfang an? Das ist die liebste Theorie aller CDU-Politiker. Bloß: Warum dann der Umweg über das Schwarzkonto?

Wahrscheinlicher ist folgende Theorie: Weil Helmut Kohl die

Wahl verliert und auch vom Posten des Parteivorsitzenden zurücktritt, ist es sinnlos, das eigene Schwarzkonto weiter aufzufüllen. Dass die Spende plötzlich ordnungsgemäß verbucht werden soll, bedeutet das noch lange nicht. Denn nun beginnt ein ausgeklügeltes Verwirrspiel.

Wegen der strikten Trennung von Einnahmen- und Ausgabenseite innerhalb der CDU hätte das Geld in der Schatzmeisterei ankommen müssen. Es geht aber an die Geschäftsstelle, wo Hans Terlinden das Konto verwaltet. Der hält die Spende ein Jahr lang vor dem Schatzmeister geheim. Unterdessen versucht er sich in Verschleierungsbuchungen. Mal «Spende» und «Darlehen», mal «sonstige Einnahme – Schenkung». Ausweislich einer kleinen Notiz erwägt Terlinden, die Millionen zum «Vermächtnis» zu erklären. In einer Spenderliste für 1998 steht kein Name, sondern nur: «Sonderspende 1» und «Sonderspende 2». Darunter handschriftlich: «Ehlerding? Ja, wurde auf Anweisung von Hr. Terlinden ohne Name/Anschrift erfasst.» Mehrmals fährt Terlinden 1998 und 1999 zu Ehlerding. Zur Vorbereitung eines Gesprächs stehen auf einem Papier die Stichworte: «in Hamburg» und «zum Einüben». Soll hier eine unverfängliche Version der Dinge geprobt werden?

Im August 1999 stößt schließlich der Wirtschaftsprüfer der CDU auf die namenlosen Millionen und fragt bei Terlinden nach. Der gibt Auskunft, bittet aber darum, den Namen vorerst nicht weiterzusagen. Wenn ein so großer Spender bekannt werde, würden nur «Begehrlichkeiten geweckt».

Anfang September 1999, zehn Monate nach seinem Amtsantritt, erfährt sogar der neue CDU-Schatzmeister von der Spende. Es ist Matthias Wissmann, jener Mann, der im Vorjahr als Verkehrsminister formell über die Wohnungsprivatisierung zu entscheiden hatte. Wissmann versteht sofort, was das bedeutet. Als Minister durfte er die Bieter nicht einmal kennen lernen. So ist es Vorschrift, um Korruption zu verhindern. Jetzt erfährt Wissmann, dass fast zeitgleich eine geheim gehaltene Millionenspende eines Bieters einging. Unter allen CDU-Politikern würde nun gerade er der Öffentlichkeit diese Spende erklären müssen. Und dazu seine eigene Rolle. Würde man ihm abnehmen, dass er nichts wusste? Würde er selbst unter Korruptionsverdacht geraten?

Bei seinen Mitarbeitern erregt er fast Mitleid. Eine sagt: «Wir haben natürlich erkannt, dass das auf Herrn Wissmann ein merkwürdiges Licht werfen könnte.» Wissmann selbst, perplex, gibt die Order aus: «Da müssen wir aber jetzt sehen, dass wir das entsprechend ordentlich darstellen.» Richtig gelungen ist ihm das nicht.

Im Untersuchungsausschuss befragt, unterwirft er sich der Parteidisziplin: Merkwürdig behandelt, im Grunde aber in Ordnung, die Spende. Nur einen kurzen Moment lang erfasst ihn der Bekennermut. Da träumt er sich hinein in die Situation, als seine Partei ihn drängte, Schatzmeister zu werden. Was, wenn er von Ehlerdings Spende damals schon gewusst hätte? Dann, sagt Matthias Wissmann, wäre fraglich gewesen, ob er «das Amt angenommen hätte».

Nachwort:
Die Täter müssen ans Licht –
Wider die Abhängigkeit der Aufklärer

Was waren das für wunderbare Zeiten, als man Menschen noch mit Kamelen oder Schafen, mit Schmuck oder Ländereien kaufen konnte. Damals, lang ist's her, hinterließ Bestechung noch Spuren, und Indizien waren nicht so mühsam zusammenzusuchen wie im jüngsten deutschen Skandal. Wie radikal der Wandel der Tauschmittel auch die Korruption veränderte, hat schon im Jahre 1900 der Soziologe Georg Simmel in seiner «Philosophie des Geldes» erkannt: «Ganz prinzipiell ermöglicht das Geld eine Heimlichkeit, Unsichtbarkeit, Lautlosigkeit des Besitzwechsels, wie keine andere Wertform. Seine Formlosigkeit und Abstraktheit gestattet, es in den mannigfaltigsten und entferntesten Werten anzulegen und es dadurch dem Auge der nächsten Umgebung ganz zu entziehen; seine Anonymität und Farblosigkeit macht die Quelle unerkennbar, aus der es dem jetzigen Besitzer geflossen ist. (...) Mit Geld kann man jemanden sozusagen hinter seinem eigenen Rücken bestechen, er braucht sich nichts davon wissen machen, weil es ihm eben nicht spezifisch und persönlich anhaftet.»

Korruption ist, psychologisch betrachtet, ein faszinierendes Phänomen und mobilisiert deshalb die Wissenschaft immer wieder aufs Neue. In den Finanzaffären der Kohl-Jahre wird sich den Forschern ein weites Feld darbieten, und umgekehrt liest sich die Theorie der Käuflichkeit wie das Drehbuch zur Affäre dieser Tage.

Das «Korruptionsspiel», unnachahmlich beschrieben und analysiert vom Wuppertaler Soziologen Sighard Neckel, eröffnet vielerlei Chancen, «Skrupel und Peinlichkeit erfolgreich zu unterdrücken». Die zentrale Frage lautet: Wie macht man es? Und was sagt man dabei? Als Faustregel dieses Spiels gilt: Den Schmierkram gar nicht erst zum Thema machen! Das Angebot, sich kaufen zu lassen, ist eine schnöde Beleidigung. Jeder direkte Angang stieße auf Empörung, das Geschäft wäre geplatzt. «Gerade der Bestechliche», schreibt Neckel, «pflegt im Verhalten eine repräsentative Würde zu zeigen, auf deren Bewahrung jederzeit Rücksicht zu nehmen ist.» Daher gilt es, das eigentliche Geschehen (während der schmierigen Transaktion und erst recht danach) zu beschweigen. Die Zielperson muss sich in dem Glauben wiegen, einen moralisch einwandfreien Menschen vor sich zu haben.

Auch ist die erwünschte Leistung vom Käuflichen niemals direkt einzufordern. Das würde sein Selbstbild beschädigen. Mehr Erfolg verspricht es hingegen, die eigenen Argumente zu kostümieren und das unsittliche Verhalten rhetorisch reinzuwaschen. Die große Kunst des Freiers ist es, dem Käuflichen vorzugaukeln, beide handelten im Geiste des Altruismus und seien allein dem Gemeinwohl verpflichtet. Zu den bemerkenswerten Ergebnissen von Korruptionsanalysen zählt deshalb die Tatsache, dass dem Begünstigten das Unrechtsbewusstsein fast völlig fehlt.

Wer es vermieden hat, den Käuflichen moralisch herabzusetzen, wird auch das Bakschisch als Ehrengeld tarnen. «Die Idealisierung des unmoralischen Tausches lässt sich am besten durchhalten, wenn das Schmiergeld in einer unverdächtigen Verpackung erscheint» (Neckel). Es versachlicht die Bestechungssumme, wenn sie zur Dienstleistung umgedeutet wird.

Sinnvoll ist es auch, auf die Dienstleistung zunächst ganz zu verzichten. Denn bald schon spürt der Beschenkte eine innere Unruhe. Dankbarkeit regt sich in ihm und sucht danach, sich auszuleben. Diesen Mechanismus hat der Ethnologe Marcel

Mauss schon 1923 erkannt: Jedes Ding, das zur Gabe werde, berge eine Kraft, die eine Gegengabe erzwinge. Eberhard von Brauchitsch, ehedem Flick-Manager, bestätigt diese Regel. Während der ersten Parteispenden-Affäre konterte er den Vorwurf aktiver Bestechung mit dem Hinweis, für die sozialen Folgen seiner Freigiebigkeit sei nicht er haftbar zu machen: «Wenn aus der Dankbarkeit beim Empfänger ein Abhängigkeitsgefühl entsteht, ist dies das Problem des Empfängers, nicht des Spenders.»

Was mag sich also in dem Hamburger Milliardär Karl Ehlerding geregt haben, als ihn die CDU 1998 um eine Spende anging, wenige Wochen nachdem die CDU-geführte Bundesregierung ihm und seinen Partnern ein Milliardengeschäft ermöglicht hatte? Dankbarkeit? Oder fühlte er sich einem Druck ausgesetzt? Hat die CDU diesen Druck willentlich ausgeübt, als sie ihren Funktionär zu Ehlerding schickte? Natürlich hat Ehlerding im Namen höherer Werte gespendet, «für die Demokratie», wie er sagte. Auch der frühere Staatssekretär Holger Pfahls kann den Bestechungsvorwurf gar nicht nachvollziehen. Er glaubt, in seinem rastlosen Bemühen um Rüstungsexporte im Sinne seines Dienstherren gehandelt und «viel für die deutsche wehrtechnische Industrie geleistet» zu haben. Die Interventionen zugunsten der Ausfuhr von Thyssen-Kriegswaffen maskierte die damalige CDU-Schatzmeisterin Brigitte Baumeister als Bemühen um «Arbeitsplatzsicherung». Werden eines Tages die Indizien der Bestechung im Fall Leuna zum Beweis, so wird gewiss jemand einwenden, man solle sich nicht künstlich erregen: All dies sei schließlich zum Wohle einer darniederliegenden Industrieregion und eigentlich des ganzen Landes geschehen. Man solle froh sein, dass ein starker Bundeskanzler wie Helmut Kohl die Sache zum Besten der arbeitenden Bevölkerung in die Hand genommen habe. Und Helmut Kohl wird im Brustton der Empörung wiederholen, dass er selbst keine einzige Mark in die eigene Tasche gesteckt habe.

In Wahrheit ist es nicht schwer zu erkennen, dass die Interessen von Airbus und Thyssen, Ehlerding und Elf nicht identisch sein können mit denen der Republik. Da hilft es auch nichts, die Beweggründe so lange umzubenennen, bis am Ende die eherne «Sicherung von Arbeitsplätzen» eine kaum anfechtbare Legitimation schafft. Wenn Korruption, wie sie der amerikanische Politologe Harold Lasswell definiert, «die Verletzung eines allgemeinen Interesses zugunsten eines speziellen Vorteils» ist, so haben unter Bundeskanzler Helmut Kohl viele einzelne Akteure in Regierung, Partei und Wirtschaft «spezielle Vorteile» genossen. Ein ganzes System zur wechselseitigen Befriedigung partikularer Interessen ist entstanden, umflort von einem Blumengebinde aus Gemeinwohlrhetorik. Aufgrund des schönen Scheins konnte sich mancher dem Leben im Betrug oder Selbstbetrug so hingebungsvoll widmen.

Profitiert haben viele, aber gewiss nicht das Land. Auf absehbare Zeit wird das Vertrauen der Bevölkerung in die Unvoreingenommenheit ihrer Regierung und deren nachgeordneter Behörden erschüttert sein. Das ist der Preis eines auf reziprokem Vorteil beruhenden Systems. Dass es sich tatsächlich um ein System handelte und nicht um die Taten einzelner verirrter Seelen, beweist zweierlei: die Verzahnung der einzelnen Affärenteile miteinander sowie deren gemeinsame Vertuschung. Wie sonst wäre zu erklären, dass fast dasselbe Personal immer wieder auftaucht; egal, ob nun Panzer, Flugzeuge oder eine Raffinerie verkauft werden? Wie sonst konnten sich Gelder aus scheinbar getrennten Geschäften auf denselben Konten treffen? Und warum verschwanden wie zufällig gerade jene Dokumente aus der Registratur des Kanzleramtes, die alle verbliebenen Rätsel des ganzen Affärenbogens lösen könnten?

Der Aktenraub aus dem Kanzleramt macht aus unappetitlichen Geschäften schließlich krude Regierungskriminalität. Er geschah vorsätzlich und in der Absicht, Aufklärung und womöglich Strafverfolgung zu behindern. Er wurde aus der Spitze der Regierungsmaschinerie angeordnet und zeigt damit, dass nicht nur Schattenfiguren verwickelt waren. Merkwürdigerweise hat die deutsche Öffentlichkeit die wahre Bedeutung des Dokumentenklaus nie wirklich wahrnehmen wollen. Die «Bundeslöschtage» und die folgenden Aktenbereinigungen sind nicht weniger als Deutschlands Watergate-Skandal. Nur dass nicht – wie weiland in den Vereinigten Staaten – Beauftragte der Regierung in Räume des politischen Gegners eindrangen, sondern die Regierung selbst in ihre eigene Regierungszentrale.

Schriftlichkeit ist die Grundlage der modernen Verwaltung eines Staates. Nicht zufällig war es der preußische Reformer Karl August Graf von Hardenberg, der den Schlendrian in den Amtsstuben zu bekämpfen begann. Seither stehen Akten stramm in Reih und Glied, sie haben eine feste Adresse, und wenn sie auf Reisen gehen, hinterlassen sie Abwesenheitsnotizen. Akten ermöglichen die Kontrolle von Regierungshandeln und sind ein Garant der Kontinuität. Nur mittels akribischer Protokollierung kann die Regierung den Beamtenapparat kontrollieren, und nur auf der Basis von Akten kann eine Regierung die Beweggründe ihrer Vorgänger nachvollziehen. Das Ideal des Archivs ist die lückenlose Erzählung.

Genau diesen Bericht über das eigene Handeln wollte die scheidende Mannschaft des Dauerregenten Helmut Kohl nicht zulassen. Als sie die Macht zu übergeben hatte, schien es einigen ihrer wichtigsten Vertreter – in den Worten des «Sonderermittlers» Burkhard Hirsch –, als «stünden die Russen vor der Tür». Vielleicht fürchteten sie auch nur die Staatsanwälte. Jedenfalls ist es Missachtung, nein: Verachtung für die Grundprinzipien der Demokratie, die sich im Verhalten der Kanzleramts-Elite spiegelt.

Auch Jahre nach den ersten Hinweisen sind die verborgenen Winkel dieses Skandals keineswegs ausgeleuchtet. Nur so viel scheint klar: Einzelne Mitarbeiter im Regierungsapparat haben Geld erhalten. Bewiesen ist: Die CDU wurde für die Genehmigung des Exports von Fuchs-Panzern von der Industrie belohnt – und wahrscheinlich auch für ihre Botmäßigkeit bei anderen Geschäften. Die Existenz eines Systems, das dem Prinzip «manus manum lavat» huldigte, wird nicht mehr ernsthaft zu bestreiten sein. Ein wichtiger Fragenkomplex ist aber bis zum Spätsommer 2001 ohne Antwort geblieben: Wer wusch da eigentlich wessen Hand? Welche Spitzenpolitiker haben das alles angeordnet? Oder hingenommen? Bei wem sind die verschwundenen Bestechungsgelder aus dem Panzer-Geschäft angekommen? Bei wem die Millionen aus dem Export von Airbus-Jets? Bei wem die Lobbying-Millionen aus der Leuna-Privatisierung? Wer hat innerhalb der CDU die Millionenspende des Unternehmers Karl Ehlerding eingefädelt und sie dann zu vertuschen versucht? Welche seiner Gönner verschweigt Helmut Kohl? War die Regierung den anonymen Spendern zu Diensten? Wer hat Strafvereitelung begangen und alle Spuren im Kanzleramt vernichtet?

Kurz gesagt, es fehlt das Wichtigste: die Liste mit den Namen. Die Täter können der Demokratie nicht gleichgültig sein. Es reicht nicht aus, die Systematik eines Kartells der Begünstigung zu enttarnen. Der Wahlbürger muss vielmehr wissen, wer dahinter steckt. Er hat ein Recht zu erfahren, in wessen Hände er die Staatsgeschäfte legt. Ebendeshalb ist die Aufklärung des Skandals für die Demokratie noch bedeutsamer als der Skandal selbst. Strukturelle Konsequenzen aus der Affäre sind wichtig, noch wichtiger ist die Identifizierung der politischen Täter und, wo nötig, deren Rücktritt und Verurteilung. Nur wo das geschieht, darf sich die Demokratie ihrer Selbstreinigungskraft rühmen.

Zum innersten Kern der Demokratie zählt die Forderung nach Transparenz des Regierungshandelns. Wo Lug und Trug, wo Verhüllung und Vertuschung herrschen, wird der ideelle Kern der westlichen Regierungsform zur leeren Hülse. Ohne geordnete Krisenbewältigung, ohne Bestrafung und ihre generalpräventive Wirkung vergiftet ein Skandal wie dieser langfristig jede Demokratie.

Leider zählt «das eigentümliche Missverhältnis zwischen der Größenordnung der CDU-Affäre und ihrer Folgenlosigkeit» zu den schmerzhaften Erkenntnissen der vergangenen beiden Jahre. Das Diktum stammt von dem Philosophen Jürgen Habermas, und es beschreibt in wenigen Worten das Versagen der Berliner Republik und ihrer Institutionen. Denn fürwahr hat diese Affäre ihre Aufklärer nicht verdient.

Da sind zunächst die betroffenen Parteien, unter denen die CDU herausragt und dem Skandal den Namen gegeben hat. Sie hat im Frühjahr 2000 eine kurze Phase des Erschreckens und des Wissen-Wollens hinter sich gebracht, um die Aufklärung mit der Wahl einer unbelasteten Vorsitzenden für beendet erklären zu können. Danach hat sie sich zu einer Verdrängungsgemeinschaft zusammengefunden. Keine Rede mehr von einer Spaltung in «Kohlianer» und «Aufklärer». Helmut Kohls Verstocktheit ist seiner Partei zur Natur geworden. Die Vorsitzende Angela Merkel weiß, dass sie die Partei nicht führen kann, wenn sie dauerhaft Selbstkritik fördert, statt die Sehnsucht nach Normalität zu bedienen. Ständige Selbstbezichtigung ist undenkbar in einer Partei, deren Selbstverständnis im Glauben an die eigene, bürgerliche Wohlanständigkeit gründet.

Deshalb gehört zu den akzeptierten Verhaltensweisen in der CDU die Obstruktion der Aufklärung. Innerhalb der Partei würde das freilich niemand so nennen. Vielmehr gefällt sich die CDU in der Rolle der verfolgten Unschuld: überall politische Gegner, denen es nicht um Erhellung geht, sondern um eine «Kampagne» gegen die Union. Dagegen gibt die CDU vor, sich zu wehren. So darf sich Hessens Ministerpräsident und «brutalstmöglicher Aufklärer» Roland Koch des Applauses seiner Parteifreunde sicher sein, wenn er mehr als ein Jahr lang die Herausgabe von Akten an Untersuchungsausschüsse behindert. Im Berliner Ausschuss hat sich die CDU angewöhnt, Zeugen erst gar nicht mit Aktenvorhalten zu behelligen. Ihre Fragen zielen vor allem darauf, jene vermeintlichen dunklen Mächte zu enttarnen, die an der Herabsetzung der Partei arbeiten. Als Hüterin des Rechtsstaates erweist sich die CDU immer dann, wenn es um das Recht von Zeugen zur Auskunftsverweigerung geht. Da ist die Union paragraphentreu – besonders gern bei Helmut Kohl. Am Ende jeder Sitzung tritt dann der Obmann der CDU im Ausschuss vor die Kameras und verkündet, einmal mehr sei der Bestechungsverdacht gegen die Regierung Kohl nicht erhärtet worden.

So hat die CDU monatelang den Deckel auf der Affäre gehalten. Und weil sie zu Recht fürchtet, die Öffentlichkeit werde ihr Engelsgesicht für ein Zerrbild halten, präsentiert sie vorsichtshalber ein paar Sündenböcke. Walther Leisler Kiep, der frühere Schatzmeister, und seine beiden Helfer Uwe Lüthje und Horst Weyrauch sollen die Bösewichter gewesen sein, niemand sonst. Einzelne werden zu Alibisündern, wo in Wahrheit systematischer Gesetzesbruch zu besichtigen ist. Es geht um ein System, das es ohne die CDU nicht gegeben hätte. Aber um ihr Selbstbild zu retten, versucht die Partei, die Affäre zu privatisieren.

Ihre Schwesterpartei, die CSU, gibt sich derweil völlig unbeteiligt. Mal mitleidig, mal huldvoll schaut sie von der hohen Warte der Unschuld hinab auf das Gewühle im Dreck der Affäre. Dass die CSU von diesem Hochsitz nicht längst hinuntergestoßen worden ist, darf als kommunikatives Wunder gelten. Wie es der Partei gelungen ist, in dieser Situation unbeschädigt zu bleiben, werden noch viele Parteistrategen aller Couleur studieren, um davon zu lernen. Denn die CSU ist ebenso verwickelt in die Affäre wie ihre Schwester aus dem Norden. Nur hat sie von Anfang an alles bestritten und damit auch jegliche Notwendigkeit weiterer Aufklärung.

Dabei möchte man nur zu gern wissen, durch wessen Patronat sich das Amigo-System des Franz Josef Strauß bis heute erhalten konnte? Wie die Günstlingswirtschaft am Bayern-Hofe überlebte? Wie sich der Waffenhändler Karlheinz Schreiber und der Industriemakler Dieter Holzer das Wohlwollen wechselnder Bayern-Regentschaften erhalten konnten? Wie das damalige Parteimitglied Holger Pfahls seine CSU-Verbindungen nutzte?

Tiefe Einsichten in die Wirklichkeit der CSU liefert auch der Justizskandal, den die Partei zu verantworten hat. Allein die Serie der Ermittlungsbehinderungen seitens der bayerischen Justizaufsicht müsste nach den Usancen westlicher Demokratien mindestens einen Justizminister zum Privatier machen. Nicht so in Bayern. Da reicht es aus, das Offenkundige abzustreiten. Nicht mal ein Untersuchungsausschuss im Landtag, beantragt von der Opposition, kann Bayerns Staats-Partei in ihrer Machtgewissheit stören. Die CSU scheint eine Teflon-Partei zu sein. Alles gleitet an ihr ab.

Wenigstens ist die Motivlage der CSU leicht zu entschlüsseln. Von der SPD lässt sich das keineswegs sagen. Die Sozialdemokraten und die von ihnen angeführte Bundesregierung spielen die rätselhafteste Rolle bei der Aufklärung der Affäre. Sicher ist dies: Bisher ist kein einziger SPD-Politiker in die Affäre verwickelt, und schon gar nicht die Parteispitze. Was also bremst ihren Aufklärungsdrang?

Auf den Skandal stoßen mussten die Sozialdemokraten schon, als sie am ersten Tag ihrer Regierungszeit die ratternden Schredder und die gelöschten Festplatten im Kanzleramt entdeckten. «Aber Kanzleramtschef Bodo Hombach sah nichts, tat nichts», wundert sich der Politikwissenschaftler Wilhelm Hennis. «Auch Gerhard Schröder gab die Rolle der ‹drei Affen›: nichts gehört, nichts gesehen, nichts gesagt. Minima non curat praetor: Kleinigkeiten genieren die Großen (untereinander) nicht.» Es bedurfte erst einiger Enthüllungen, bis sich das Kanzleramt anbequemte, dem Aktenraub nachgehen zu lassen. Mit einem Jahr Verspätung setzte man eine mickrige Untersuchungskommission ein und schuf den pompösen Titel eines «Sonderermittlers». Die Republik erzitterte bei der Vorstellung, nun werde das deutsche Äquivalent des Amerikaners Kenneth Starr, ausgestattet mit allen Machtmitteln, im Kanzleramt das Unterste zuoberst kehren. Doch Deutschlands Sonderermittler Burkhard Hirsch waren vom SPD-geführten Kanzleramt Handschellen angelegt worden. Er hatte kaum Handlungsspielraum. Wer von ihm zum Gespräch gerufen wurde, musste nicht einmal erscheinen. Als Waffe gegen Lügen standen ihm keinerlei Sanktionen zu Gebote. Die wichtigsten Zeugen, die Männer mit den schönsten Titeln, durfte er nicht einmal befragen.

Dennoch fand Hirsch Bestürzendes heraus, und die Bundesregierung erstattete aufgrund seines Berichtes Anzeige wegen Computersabotage. Merkwürdig: Warum nicht wegen gravierenderer Vorwürfe wie Verwahrungsbruch oder Urkundenunterdrückung? Als schließlich die Staatsanwaltschaft die Ermittlungen einstellen wollte, bedurfte es des öffentlichen Protests, bis sich das Kanzleramt zum Widerspruch entschloss.

Genauso seltsam verhält sich die Bundesregierung im Fall Leuna. Fast zwei Jahre lang sieht sie dem Treiben der Staatsanwaltschaften zu, die alle einen Bogen um den schwierigen Fall machen. Erst als der Druck der Schweizer Strafverfolger wächst und sich massiver öffentlicher Protest erhebt, tut die Bundesregierung das längst Überfällige: Sie schaltet die Bundesanwaltschaft ein, um zu prüfen, wer zuständig sein könnte.

Stattdessen hat sie eine eigene Leuna-Ermittlungstruppe mit Leuten aus dem Kriminalisten- und Geheimdienstmilieu gegründet – klandestin und ohne Rechenschaftspflichten gegenüber Parlament und Öffentlichkeit. Als diese «Arbeitsgruppe Koordinierte Ermittlungen» (AKE) schließlich publik wird, gibt sich eine handzahme SPD im Untersuchungsausschuss mit lauen Erklärungen der Regierungs-SPD zufrieden.

Warum so viel Geheimniskrämerei aufseiten der SPD? Warum so viel Zurückhaltung bei der Aufklärung? Dafür kann es nur zwei Erklärungen geben: Entweder hat die SPD selbst etwas zu verbergen, oder sie hält Erkenntnisse zurück, um im Wahljahr noch einmal Furcht zu verbreiten. In beiden Fällen träte die Affäre in eine neue Phase.

Immerhin war es die SPD, die den Untersuchungsausschuss einzusetzen half. Er soll, weil sich die Justiz so auffällig zurückhält, die wesentliche Institution der Aufklärung sein. Und eignet sich dazu doch nur in Maßen. Zwar ist es ihm gelungen, einen Missstand anzuprangern, zu skandalisieren, doch seine zweite Natur als politisches Kampf- und Propagandainstrument hat er keine Sekunde lang verleugnet. Manchem kommt deshalb der Ausschuss selbst so suspekt vor wie das, was er behandelt.

Vor allem aber kämpft der Ausschuss mit der Monstrosität seines Gegenstandes. Weil er das Ungeheuerliche aufdecken soll und am Ende doch nicht kann, wendet er sich zur eigenen Rechtfertigung der punktuellen Erhellung zu. «Anhand der Bemühungen des Ausschusses kann man studieren», schreibt die Essayistin Franziska Augstein in der Zeitschrift *Merkur*, «wie aus einem Elefanten eine Mücke gemacht wird.» Ein «darstellerisches Gesamtkunstwerk» nennt Augstein diesen Schrumpfungsprozess. Wenn dann noch alle wichtigen Zeugen die Auskunft verweigern, weil sie sich damit in einem parallel laufenden Strafverfahren selbst belasten könnten, stößt der Ausschuss an seine institutionellen Grenzen.

Tatsächlich scheint es, als teste dieser Skandal die Grenzen staatlicher Reaktionsfähigkeit stärker als die meisten seiner Vorgänger. Deshalb müsste die Diskussion über Remeduren intensiver sein. Das ist sie aber nicht. Weder eine staatliche Institution noch eine Partei hat auch nur eine Arbeitsgruppe eingesetzt, um über die notwendigen Konsequenzen nachzudenken. Stattdessen Flickwerk; hier ein Vorschlag, da ein Gesetzesentwurf. Mancher vernünftig, mancher timid; mancher nahe liegende Gedanke wartet noch immer darauf, von der Politik aufgegriffen zu werden.

Da hat die Bundesregierung zum Beispiel im Juli 2001 eine neue «Richtlinie für das Bearbeiten und Verwalten von Schriftgut in Bundesministerien» verabschiedet. Ein ordentlicher Verwaltungstext, sicher notwendig und zweifellos eine Verbesserung, auf dass auch der letzte Amtmann begreife, dass es eine Selbstermächtigung zur Vernichtung dienstlichen Schriftguts nicht geben darf. Ein eigenes Gesetz wie das amerikanische, das den Umgang mit den Akten des Präsidenten regelt, ist für die deutsche Regierungszentrale nicht ernsthaft erwogen worden.

Genauso das neue Untersuchungsausschuss-Gesetz vom April 2001: eine Reform immerhin, aber nur eine halbherzige. Sie beendet eine seit 1950 währende Diskussion und stellt Untersuchungsausschüsse erstmals auf eine gesetzliche Grundlage. Tatsächlich wird manche vordergründige Schlammschlacht vermieden werden, wenn dem Ausschuss künftig ein «Ermittlungsbeauftragter» samt Arbeitsstab zur Seite steht und Akten auswertet. In der wichtigsten Frage freilich schafft das neue Gesetz keine Klarheit. Das Verhältnis zwischen parlamentarischer Untersuchung und staatsanwaltlicher Ermittlung wird nicht genauer definiert. Die Frage, wann Zeugen vor dem Ausschuss die Auskunft verweigern dürfen, ist genauso unzureichend geregelt wie zuvor. Im nächsten Ausschuss wird also weiter vernehmlich geschwiegen werden. Der zum Inventar des Rechtsstaates zählende Grundsatz, dass niemand sich selbst einer Straftat bezichtigen muss, wird zum Vorwand, um jeden Untersuchungsausschuss ins Leere laufen zu lassen.

Interessierte die Debatte um dieses Gesetz nur Fachleute, so erreichte wenigstens die Diskussion um ein neues Parteiengesetz die breite Öffentlichkeit. Denn die Schlupflöcher, die bei der Parteienfinanzierung einladen zum Tarnen, Tricksen, Täuschen, will doch immerhin eine Mehrheit der Bevölkerung versiegelt sehen. So setzte Bundespräsident Johannes Rau eine Kommission ein, die CDU erst eine, dann noch eine. Je mehr Zeit ins Land geht, desto moderater werden die Vorschläge. Zwei Jahre nach der großen Empörung über Helmut Kohls schwarze Kassen darf ein Kassenwart unwidersprochen sagen: «Das Parteiengesetz hat sich im Großen und Ganzen bewährt, lediglich Schwachstellen sind zu beseitigen.» Das Zitat stammt übrigens nicht aus der CDU, sondern von SPD-Schatzmeisterin Inge Wettig-Danielmeier. Als habe Wettig-Danielmeier daran mitgewirkt, liest sich wiederum ein Papierchen, das die CDU im Sommer 2001 vorgelegt hat. Daran sind «radikal vor allem seine Defizite», wie die *Süddeutsche Zeitung* schreibt. Die *Frankfurter Allgemeine Zeitung* fasst den Gesetzentwurf sogar in nur vier Worten zusammen: «in dubio pro domo».

Die Parteien wollen sich einem strikten Finanzregime einfach nicht unterwerfen. Wenn überhaupt, wird nur eine aufmerksame Öffentlichkeit ihnen Zugeständnisse abringen können. Was zu tun wäre, liegt auf der Hand. Die Konsequenzen hat der Autor und frühere Staatsanwalt Heribert Prantl in «Zehn Gebote» gefasst. Deren wichtigste lauten:

- Der Brauch des anonymen Spendens wird radikal beendet. Die Gelder, die Parteien und ihre Mandatsträger erhalten, werden offen gelegt.
- Die Spendensumme pro Jahr wird begrenzt.
- Spenden werden nur an einer neutralen Stelle eingezahlt, die das Geld dann an eine Partei weiterleitet.
- Wer sich nicht an die Regeln hält, verliert das passive Wahlrecht und die Fähigkeit, öffentliche Ämter zu bekleiden, auf eine bestimmte Zeit.
- Verstöße gegen das Parteiengesetz werden, anders als bisher, strafrechtlich verfolgt.

Das klingt so einfach und so überzeugend, dass es gewiss nicht Gesetz werden kann. Stattdessen wird wahrscheinlich auch eine Legislaturperiode nach der Abwahl Helmut Kohls noch kein neues Parteiengesetz, wie lau auch immer, verabschiedet sein.

So mancher Reformvorschlag hat es nicht einmal in die parlamentarische Erörterung geschafft – die Frage etwa, ob eine Verjährungsfrist von fünf Jahren für Bestechung angesichts internationalisierter Taten sowie Ermittlungen in mehreren Ländern noch zeitgemäß ist. Genauso wenig die wichtigste aller Fragen: wie nämlich den Behinderungen von Ermittlungen durch die Politik beizukommen wäre.

Denn das Versagen der Justiz ist jener Missstand, der nach Abhilfe geradezu schreit. Gerade das skandalöse Hickhack um Zuständigkeiten und Dienstbefugnisse ruft nach Abschaffung des Weisungsrechts gegenüber deutschen Strafverfolgern. Nur in der Theorie sind die deutschen Staatsanwaltschaften unabhängige Behörden; nur auf dem Papier sind sie tatsächlich «Herren des Verfahrens». In der Praxis müssen Staatsanwälte berichten, und zwar an den Behördenleiter. Der wiederum erstattet dem Generalstaatsanwalt Bericht. Schließlich wird die Sache dem Justizminister vorgelegt. Deshalb kann die Politik in Verfahren eingreifen, in denen es der Politik an den Kragen gehen soll. In solchen Fällen ist die Staatsanwaltschaft gefesselt und gegängelt. «Mit unabhängigen Richtern», schreibt Heribert Prantl, haben Deutschlands Strafverfolger «nur ihr Gewand gemein, sie tragen die gleiche Robe, darunter aber steckt ein normaler Beamter, abhängig und weisungsgebunden».

Mit feinem Instrumentarium können Politiker Ermittlungen gegen andere Politiker ausbremsen. Wenn etwa so ein Mammutverfahren anhebt und die zuständige Staatsanwaltschaft dadurch für alle anderen Aufgaben blockiert ist, wird Staatsanwälten gern zusätzliches Personal verweigert. «Haushaltszwänge» taugen immer als Argument. Am Ende geben die Staatsanwälte klein bei – wenn sie es nicht schon am Anfang getan haben.

Wer sich als Staatsanwalt nicht konform verhält, kann seine Karriere verspielen. Erlebt hat das der Augsburger Ermittler Wilfried Maier, der seiner CSU-Landesregierung zu forsch war; erlebt hat das aber auch der Bonner Oberstaatsanwalt Bernd

König, der seiner SPD-Landesregierung zu schlapp war. Beide wurden versetzt.

Was Not tut, aber in den Parlamenten nicht einmal diskutiert wird, ist die Einführung des unabhängigen Untersuchungsrichters, wie ihn Martin Klingst in der ZEIT fordert. Solange ein CSU-Politiker entscheiden kann, ob ein Haftbefehl gegen einen anderen CSU-Politiker sofort vollzogen wird, und solange Staatsanwaltschaften zur Aufklärung politischer Skandale in der Bundesrepublik wenig oder nichts beitragen, dauert die Verhöhnung des Rechtstaates an.

Dass es auch anders geht, zeigt das italienische Beispiel. Jahrzehntelang wurde «mit dem Finger auf Italien gezeigt», erinnert sich Frankfurts Oberstaatsanwalt Wolfgang Schaupensteiner. Dort hatten die Deutschen in selbstgerechter Anwandlung die Keimzelle der Korruption ausgemacht. Und heute? «Heute holen wir uns italienische Staatsanwälte, um uns erzählen zu lassen, wie man Korruption am besten bekämpfen kann», berichtet Schaupensteiner. Legende sind inzwischen die Erzählungen über die Kampagne der «mani pulite», der sauberen Hände, jenes Kampfes einer kleinen Schar unerschrockener Staatsanwälte gegen das gesetzwidrige Geben und Nehmen.

Der Erfolg hat einen Grund. Staatsanwälte wie Untersuchungsrichter sind in Italien an Weisungen nicht gebunden. Der Justizminister hat ihnen nichts zu sagen. Die Parteien können sogar die Personalpolitik nur schwer beeinflussen. Untertänigkeit gegenüber der Politik kennen Italiens Ermittler kaum.

Die italienische Erfahrung hält noch eine zweite Lektion bereit: Staatliche Anti-Korruptionspolitik bedarf der Unterstützung durch das Volk, soll sie nicht zur kosmetischen Maßnahme verkommen. In Italien waren die Staatsanwälte der «mani pulite» so populär, dass einige von ihnen in öffentliche Ämter gewählt wurden.

In Deutschland könnte sich der Massenprotest gegen die Ermittlungsverweigerung in Sachen Aktenraub immerhin zu einer

Bewegung zur Justiz- und Politikbeobachtung auswachsen. Möglich, dass nun auch hierzulande die Sensibilität für die Schwächen einer bislang als sakrosankt geltenden Justiz wächst. Denkbar, dass künftig jene Verbrüderung zwischen Wirtschaft und Politik kritischer betrachtet werden wird, die Arbeitsplätze schaffen soll, aber gern in Bestechung mündet. Wahrscheinlich, dass eine unbequeme Einsicht der Kölner Soziologen Ute und Erwin K. Scheuch neue Freunde findet: «Freiheit von Korruption ist ein Ordnungsgefüge, das fortwährender Pflege bedarf.»

II. Die Dokumente

REPUBLIK UND KANTON GENF

Genf, den 14. September 2000
9, rue des Chaudronniers

(Wappen)

GERICHTSWESEN
AMTSSTELLE DES
UNTERSUCHUNGSRICHTERS
Briefwechsel :
Postfach 3344
1211 Genf 3
Fernruf 319.26.11

Richten Sie bitte Ihren Briefwechsel an
den unterzeichneten Richter persönlich

AN DIE ZUSTÄNDIGE DEUTSCHE
BEHÖRDE
Beim LEITENDEN OBERSTAATSANWALT
IN AUGSBURG
Am alten Einlaß 1

D-86150 AUGSBURG

Betrifft : P/13388/99 - Oberstaatsanwalt der Republik und des Kantons Genf gegen die Herren André GUELFI, Alfred SIRVEN, Alain GUILLON, Hubert LE BLANC BELLEVAUX, Dieter HOLZER, Pierre LETHIER und andere

Sehr verehrte Damen, sehr geehrte Herren zuständige Staatsanwältinnen/Staatsanwälte,

Im Rahmen eines wegen Betrugs, Urkundenfälschung und Geldwäscherei im Anschluß an, am 5. Juni 1998 und 28. Januar 1999 durch die Gruppe ELF AQUITAINE FRANCE - Klägerin und Privatklägerin im schweizerischen Strafverfahren - in Genf eingereichter Strafanzeige, bin ich in meiner Eigenschaft als Untersuchungsrichter dazu gebracht worden weitgehende, finanzielle Untersuchungen vorzunehmen - sowohl auf nationaler als auch auf internationaler Ebene - und zwar hinsichtlich der Zwischen- und Endbestimmung wichtiger, durch besagte Strafanzeigen betroffenen Guthaben. Diese Untersuchungen haben mir erlaubt einen äußerst verflochtenen Straftatenbestand hervorzuheben an welchem die deutschen Strafbehörden auch interessiert sein könnten.

Infolgedessen ist der Zweck dieses, meinen Schreibens, in Anwendung von Art. 10 des Abkommens über Geldwäscherei, Aufspürung, Beschlagnahme und Einziehung vom Ertrag des Verbrechens (Übereinkommen Nr 141 des Europarates), welches durch Deutschland und die Schweiz ratifiziert worden ist, und von Art. 67a des Bundesgesetzes über internationale Rechtshilfe in Strafsachen, Ihnen Informationen, deren Beschaffenheit die deutschen Strafbehörden in Aussicht der Eröffnung eines dortigen Strafverfahrens oder/und, gegebenenfalls, den Fortschritt eines schon in Deutschland eingeleiteten Verfahrens zu fordern, interessieren könnten, weiterzuleiten.

I.   Die Strafanzeigen von ELF AQUITAINE und die schweizerischen Ermittlungen

In ihren Strafanzeigen führt die Gruppe ELF AQUITAINE - Erdölfirma französischen Rechtes - deren Führung 1994 (Herr Philippe JAFFRE) - im Wesentlichen an, daß sie den betrügerischen Machenschaften ehemaliger faktischer oder rechtlicher Organe der Gruppe zum Opfer gefallen war, unter diesen

«An die zuständige deutsche Behörde»

Brief der Genfer Justiz an die Augsburger Staatsanwaltschaft vom 14. September 2000

Betrifft: P/1338/99 – Oberstaatsanwalt der Republik und des Kantons Genf gegen die Herren André GUELFI, Alfred SIRVEN, Alain GUILLON, Hubert LE BLANC BELLEVAUX, Dieter HOLZER, Pierre LETHIER und andere

Sehr verehrte Damen, sehr geehrte Herren zuständige Staatsanwältinnen/Staatsanwälte,

Im Rahmen eines wegen Betrugs, Urkundenfälschung und Geldwäscherei im Anschluss an, am 5. Juni 1998 und 28. Januar 1999 durch die Gruppe ELF AQUITAINE FRANCE – Klägerin und Privatklägerin im schweizerischen Strafverfahren – in Genf eingereichter Strafanzeige, bin ich in meiner Eigenschaft als Untersuchungsrichter dazu gebracht worden, weitgehende, finanzielle Untersuchungen vorzunehmen – sowohl auf nationaler als auch auf internationaler Ebene – und zwar hinsichtlich der Zwischen- und Endbestimmung wichtiger, durch besagte Strafanzeigen betroffenen Guthaben. Diese Untersuchungen haben mir erlaubt einen äußerst verflochtenen Straftatenbestand hervorzuheben an welchem die deutschen Strafbehörden auch interessiert sein könnten.

Infolgedessen ist der Zweck dieses, meinen Schreibens, <u>in Anwendung von Art. 10 des Abkommens über Geldwäscherei, Aufspürung, Beschlagnahme und Einziehung vom Ertrag des Verbrechens</u> (Übereinkommen Nr. 141 des Europarates); welches durch Deutschland und die Schweiz

176

ratifiziert worden ist, und von Art. 67 a des Bundesgesetzes über internationale Rechtshilfe in Strafsachen, Ihnen Informationen, deren Beschaffenheit die deutschen Strafbehörden in Aussicht der Eröffnung eines dortigen Strafverfahrens oder / und, gegebenenfalls, den Fortschritt eines schon in Deutschland eingeleiteten Verfahrens zu fördern, interessieren könnten, weiterzuleiten.

I. Die Strafanzeigen von ELF AQUITAINE und die schweizerischen
    Ermittlungen

In ihren Strafanzeigen führt die Gruppe ELF AQUITAINE – Erdölfirma französischen Rechtes – deren Führung 1994 (Herr Philippe JAFFRÉ) – im Wesentlichen an, dass sie den betrügerischen Machenschaften ehemaliger faktischer oder rechtlicher Organe der Gruppe zum Opfer gefallen war, unter diesen

Herr Alfred SIRVEN, Herr Hubert LE BLANC BELLEVAUX, Herr Alain GUILLON welche mit der Teilnahme von Drittpersonen, vor allem des Herrn André GUELFI, sie listig dazu bewegt haben in nachstehend beschriebenen Umständen einen Betrag von mindestens FRF 269 482 000.– (zweihundertneunundsechzig Millionen vierhundertzweiundachtzigtausend) d. h. FRF 256 000 000.– + FRF 13 482 000.–, denen man noch DEM 13 000 000.– hinzufügen muss, die durch die Firma THYSSENHANDELSUNION, Deutschland, nachstehend THYSSEN, überwiesen worden und zu einem späteren Zeitpunkt durch ELF AQUITAINE zurückerstattet worden sind.

ELF AQUITAINE hat infolgedessen die Anwendung einer raffinierten List angezeigt, in welcher falsche Unterlagen geschaffen und benutzt worden sind, vor allem eine künstliche Faktibilitätsstudie der Investition, ein vordatierter Provisionsvertrag, eine künstliche Zinsabrechnung, gefälschte oder falsche Rechnungsunterlagen erstellt und benutzt sowie auch Offshorefirmen, all dies Elemente, welche die Leitung der Gruppe bewegt haben, gegen ihre eigenen finanziellen Interessen zu handeln.
Das schweizerische Verfahren hat vor allem folgende Tatbestände offenbart:

1) Mit Vertrag vom 19. Januar 1991 hat ELF AQUITAINE mit der deutschen Firma THYSSEN und der Lebensmittelhandelskette DSBK ein Konsortium mit Namen RIG gegründet mit der Zielsetzung, das ostdeutsche staatliche Vertriebsnetz MINOL sowie die Raffinerien von Leuna und ZEITZ/Deutschland zu übernehmen.

2) ELF AQUITAINE hat also mit der TREUHAND ANSTALT, deutsche Anstalt welche mit der Zuteilung der zu privatisierenden öffentlichen Unternehmen – vor allem des staatlichen Vertriebsnetzes MINOL – beauftragt war, Verhandlungen aufgenommen.

3) Im Juli 1992 hat die TREUHAND ANSTALT einen Privatisierungsvertrag der MINOL zugunsten des Konsortiums RIG unterzeichnet.

4) Im November/Dezember 1992, nach Abschluss der mit der TREUHAND ANSTALT unterzeichneten Verträge, ist eine listige Machenschaft auf die Beine gestellt worden, um Folgendes zu rechtfertigen:

   a) Abfluss ohne wirkliche rechtmäßige Ursache von Firmenguthaben (FRF 256 000 000.–) zugunsten von Drittpersonen,

   b) Zahlung durch ELF AQUITAINE von künstlichen Zinsen (FRF 13 482 000.–) im Zusammenhang mit einem angeblichen Geldvorschuss, welcher als Zahlung für die von den mutmaßlichen Geldwäscher[n] erbrachten Finanzdienste ermöglichte,

   c) Veruntreuung einer, durch die Firma THYSSEN in Juni 1993 bezahlten Forderung von DEM 13 000 000.– zugunsten rechtmäßiger oder faktischer Organe der ELF AQUITAINE, darunter Herr Alfred SIRVEN, Herr Hubert LE BLANC BELLEVAUX, Herr Alain GUILLON, Herr André TARALLO.

5) Zu diesem Zwecke wurde namentlich beschlossen die Dienste des Herrn André GUELFI einzusetzen, genauer gesagt die Dienste einer Offshorefirma, deren wirtschaftlich Berechtigter er selbst war, d. h. das ETABLISSEMENT NOBLEPLAC VADUZ, nachstehend

178

NOBLEPLAC, um die unrechtmäßige Überweisung der erwähnten Gelder sowie deren Verteilung zugunsten Drittpersonen zu verheimlichen.

6) Auf Antrag des Herrn André GUELFI, hat Herr Roland TRACHSEL, Organ der Treuhandgesellschaft ORGAFID SA in Lausanne, Organ der NOBLEPLAC, eine Kontoverbindung bei der HANDELSFINANZ CCF BANK in Genf eröffnen lassen, um die obig erwähnten FRF 256 000 000.– gutschreiben zu lassen.

7) Im November/Dezember 1992 wurde zwischen NOBLEPLAC und ELF AQUITAINE, vertreten einerseits durch Herrn Roland TRACHSEL und andrerseits durch Herrn Alain GUILLON, ein in Lausanne/Schweiz erstellter, vorgetäuschter und vom 2. September 1991 vordatierter Vertrag unterzeichnet, wonach ELF AQUITAINE sich verpflichtete, der NOBLEPLAC den Gesamtbetrag von FRF 256 000 000.– (zweihundertsechsundfünfzig Millionen) für fiktive Gegenleistungen, vor allem einer angeblichen Faktibilitätsstudie der Investition von ELF AQUITAINE in der LEUNA MINOL in Höhe von FRF 36 000 000.– (sechsunddreißig Millionen), zu überweisen.

8) Laut besagtem, vom 2. September 1991 vordatierten Vertrag, wurde vor allem vereinbart, dass die Überweisung von FRF 100 000 000.– (hundert Millionen), Teilbetrag der FRF 256 000 000.– durch den Abschluss eines endgültigen Vertrages zwischen dem RIG und der TREUHAND bedingt sei, Abschluss welcher spätestens bis zum 15. September 1991 stattfinden sollte, obwohl der vorgetäuschte vordatierte Vertrag vom 2. September 1991 in Wirklichkeit im November/Dezember 1992 unterzeichnet wurde, d. h. mehrere Monate nach Vergabe des besagten Privatisierungsvertrages zugunsten der RIG.

9) Laut Anweisungen des Herrn André GUELFI hat Herr Roland TRACHSEL durch seine Sekretärin verschiedene vordatierte, durch ihn selbst unterzeichnete Schreiben tippen lassen, vor allem vom 29. August 1991 und 21. September 1991, welche an eine Offshorefirma

NORIT COMPANY LTD NASSAU gerichtet waren, Firma die der in Genf domizilierte Herr Steve MARCUS verwaltete, wobei die Vorlagen besagter Schreiben handschriftlich durch Herrn André GUELFI vorbereitet worden waren, um angebliche Geldvorschüsse der NORIT COMPANY LTD NASSAU zugunsten der ELF AQUITAINE glaubhaft zu machen und auf diese Art und Weise eine angebliche Zinsforderung vorzutäuschen.

10) Auf Antrag des Herrn André GUELFI, hat Herr Roland TRACH-SEL in diesem Rahmen am 18. Dezember 1992, speziell für ELF AQUITAINE, ein Schreiben unterzeichnet, dem eine falsche Zins-abrechnung beigelegt war, mit dem Titel «Calcul d'intérêts au 30 novembre 1992» [Zinsabrechnung, Abschluss per 30. November 1992] über einen Betrag von FRF 13 482 000.– (dreizehn Millionen vierhundertzweiundachtzigtausend).

11) Der Betrag von FRF 269 482 000.– wurde also einem Konto der NOBLEPLAC bei der HANDELSFINANZ CCF BANK, Valuta 24. 12. 92, gutgeschrieben, bevor er in Höhe von FRF 220 000 000.– (zweihundertzwanzig Millionen), FRF 36 000 000.– (sechsunddrei-ßig Millionen) und FRF 13 842 000.– (dreizehn Millionen achthun-dertzweiundvierzigtausend), respektive auf die, bei der VERWAL-TUNGS- UND PRIVATBANK in Vaduz eröffneten Konte[n] des STAND BY ESTABLISHMENTs VADUZ (FRF 220 000 000.–), der SHOWFAST LTD LONDON bei der SCHWEIZERI-SCHEN KREDITANSTALT Genf (FRF 36 000 000.–) und auf die Konten ANTIGUA und NEW SPORTING FOREST HILL GESTION SA, bei Genfer Bankinstituten, deren Inhaber oder/und wirtschaftlich Berechtigte[r] Herr André GUELFI ist oder gewesen ist (FRF 13 482 000.–).

12) Valuta 14. Juli 1993, hat die Firma THYSSEN, Mitglied des RIG, sich bereit erklärt, einen Betrag von DEM 13 000 000.– (dreizehn Millionen) als Anteil, vor allem an der angeblichen, durch NOBLE-PLAC erstellten Faktibilitätsstudie – zugunsten einer neuen Konto-verbindung der NOBLEPLAC, Konto Nr. 189 624 AG, bei der

UNION BANCAIRE PRIVÉE in Genf zu überweisen, für welche sich Herr André GUELFI auch als wirtschaftlich Berechtigter ausgewiesen hat.

13) Dieser Betrag, welcher zu einem späteren Zeitpunkt, d. h. im Mai 1994, durch die Gruppe zurückerstattet worden ist, zum Zeitpunkt als ELF AQUITAINE die Anteile von THYSSEN im RIG Konsortium übernommen hat, ist auf eine neue Kontoverbindung der NOBLEPLAC, Valuta 14. 06. 93, überwiesen und alsbald unrechtmäßig zugunsten von leitenden Organen der ELF AQUITAINE überwiesen worden, d. h. von Herrn André TARALLO (FRF 5 500 000.–), Herrn Alain GUILLON (FRF 5 500 000.–), Herrn Hubert LE BLANC BELLEVAUX (FRF 3 500 000.–) und des Mittelsmannes Herrn André GUELFI (mehr als DEM 4 500 000.–).

14) Auf Antrag des Herrn André GUELFI, um die angebliche Faktibilitätsstudie vorzutäuschen, wurden verschiedene Unterlagen erstellt als Beweis dafür, dass ein Teil der Arbeiten für die besagte Studie durch an zwei ausländisch[e] Gutachter unterverhandelt worden waren, d. h. die Firmen ENERGOPROJEKT HOLDING CORPORATION in Belgrad und die COMPAGNIE INTERNATIONALE NEGOCIATORS in New York.

15) Das Verfahren hat aber festgestellt, dass die Faktibilitätsstudie für das LEUNA-Projekt vollkommen erfunden worden war im April/Mai 1993, d. h. fast ein Jahr nach der Vergabe des Privatisierungsvertrages der MINOL an das RIG Konsortium. Sie bestand bloß aus einer Zusammensetzung von schon vorhandenen Unterlagen, die zum Teil von ELF AQUITAINE stammten, zum Teil aus Artikel[n] der Fachpresse und aus offenen Informationen.

16) Herr André GUELFI, um die Guthaben – jene die anfänglich zu seinem eigenen Vorteil bezogen worden waren, d. h. FRF 13 482 000.–, sowie auch mehr als DEM 4.500.000.– die aus den obig erwähnten DEM 13 000 000 stammten – zu verheimlichen und deren Identifizierung und Beschlagnahme zu beeinträchtigen, hat die Konten mehrerer Firmen, deren Inhaber oder wirtschaftlicher Begünstigter er in

mehreren Ländern ist, benutzt, vor allem in der Schweiz, in Frankreich, in England, und zwar die Konten ANTIGUA, NEW SPORTING FOREST HILL GESTION SA, BLUE REPID SA PANAMA, COLLISTER OVERSEAS CORP LTF, CHRIS DD und andere mehr.

17) Der Restbetrag der DEM 13 000 000.–, d. h. DEM 8 500 000.–, ist zu Unrecht zugunsten den verschiedenen, obig erwähnten Führungskräfte, zugute gekommen.

18) Die auf das Konto der SHOWFAST LTD LONDON bei der KREDITANSTALT GENF gutgeschriebenen FRF 36 000 000.–, sind anfänglich Herrn Pierre LETHIER zugute gekommen.

19) Die auf das Konto des STAND BY ESTBALISHMENT VADUZ bei der VERWALTUNGS- UND PRIVATBANK in Vaduz gutgeschriebenen FRF 220 000 000.– sind durch Herrn Werner STRUB, geboren am 21. 03. 32, liechtensteinischer Staatsangehöriger, über einen komplexen Fluss der Gelder, auf in Luxemburg und in der Schweiz – vor allem in Genf – eröffnete Konten, von welchen Herr Pierre LETHIER und Herr Dieter HOLZER als wirtschaftliche Berechtigte erschienen, respektive die Beträge von FRF 60 000 000.– und FRF 160 000 000.–, überwiesen worden.

20) So sind über die Firmen SHOWFAST LTD LONDON und STAND BY ESTABLISHMENT VADUZ durch Herr Pierre LETHIER, geboren am 21. 03. 55, französischer Staatsangehöriger und Herrn Dieter HOLZER, geboren am 14. 11. 41 in QUIERSCHIED/Deutschland, deutscher Staatsangehöriger, die obig erwähnten FRF 256 000 000.–, respektive die Beträge von FRF 96 000 000.– und FRF 160 000 000.– bezogen worden.

Die Privatklägerin behauptet, dass diese Gelder, ohne rechtmäßigen Grund, durch Herrn Pierre LETHIER und Herrn Dieter HOLZER für sich selbst oder/und Drittpersonen zu ihrem Nachteil, bezogen worden sind. Die Herren Pierre LETHIER und Dieter HOLZER bestreiten es, indem sie erklären, sie hätten als Mittelsmänner gehandelt, was eine solche Vergütung zu ihrem ausschließlichen Vorteil rechtfertigen würde.

21) Die in der Schweiz vorgenommenen Einvernahmen neigen zur Annahme, dass die durch ELF AQUITAINE betroffenen FRF 256 000 000.– im Rahmen der Ausführung eines Lobbyingvertrages, dessen Zielsetzung eigentlich nicht in der die Vergabe an RIG der LEUNA MINOL Verträge bestand, sondern auf optimalste Weise, durch den tatkräftigen Eingriff der zuständigen deutschen Behörden, an öffentliche Zuschüsse jeglicher Art zu gelangen, im Sinne einer Investitionskostenverminderung der ELF AQUITAINE Gruppe im LEUNA-MINOL-Geschäft.

22) In Anbetracht des Strafverfahrens, namentlich der Undurchsichtigkeit des Geldflussverlaufes der betroffenen Beträge, und besagter Einvernahmen, ist es angebracht darauf zu schließen, dass die gesamten, obig erwähnten FRF 256 000 000.– oder ein Teil davon an Drittpersonen, öffentliche Bevollmächtigte, staatliche Entscheidungsbefugte, gewählte Vertreter oder andere Mittelsleute überwiesen worden sind.

23) Vollständigkeitshalber soll noch hinzugefügt werden, dass gegenwärtig die Herren André GUELFI, Alain GUILLON, Hubert LE BLANC BELLEVAUX und Roland TRACHSEL im schweizerischen Verfahren angeklagt worden sind. Die rechtliche Stellung der Herren Pierre LETHIER, Dieter HOLZER (gegenwärtig Gegenstand eines französischen internationalen Haftbefehls) und Werner STRUB, im schweizerischen Verfahren, wird noch untersucht. Andere Personen werden noch angeklagt werden müssen, zu welchen Herr Alfred SIRVEN zählt, ebenso Gegenstand eines französischen internationalen Haftbefehls, so wie auch Herr André TARALLO.

II. Die in der Schweiz, im Zusammenhang mit Herrn Dieter HOLZER, Herrn Ludwig Holger PFAHLS durchgeführte finanzielle Ermittlungen (siehe beigelegte Schema der Geldflüsse)

1. Es ist angebracht vorerst zu unterstreichen, dass die, durch Herrn Dieter HOLZER überwiesene Guthaben, die vor allem mit LEUNA MINOL im Zusammenhang stehen, einem sonderbaren, unge-

wöhnlichen Geldfluss, verborgenen Charakters, gefolgt sind, und dies ohne jeglichen, verständlichen oder/und plausiblen wirtschaftlichen Hintergrund, vor allem wegen der Benutzung von zahlreichen Offshorefirmen, deren bezeichneter wirtschaftlicher Berechtigter Herr Dieter HOLZER war oder ist, so wie auch von zahlreichen Bankkonten im Namen der gleichen Inhaber oder wirtschaftlichen Berechtigten oder/und für die gleichen betroffenen Gelder, bei mehreren Banken in der Schweiz, in Liechtenstein, Österreich, Luxemburg, Deutschland und Monaco, vom Austausch des Inhabers oder/und des wirtschaftlichen Berechtigten der Konten mitten in den Geschäftsperiode[n], von der Ausführung aufeinander folgender Devisengeschäften, von Kapitalinvestitionen, von Bargeldbezügen, von wiederholten Überweisungen jenseits der Grenzen, all dies Taten, die es ermöglichen sollten, die Identifizierung des Flusses der verdächtigen Gelder zu unterbrechen, hindern oder/und zu erschweren.

2. Die in der Schweiz durchgeführten finanziellen Ermittlungen haben ergeben, dass von den, auf Anweisung des STAND BY ESTABLISHMENTS VADUZ überwiesenen FRF 160 000 000.–, FRF 152 000 000.– auf das bei der DEUTSCHEN SIEDLUNGS- UND LANDESRENTENBANK (nachstehend DSL BANK) eröffnete Konto der Firma DELTA INTERNATIONAL ESTABLISHMENT VADUZ (nachstehend DELTA) in Luxemburg und FRF 9 250 000.– auf das beim ehemaligen SBV (gegenwärtig SBG) in Sankt Gallen eröffnete Konto der REPTIL FOUNDATION VADUZ überwiesen worden sind, wovon Herr Dieter HOLZER – was beide erwähnte Konten betrifft – der angegebene wirtschaftlich Berechtigte ist, nachstehend und abgekürzt WB, wobei bei der Überweisung die fälligen Zinse[n] enthalten waren. Es ist angebracht hervorzuheben, dass von den Valuta 03. 02. 93, auf das Konto der DELTA/DSL BANK in Luxemburg gutgeschriebenen FRF 152 000 000.–, anfänglich FRF 68 000 000.– auf das persönliche Konto des Herrn Dieter HOLZERS überwiesen worden sind, Konto Nr 041 001, bei der gleichen Bank, bevor sie alsbald dann auf das Konto DELTA/DSL BANK in Luxemburg, zurückflossen.

3. Von den unmittelbar betroffenen HOLZER «Geldflüsse», d. h. FRF 152 000 000.– wurden durch Belastung des Kontos der DEL-TA/DSL BANK in Luxemburg, DEM 30 000 000.–, Valuta 19. 05. 92 nach einem Devisengeschäft vom 01. 04. 93 (FRF 115 000 000.– gewechselt in DEM 33 944 500.–) zugunsten des Kontos der DEL-TA/ehemaliger SBV in Sankt Gallen überwiesen, bevor sie abermals, Valuta gleichen Tages, auf das Konto BUNCH TRUST REG VA-DUZ (WB Dieter HOLZER) welches ab September 1994 EURO ALLIANCE TRUST REG VADUZ (WB Dieter HOLZER) ge-worden ist, überwiesen wurden.

4. Bedeutende Beträge, die von den obig erwähnten DEM 30 000 000.– stammten, d. h. mehrere Millionen DEM, sind durch Belastung des Kontos BUNCH TRUST REG VADUZ (WB Dieter HOLZER) auf Konten überwiesen worden, deren Begünstigte gegenwärtig iden-tifiziert werden, aber auch auf Konten, die namentlich bei der COMMERZBANK in Frankfurt/D eröffnet worden sind, zuguns-ten des Kontos Nr 74. 00. 138.00 des Herrn Wilhelm PRAHST, bei der Bank RAIFFEISENVERBAND VORARLBERG zugunsten von Herrn Dieter HOLZER oder von Firmen deren wirtschaftlich Begünstigter er ist, oder wurden auch durch Kassageschäfte abgeho-ben, oder sogar auch auf das bei der DSL BANK Luxemburg er-öffnete DELTA Konto und auf jenes des ehemaligen SBV in Sankt Gallen zurücküberwiesen, bevor sie dann in Richtung neuer Ziele weiterflossen, namentlich zugunsten von Herrn Wilhelm PRAHST oder/und seiner Firmen bei der RAIFFEISENBANK in KLAUS/ Österreich und der COMMERZBANK in Frankfurt/D und von Herrn Dieter HOLZER und seinen Verwandten bei der RAIFF-EISENBANK in KLAUS/Österreich und der VOLKSBANK in QUIERSCHIED/D, und von anderen natürlichen oder juristischen Personen, vor allem von der GRADMANN & HOLLER GmbH, in der Höhe von DEM 36 878.80, Valuta 02. 08.93.

5. Dem unter Punkt 3 und 4 erwähnten Konto BUNCH TRUST REG VADUZ (WB Dieter HOLZER) sind ebenfalls, immer von den DEM 30 000 000.– herrührend, Valuta 11. 06. 97, DEM

20 345 000.– (zwanzig Millionen dreihundertfünfundvierzigtausend) belastet worden, mit Ziel Konto EURO ALLIANCE TRUST REG VADUZ bei der VERWALTUNGS- UND PRIVATBANK in Vaduz (wahrscheinlicher WB Dieter HOLZER), um wahrscheinlich auf das Konto DELTA/ehemaliger SBV über die Firma IFA INTERNATIONAL FINANZ ANSTALT VADUZ in Vaduz, zu gelangen, wobei letztere Firma durch Herrn Werner STRUB, welcher obig unter I.19 erwähnt worden ist, kontrolliert wird.

6. Noch aufschlussreicher: Von den betroffenen FRF 152 000 000.– herrührend und bis zur Höhe eines Betrages von DEM 5 651 645.56 (FRF 18 847 836.68 am 03. 03. 93 in DEM gewechselt) von einer Überweisung auftrags der DELTA/DSL BANK in Luxemburg von DEM 7 650 000.– sind, Valuta 08. 03. 93 auf das Treuhandkonto bei der METROPOLITAN BANK ASSOCIATES SA in Luxemburg, deren Inhaber Herr Bernard EWEN der FIDUCIAIRE B. EWEN, 18 a Boulevard de la Foire in Luxemburg ist, überwiesen worden, um unmittelbar danach, Valuta 11. 03. 93, auf das Konto INTERNATIONAL CONSULTING BUSINESS INC bei derselben Bank weiterzufließen, Vollmacht zugunsten des Herrn Bernard EWEN, bevor sie dann auf Konten der Offshorefirmen FOLDEN PROPERTIES INC (WB Ludwig Holger PFAHLS) und SILDON ENTERPRISES INC (WB Ludwig Holger PFAHLS), respektive bei der METROPOLITAN BANK ASSOCIATES SA in Luxemburg und der BANK IN LUXEMBURG überwiesen worden sind, in Höhe von DEM 500 000.–, Valuta 15. 03. 93, von DEM 3 599 453.99, Valuta 19. 03. 93 und DEM 1 499 465.77, Valuta 15. 03. 93. Der Restbetrag, d. h. DEM 1 969 115.– ist auf das Konto VENCOR PROPERTIES INC (WB Ludwig Holger PFAHLS), Nr 112 993 bei der BANQUE NATIONAL DE PARIS (LUXEMBURG) SA in Luxemburg überwiesen worden, bevor er zum ursprünglichen Auftraggeber DELTA/DSL BANK in Luxemburg zurückgekehrt ist.

7. Die Guthaben auf den Konten SILDON ENTERPRISES INC und FOLDEN PROPERTIES INC bei der BIL in Luxemburg, Konten

die im Dezember 1993 saldiert worden sind, sind auf das, bei der SBG in Zürich eröffnete Konto einer Offshorefirma GEROLDO HOLDING INC (WB Ludwig Holger PFAHLS) überwiesen worden, um dann im Juli 1996, in Höhe von DEM 5 914 054.90 auf das Konto DELTA beim ehemaligen SBV in Sankt Gallen zurückzufließen, bevor sie in Höhe von DEM 615 000.–, DEM 1 012 000.–, DEM 1 856 000.–, DEM 552 000.– und DEM 997 611.55, Valuta August 1996, auf ein, namens von Herrn Dieter HOLZER beim ehemaligen SBV in Sankt Gallen eröffnetes Konto (LO-57 741) überwiesen wurden, und zwar in Höhe von CHF 1 500 000.–, d. h. gegen Valuta von DEM 1 856 000.–, um zum Teil ein, durch die BANK VON ERNST & CIE SA in Genf an die Firma FORMAZIONE STIFTUNG VADUZ (WB Dieter HOLZER), zugunsten von Herrn Ludwig Holger PFAHLS gewährtes Treuhanddarlehen zu finanzieren.

8. Der Saldo der Guthaben GEROLDO HOLDING INC (WB Ludwig Holger PFAHLS), die auf das Konto LO-57 741 – Inhaber Herr Dieter HOLZER – überwiesen worden ist, ist für Teilrückzahlungen der, durch den ehemaligen SBV Sankt Gallen, zugunsten des Herrn Dieter HOLZER verwendet worden; besagte Vorschüsse waren mittels Pfändung des Wertschriftendepots der BUNCH TRUST REG VADUZ (WB Dieter HOLZER) gewährt worden, welches selbst mit Hilfe der DEM 30 000 000.–, Teilbetrag der durch das Verfahren betroffenen FRF 152 000 000.– finanziert worden war. Der Ertrag besagter Vorschüsse wurde an noch nicht vollständig identifizierte Drittpersonen überwiesen.

So sind DEM 615 000.– dazu benutzt worden um, Valuta 08. 08. 96, einen am 05. 02. 96 an die TREUHANDGESELLSCHAFT STRUB AG in Vaduz gewährten Vorschuss von DEM 600 000.– zurückzuzahlen, dessen Ertrag, Valuta 05. 02. 96, an die TREUHANDGESELLSCHAFT STRUB AG, in Vaduz, überwiesen wurden.

So sind DEM 1 012 000.– dazu benutzt worden, um, Valuta 15. 08. 96, einen am 16. 04. 96 gewährten Vorschuss in Höhe von DEM

1 000 000.– zurückzuzahlen, dessen Ertrag bis zum Betrag von DEM 571 000.– an Frau S. HOLZER, in Höhe von DEM 160 000.– an W. PRAHST und am 14. 03. 96 an NAZ NAZ, Bez. REZLOH in Höhe von DEM 120 000.– so wie auch an andere Begünstigte zu überweisen.

So sind FRF 3 408 341.10, Gegenwert von DEM 997 611.55, die von den Guthaben der GEROLDO HOLDING INC (WB Ludwig Holger PFAHLS) stammten, um teilweise einen, Valuta 21. 12. 93, gewährten Vorschuss von FRF 20 000 000.–, Betrag der einer noch nicht identifizierten Drittperson bezahlt wurde.

9. Herr Dieter HOLZER hat bedeutende Guthaben – andere als jene der GEROLDO HOLDING INC (WB Ludwig Holger PFAHLS) – die von mehreren anderen Offshorefirmen stammten, und deren wirtschaftlicher Begünstigter er beim ehemaligen SBV Sankt Gallen war, vor allem FREDI STIFTUNG VADUZ (WB Dieter HOLZER), Konto Nr LO-264 930, CARREFOUR STIFTUNG VADUZ (WB Dieter HOLZER) ehemalige REPTIL FOUNDATION VADUZ (WB Dieter HOLZER), Konto Nr LO-264 151, EURO ALLIANCE TRUST (WB Dieter HOLZER) – Gelder noch nicht identifizierter Herkunft – dazu benutzt, um den unter Punkt 8 erwähnten Vorschuss von FRF 20 000 000.– zurückzuzahlen.

10. Was die, unter Punkt 6 und 7 erwähnte, und bei der METROPOLITAN BANK ASSOCIATES in Luxemburg deponierte Guthaben der FOLDEN PROPERTIES INC (WB Ludwig Holger PFAHLS) betrifft – das Konto ist am 09. 07. 96 saldiert worden – sind diese, Valuta 27. 11. 95 in Höhe von DEM 567 124.19 in Richtung eines, bei der BANQUE UCL SA in Luxemburg eröffneten Kontos Nr. 69 793 der FOLDEN PROPERTIES INC (WB Ludwig Holger PFAHLS und ab Juli 1996 Dieter HOLZER) überwiesen worden, um dann, nach zwei Abhebungen in bar, in Höhe von DEM 509 350.–, Valuta 09. 07. 92, auf DELTA bei der DSL BANK in Luxemburg überwiesen zu werden, wonach sie dann aus besagtem Konto wieder, zusammengelegt mit anderen Guthaben, in Richtung eines bei der BANK VON ERNST AG in Zürich eröffneten Kontos der DELTA abflos-

sen, um dann mit Hilfe von Bargeldgeschäften (Bezüge und Überweisungen) auf ein, bei der BANK VON ERNST AG in Zürich eröffnetes Konto Nr 329045 der FORMAZIONE STIFTUNG VADUZ (WB Dieter HOLZER) deponiert zu werden, bevor sie dann – mit einer Überweisung von DEM 11000000.–, Valuta 22. 07. 98 zusammengelegt – Richtung DELTA / ehemaliger SBV in Sankt Gallen weitergeleitet wurden und zuletzt dann Richtung anderer, nachstehend unter Punkt 8 beschriebener Ziele, zu gelangen.

11. Es ist erwähnenswert anzuführen, dass Herr Dieter HOLZER in seinen Aussagen vom 5. Mai 1999, als er sich hinsichtlich seiner Finanzkontakte mit Herrn Ludwig Holger PFAHLS, im Rahmen des LEUNA-MINOL-Geschäftes, ausdrückte, erklärt hat: «... Es handelt sich um eine Person die ich gut kenne, ehemaliger Staatssekretär beim deutschen Verteidigungsministerium. Er hat keine Rolle gespielt, außer einen Termin beim Bundeskanzleramt zu organisieren. Für diesen Dienst habe ich ihm selbst DEM 5.000.– bezahlt, laut Rechtsanwaltshonorar ...»

12. Immer mit Hilfe einer Belastung des Kontos DELTA / DSL BANK in Luxemburg, sind von den FRF 152000000.– über das bei der METROPOLITAN BANK ASSOCIATES in Luxemburg eröffnete Konto des Herrn Bernard EWEN, Valuta 28. 05. 93, FRF 1499332.25, und Valuta 10. 06. 93 FRF 439597.27 auf das bei der BANQUE EHINGER in Basel eröffnete Konto der FONDATION URCOQ (WB Hubert LE BLANC BELLEVAUX), Angeklagter im schweizerischen Verfahren), überwiesen worden.

13. Immer mit Hilfe einer Belastung des Kontos DELTA / DSL BANK in Luxemburg, sind auf das bei der BANQUE NATIONALE DE PARIS (LUXEMBURG) SA in Luxemburg eröffnete Konto Nr 112993 der VENCOR PROPERTIES (WB Ludwig Holger PFAHLS; dann, ab 25. 06. 96, Dieter HOLZER) teilweise aus den betroffenen Geldern[n] stammend und über die, bei der METROPOLITAN BANK ASSOCIATES in Luxemburg eröffnete Kontoverbindung des Herrn Bernard EWEN, bedeutende Guthaben in Höhe

von respektive FRF 5 913 081.96, Valuta 26. 05. 93 und FRF 2 514 292.34, Valuta 03. 11. 93, überwiesen worden.

14. Immer aus DELTA / DSL BANK in Luxemburg stammend, sind von den betroffenen Geldern, über das bei der METROPOLITAN BANK ASSOCIATES in Luxemburg eröffnete Konto des Herrn Bernard EWEN, Valuta 14. 04. 93, FRF 2 909 179.– und Valuta 19. 04. 93 FRF 2 151 000.– auf das bei der METROPOLITAN BANK ASSOCIATES in Luxemburg eröffnete Konto Nr 2790 der RIVA TRADER SA (WB Dieter HOLZER) überwiesen worden, bevor sie über DELTA / ehemaliger SBV in Sankt Gallen, in einer Gesamthöhe von FRF 4 200 000.– Richtung BICGM in Monaco auf das Konto des Herrn Dieter HOLZER weitergeleitet wurden und in Höhe von FRF 2 670 000.– an die Anschrift des Herrn Niklaus HOLZER, wobei die Bestimmungsbank nicht identifiziert worden ist.

15. Von demselben, unter Punkt 13 betrachteten, bei der BNP Luxemburg eröffneten Konto der VENCOR PROPERTIES INC (WB Ludwig Holger PFAHLS), sind bedeutende Beträge in bar abgehoben und auch bedeutende Rückzahlungen getätigt worden und zwar in Höhe von FRF 4 800 000.–, Valuta 28. 04. 94, bevor sie dann mit Bestimmung namentlich des CREDIT AGRICOLE in Metz / F bei der Anwaltskanzlei SCHAEFER, WAGNER BITCHE und der CAISSE DE DÉPÔT ET DE CONSIGNATION in Paris, mit Vermerk «Appartement PEYRAT PARIS», respektive in Höhe von FRF 350 000.–, Valuta 10. 05. 94 und FRF 481 500.– und FRF 360 000.–, Valuta 09. 06. 94, weitergeleitet worden sind.

16. Herr Ludwig Holger PFAHLS hat seinerseits auch eine Kontoverbindung VENCOR PROPERTIES INC Nr 052 796 bei der BANQUE PARIBAS (LUXEMBURG) SA in Luxemburg unterhalten, auf welche mehrere Millionen DEM gutgeschrieben worden sind, und zwar über ähnliche Wege wie obig beschrieben.

Und zwar sind dem Konto VENCOR PROPERTIES INC (WB Ludwig Holger PFAHLS), vor allem aus der unter Punkt 19 erwähnten ALPERTON TRADING INC stammend, über die bei der BIL in Luxemburg und der METROPOLITAN BANK ASSO-CIATES in Luxemburg eröffnete[n] Konten des Herrn Bernard EWEN, respektive Nr 0–100/8701 und Nr 2635, DEM 2 485 020, Valuta 28. 12. 91, DEM 1 792 503.–, Valuta 21. 01. 93 und DEM 2 999 929.53, Valuta 08. 05. 92, wobei die ursprüngliche Herkunft letzteren Betrages nicht identifiziert worden ist, gutgeschrieben worden, Beträge welche dann zwischen 1993 und 1996 Gegenstand von Bezüge[n] in bar von mehr als DEM 2 000 000.– getätigt wurden, bevor sie dann in Höhe von mehreren Millionen DEM, Richtung DELTA/DSL BANK in Luxemburg abflossen.

17. Immer mit Hilfe von Belastungen der DELTA/DSL BANK in Luxemburg, sind von den betroffenen Geldflüssen und dies nach Devisengeschäften, bedeutende Guthaben Richtung deutsche Konten überwiesen worden, vor allem bei der COMMERZBANK in Frankfurt, zugunsten der Herrn Wilhelm PRAHST (DEM 293 500.–, Valuta 29. 03. 98, DEM 445 550.–, Valuta 04. 03. 93); bei der RAIFFEISENBANK in München, zugunsten des Notars Oswald BRAUNS, Konto Nr 54 674 (DEM 700 000.–, Valuta 17. 08. 93); zugunsten der BANQUE PICTET & CIE SA in Genf, im Auftrag von REZLOH RETEID FOUNDATION, FRF 6 800 000.–. Valuta 15. 06. 93; bei der BHFB in Frankfurt (DEM 950 000.–, Valuta 09. 08. 93), mit Vermerk REZLOH RETEID FOUNDATION (Anagramm von Dieter HOLZER). Herr Dieter HOLZER erklärt in seinen Aussagen in der Schweiz, er kenne diese letzte Bezeichnung nicht, obwohl er festgestellt hatte, dass es sich um das Anagramm seines eigenen Namens handelte.

18. Das Konto DELTA/DSL BANK in Luxemburg ist im August 1996 mittels zwei Überweisungen von DEM 8 490 068.75 und USD 1 294 279.93 saldiert worden, wobei diese dem, bei der BANK VON ERNST & CIE AG in Zürich eröffneten Konto DELTA Nr 321 225, gutgeschrieben worden sind und dann mit Hilfe von Bargeschäften bei der gleichen Bank auf das Konto FORMAZIONE STIFTUNG VADUZ (WB Dieter HOLZER) einbezahlt, bevor sie dann in Höhe von DEM 11 000 000.–, Valuta 22. 07. 97 auf das

Konto DELTA/ehemaliger SBV in Sankt Gallen überwiesen wurde, später dann, nach einigen bescheidenen Überweisungen zugunsten von GRADMANN & HOLLER GmbH bei der DRESDNER BANK in Frankfurt/D, wurden bedeutendere Überweisungen zugunsten von Herrn Dieter HOLZER bei der RAIFFEISENBANK KLAUS/Österreich (DEM 500000.–, Valuta 25. 07. 97) und der DRESDNER BANK in Saarbrücken/D (namentlich DEM 300000.–, Valuta 31. 07. 97), Gegenstand einer Abhebung in Höhe von DEM 5000000.– (fünf Millionen), Valuta 12. 08. 97, getätigt.

19. Das Konto DELTA/DSL BANK in Luxemburg ist ebenfalls, Order der SG WARBURG SODITIC AG in Zürich, Konto ALPERTON TRADING INC (mögliche WB METALLGESELLSCHAFT GENÈVE) mit Hilfe von bedeutenden Gutschriften in FRF aufgefüllt worden, welche während der betroffenen Zeitspanne getätigt worden sind, d. h. FRF 6111600.–, Valuta 16. 12. 92, FRF 2888400.–, Valuta 16. 12. 92, FRF 6111600.–, Valuta 31. 12. 92, FRF 2755000.–, Valuta 08. 01. 93, wobei all diese Beträge, nach Devisengeschäften, FRF in DEM, nachdem sie über das bei der METROPOLITAN BANK ASSOCIATES in Luxemburg eröffnete Gesamtkonto Nr 2635 des Herrn Bernard EWEN gelaufen sind, Richtung der einerseits bei der BANQUE NATIONALE DE PARIBAS in Luxemburg und andererseits bei der BANQUE PARIBAS (LUXEMBOURG) SA in Luxemburg eröffneten Konten der VENCOR PROPERTIES INC (WB Ludwig Holger PFAHLS) überwiesen worden sind, bevor sie dann, nachdem sie teilweise durch bedeutende Bargeldabzüge in bar vermindert worden waren, weiter Richtung DELTA/DSL BANK in Luxemburg flossen.

20. Es bleibt noch zu erwähnen, dass nach Devisengeschäften das Konto DELTA/ehemaliger SBV in Sankt Gallen mit Hilfe von zwei Überweisungen von USD 11250000.–, Valuta 08. 10. 97 und USD 11286693.–, Valuta 10. 11. 97 Richtung ABN AMRO BANK in Beyrouth, Konto Nr 4.1689 dessen wahrscheinlicher Inhaber Herr Ibrahim SAHYOUN, Verwandter der Frau S. HOLZER, Geborene SAHYOUN, Ehefrau des Herrn Dieter HOLZERS, saldiert wurde.

21. Aus all dem, was vorausgeht, ist ersichtlich, dass die zugunsten des Herrn Dieter HOLZER gutgeschriebenen Beträge zu einem bedeutenden Teil – ohne ersichtliche, rechtmäßige Begründung und unter weitgehend verdächtigen Umständen, die Abklärungen benötigen – an Herrn Ludwig Holger PFAHLS, bis Februar 1992 Staatssekretär beim deutschen Verteidigungsministerium, ehemaliger Leiter des Abwehrdienstes vor diesem Datum, so wie an natürliche oder juristische Drittpersonen zurückerstattet worden sind.

22. Zuletzt erlaubt die noch laufende Untersuchung des Kontos DELTA/ehemaliger SBV in Sankt Gallen festzustellen, dass dieses – zusammen mit dem größten Teil der LEUNA-Guthaben – von 1987 bis 1997 Bruttogeldbewegungen von mehr als USD 60 000 000.– (sechzig Millionen), mehr als DEM 100 000 000.– (hundert Millionen), und von 1992 bis 1997 in etwa FRF 30 000 000.– (dreißig Millionen) aufgewiesen hat, was ungefähr CHF 200 000 000.– (zweihundert Millionen) darstellt. Es ist aber angebracht hervorzuheben, dass es sich bei Dutzenden von Millionen von CHF um zwischenkontliche Geldbewegungen zwischen Konten handelt.

23. Das schweizerische Verfahren hat noch ergeben, dass Auftrags der ELF AQUITAINE INTERNATIONAL SA GENF, Frau Agnes HÜRLAND-BÜNING, wohnhaft in Bierbooomskamp 32, in 4270 DORSTEN/D, ehemalige deutsche Staatssekretärin, ebenso Beträge im Zusammenhang mit dem sogenannten LEUNA-MINOL-Geschäft bezogen hat. Das Gleiche gilt für Herrn Dr. Hans FRIDERICHS, ehemaliger Wirtschaftsminister, wohnhaft – Irrtum vorbehalten – Leininger Hof, Kappelhofgasse 2, in 6500 MAINZ 1/D, und für Herrn Ulrich SCHMIDT, wohnhaft in 4159 Krefeld Verberg/D so wie für Herrn VOLKMACH, deutscher Wohnort unbekannt. Die Firma W + ST WIRTSCHAFTS- UND STEUERBERATUNGS GmbH (Herr KLEBER), in 6638 DILLINGEN/D hat auch Gelder erhalten. Diese natürlichen und juristischen Personen haben die nachstehend unter dem Kodenamen «Ostdeutsches Observatorium» erwähnten Beträge erhalten. Andere Personen französischer Staatsangehörigkeit haben eben-

falls unter diesem gleichen Kodenamen bedeutende Guthaben erhalten.

Im gegenwärtigen Stand der Ermittlungen geht hervor, dass Frau HÜRLAND-BÜNING insgesamt einen Betrag von DEM 572500.–, Valuta 21. 12. 92 und 05. 03. 93 erhalten hat, und Dr. Ulrich SCHMIDT DEM 486130.68, für die Jahre 1992/93, Dr. H. FRIDERICHS DEM 1089437.50, für die Jahre 1992/93, Herr VOLKMACH DEM 100000.–, Valuta Dezember 1992 und die Firma W + ST WIRTSCHAFTS- UND STEUERBERATUNGS GmbH DEM 150000.– Valuta 27. 04. 93. Diese Personen müssten in der Lage sein, wichtige Informationen über einerseits das LEUNA-MINOL-Geschäft zu geben und andrerseits über ihre unmittelbare persönliche Beteiligung.

III. Gründe, welche die spontane Übermittlung von Auskünften an die deutschen Behörden rechtfertigen

Die finanziellen Ermittlungen, die in der Schweiz vorgenommen worden sind, haben eindeutig die internationalen Verzweigungen des schweizerisch LEUNA-MINOL-Verfahrens offenbart, vor allem in Deutschland hauptsächlich wegen der deutschen Empfänger eines bedeutenden Teiles der betroffenen Geldflüsse im Rahmen des besagten Verfahrens, aber auch jener – verschiedenen – welche über die Konten DELTA bei dem ehemaligen SBV in Sankt Gallen, gelaufen sind.

1) Rechtsstellung der Empfänger der betroffenen Gelder

Es geht hervor, dass sich unter den Empfängern der Gelder ehemalige, öffentliche Ämter bekleidende Persönlichkeiten befinden, unter diesen namentlich Herr Ludwig Holger PFAHLS, ehemaliger Leiter des deutschen Abwehrdienstes, Staatssekretär des Verteidigungsministeriums bis Februar 1992, d. h. zum Zeitpunkt der Verhandlungen, des Abschlusses oder/und der Ausführung der LEUNA-MINOL-Verträge. Die Gelder, die über die Konten, von welchen Herr Ludwig Holger PFAHLS der wirtschaftlich Berechtigte ist – d. h. mehrere Millionen DEM – stammen nicht nur vom unmittelbar, im schweizerischen LEUNA MINOL betroffenen Geldfluss, sondern auch von verschiedenen Geldflüssen zweifelhafter Herkunft, weil diese vor allem zu einem Zeitpunkt, zu welchem, nach größter Wahrscheinlichkeit, Herr Ludwig Holger PFAHLS sein öffentliches Amt innehatte, auf Konten gutgeschrieben worden sind. Es ist angebracht daran zu erinnern, dass wenn man den Erklärungen des Herrn Dieter HOLZER folgt, bloß DEM 5.000.– an Herrn PFAHLS bezahlt worden wären, «… weil er einen Termin beim Bundeskanzleramt organisiert hatte laut einer von Herrn Ludwig Holger PFAHLS vorgelegten Rechnung für Anwaltshonorare.»

Laut nicht formell abgeklärter Informationen soll Herr Dieter HOLZER, anderer Zwischen- und Endempfänger der betroffenen Gelder, Funktionen im Rahmen des deutschen Abwehrdienstes innehaben, oder hätte solche innegehabt, was erlaubt, ihn mit einem (ehemaligen) öffentlichen Amtsträger gleichzustellen. Das Gleiche gilt für Herrn Pierre LETHIER, anderer Empfänger der Gelder, dessen für den französischen Geheimdienst ausgeübte Funktionen bekannt sind.

Frau Agnes HÜRLAND-BÜNING hatte – Irrtum vorbehalten – zum Zeitpunkt der Bezüge von Beträgen, die sie selbst erhalten hat, öffentliche Funktionen als deutsche Staatssekretärin inne.

Herr Hans FRIDERICHS soll auch in Deutschland öffentlich Funktionen innegehabt haben – Irrtum vorbehalten – als Wirtschaftsminister, zu einem nicht bekannten Zeitpunkt.

Was die anderen deutschen Empfänger der betroffenen Gelder und der von ELF AQUITAINE INTERNATIONAL GENÈVE stammenden Zahlungen betrifft, vor allem Herrn Wilhelm PRAHST, die Herren Ulrich SCHMIDT, VOLKMACH sowie andere natürliche und juristische Personen, sollten diese befragt werden, um die Ursache der Herkunft der, im obig beschriebenen, zweifelhaften Zusammenhang bezogenen Gelder klären zu können.

Die Guthaben der Konten des Herrn Dieter HOLZER in Deutschland, Empfänger der betroffenen Gelder, müssen bis zu ihrer tatsächlichen endgültigen Bestimmung sorgfältig untersucht werden, denn es ist wahr, dass sie Beträge an Drittpersonen ausgezahlt hätten, die mit LEUNA MINOL nichts zu tun hatten, jedoch mit Hilfe von Barbezügen deren Gegenwert als Zahlung für Bestechung hätten benutzen können.

<u>2) Andere Indizien der kriminellen Herkunft der Gelder</u>

Die ELF-AQUITAINE-Gruppe hat formell in Genf Strafanzeige eingereicht, wobei sie Machenschaften, die in den Zuständigkeitsbereich des Betruges, der unredlichen Verwaltung öffentlicher Interessen, der Urkundenfälschung oder/und der Geldwäscherei des Ertrages von Straftaten fallen könnten, angeführt hat – zum Zeitpunkt des Tatbestandes war die Gruppe eine Gesellschaft mit öffentlicher Kapitalbeteiligung.

Die betroffenen Tatbestände sind ebenso Gegenstand eines tief greifenden Strafverfahrens in Frankreich. Herr Dieter HOLZER ist Gegenstand eines internationalen französischen Haftbefehls. Mehrere Personen sind Gegenstand einer Strafuntersuchung, unter ihnen Herr Loïk LE FLOCH-PRIGENT, ehemaliger Vorsitzender des Vorstandes der Gruppe, Herr André TARALLO, Herr Alain GUILLON, Herr Hubert LE BLANC BELLEVAUX, wegen Veruntreuung von Gesellschaftsvermögen, Mittäterschaft und Hehlerei.

Die ursprüngliche Straftat, welche die durch das schweizerische Verfahren strafrechtlich angezeigten LEUNA-MINOL-Beträge untermauert, wurde mittels Urkunden, die als Fälschung und Benutzung von Fälschungen eingestuft werden können, ausgeführt, vor allem mit einem vordatierten Vertrag, einer nachgemachten Investitionsfaktibilitätsstudie, falschen Buchungsbelegen, nachgemachten Zinsabrechnungen, verschiedenen Schreiben mit der Zielsetzung, falsche Ereignisse glaubhaft zu machen. In der Schweiz hat sie zu Anklagen geführt und ist Gegenstand zahlreicher internationalen Rechtshilfeersuchen gewesen, namentlich in Luxemburg, mit welchen die beigelegte Tabelle der Geldflüsse erstellt werden konnte.

Die abgeleitete Straftat, d. h. die Geldwäscherei, fügt sich in Geldflüsse deren Charakter höchst verdächtig ist, hinein.

So stellt das Gebilde von Offshorefirmen und Konten, welche sowohl durch Herrn Dieter HOLZER als auch durch Herrn Ludwig Holger PFAHLS benutzt worden sind, der entschlossene Wille, den Lauf der Gelder durch Devisen- und Kassageschäfte zu unterbrechen, die Vielfalt der internationalen Überweisungen von und zugunsten der gleichen Offshorefirmen, die Benutzung von Treuhanddarlehen um Barmittel, die in Wirklichkeit selbst durch die Begünstigten der Kredite garantiert oder durch Vorschüsse ausbezahlt waren, verfügbar zu machen, die wiederholte Benutzung von Treuhandfirmen mit Übergangskonten, namentlich luxemburgische, die zur Verfügungstellung von Geldern als Vorschüsse über schweizerische Finanzmittelsmänner von Beträgen, wobei diese selber durch besagte, im Verfahren betroffene Geldflüsse garantiert waren, die Benutzung von Strohmännern, einzeln oder gesamt stellen ebenso viele Indizien der Geldwäscherei dar und prägen auf diese Art und Weise den vermutlichen kriminellen Charakter der untersuchten Gelder.

Die unsinnige wirtschaftliche Struktur der benutzten Geschäftsbeziehungen, oft in derselben Bank (große Anzahl von Konten bei einem gleichen Institut, häufige Überweisungen zwischen verschiedenen Konten, wiederholte Kassageschäfte, übermäßige flüssige Mittel), begründen auch einen konkreten Verdacht der Geldwäscherei, welcher sogar eine rein steuerrechtliche Beweisführung nicht rechtfertigen könnte.

Das Gleiche gilt für die wirtschaftliche Irrationalität gewisser Geschäfte bestellt. So lässt sich Herr Dieter HOLZER über seine Kontobeziehungen bedeutende Guthaben vorschießen, d. h. mehrere Millionen DEM und FRF, dessen Ertrag er ganz oder teilweise an, noch nicht formell identifizierte, Drittpersonen überweist, die übrigens mit dem LEUNA-MINOL-Geschäft eine Beziehung haben könnten, darunter auch Herr Ludwig Holger PFAHLS, Vorschüsse, die er zu einem späteren Zeitpunkt mit Hilfe der LEUNA-Guthaben, die er zuvor über die Konten des Herrn Ludwig Holger PFAHLS hat laufen lassen, zurückbezahlt oder/und mit Hilfe von LEUNA-Guthaben, die er schon unmittelbar beherrschte zum Zeitpunkt, als ihm die Vorschüsse gewährt worden sind.

Durch dieses Verfahren scheint Herr Dieter HOLZER versucht zu haben sich in eine Lage zu versetzen, in der er zu jeder Zeit beweisen konnte, dass, prima facie, er immer innerhalb seines persönlichen Kreises die tatsächliche Kontrolle der LEUNA-Gelder behalten hat. Diesen Tatbestand anzunehmen lässt zugleich die These zu, die Herr Dieter HOLZER entwickelt hat, wonach die LEUNA-Gelder kein Gegenstand einer Verteilung an Drittpersonen darstellten und demzufolge nicht zu Bestechung benutzt werden konnten. Die Tatsache, dass in den meisten Fällen die Drittpersonen – andere als seine Verwandten – Empfänger der LEUNA-MINOL-Guthaben erst dann ausgezahlt worden sind, als die Gelder gewaschen worden waren, rührt aus der gleichen Absicht, d. h. den Eindruck zu vermitteln, dass die LEUNA-MINOL-Gelder in seinem eigenen Bereich geblieben sind. So hat denn Herr Dieter HOLZER ein kompliziertes Konto-zu-Konto-Überweisungssystem eingerichtet, um die gutgeschriebenen Geldflüsse künstlich anschwellen zu lassen, namentlich auf den DELTA-Konten/ehemaliger SBV in Sankt Gallen und DELTA/DSL BANK in Luxemburg, um auf diese Art und Weise den Eindruck – der heute widerlegt ist – einer dauerhaften Kontrolle der LEUNA-Guthaben in seinem eigenen Bereiche zu geben.

Andrerseits fallen die sich auf dem Konto der DELTA/ehemaliger SBV in Sankt Gallen befindenden Guthaben – zusammen mit denen, die durch das LEUNA-MINOL-Geschäft erzeugt worden sind – auch in den Bereich der Geldwäscherei, insofern sie über so verborgene wie auch verschlungene Geldflüsse als die obig beschriebenen geflossen sind.

So sind die sowohl in der Schweiz als auch im Ausland im Verfahren betroffene Konten der DELTA benutzt worden, um kriminelle Erträge zu verteilen, welche die Eröffnung einer Strafuntersuchung in Deutschland begründen sollten.

In diesem Rahmen werden die schweizerischen Ermittlungen fortgesetzt.

IV. Schlussfolgerungen

Wie schon obig erwähnt, wird diese Übermittlung von Informationen in Anwendung des Art. 10 des Abkommens über Geldwäscherei, Aufspürung, Beschlagnahme und Einziehung von Erträgen aus Verbrechen (Übereinkommen Nr 141 des Europarates), welches durch Deutschland und die Schweiz ratifiziert worden ist, ausgeführt.

Diese Bestimmung verfügt, dass eine Partei befugt ist, im Interesse einer spontanen Zusammenarbeit, einer anderen Partei, ohne ihre eigenen Ermittlungen oder Verfahren zu schädigen, auch ohne vorherigen Antrag, Informationen über Instrumente und Erträge, so wie sie im Art. 1 des Abkommens festgehalten worden sind, zu übermitteln, wenn sie der Meinung ist, dass die Mitteilung besagter Informationen dem adressierten Staat helfen könnte, Ermittlungen oder Verfahren einzuleiten oder auszuführen, oder wenn solche Informationen zu einem Rechtshilfeersuchen durch diese Partei führen könnten.

Art. 67a des Bundesgesetzes über internationale Rechtshilfe in Strafsachen lässt sich unmittelbar durch Art. 10 des Übereinkommens Nr 141 anregen. Er unterscheidet aber die Übermittlung von Informationen von der Übermittlung von Beweismitteln, welche den Geheimbereich berühren, und befugen die Erste, mit der Bedingung, dass diese in der Lage sei, eine Eingabe eines Rechtshilfeersuchen an die Schweiz zu ermöglichen, Unterscheidung die das Übereinkommen Nr 141 nicht macht.

So kann diese Übermittlung von Informationen, soweit sie es bewerkstelligen kann, in Deutschland Ermittlungen einzuleiten oder auszuführen, verursachen, dass ein Rechtshilfeersuchen an die Schweiz gerichtet wird, dessen Zielsetzung die formelle Übergabe der Beweismittel ist, gegebenenfalls die Übermittlung in Deutschland der schweizerischen Strafakte, oder mehr begrenzend die Gesamtheit der unmittelbar nützlichen Unterlagen, zu übermitteln.

Das Schema der unter Punkt II betrachteten Geldflüsse ist ein Bestandteil dieser Übermittlung von Informationen und hat als Zielsetzung, die Lesbarkeit der obig beschriebenen Tatbestände zu verbessern. Sie enthält nicht den Lauf und die Bestimmung der durch Herrn Pierre LETHIER bezogenen Flüsse, zumal dieser Aspekt hauptsächlich die französischen Behörden betrifft.

Gemäß der schweizerischen, anwendbaren Bestimmungen wird eine Abschrift dieses Schreibens sowie dessen Beilagen an das Bundesamt für Justiz in Bern gerichtet.

In Anwendung des Zusatzabkommens zwischen der Schweizerischen Eidgenossenschaft und der Deutschen Bundesrepublik, um das Europäische Übereinkommen über die Rechtshilfe in Strafsachen vom 20. April 1959 zu vervollständigen, übermittle ich Ihnen dieses Schreiben über den direkten Weg, d. h. durch Vermittlung der Justizbehörde von AUGSBURG die, gegebenenfalls, es an die Berechtigten weiterleiten wird.

Ich bleibe für eventuelle Ergänzungen zu Ihrer Verfügung.

Ich verbleibe, sehr verehrte Damen, sehr geehrte Herren Staatsanwältinnen/Staatsanwälte, mit hochachtungsvollen Grüßen

Der Untersuchungsrichter

(L. S. & unleserliche Unterschrift)

P. PERRAUDIN

«Sehr geehrter Herr Bundeskanzler, lieber Helmut Kohl»

Wie Politiker, Unternehmer und ihre Vermittler das
Leuna-Geschäft vorantrieben – Ausgewählte Dokumente

«Für Deutschland auf lange Sicht vorteilhaft»
Loïk Le Floch-Prigent an Helmut Kohl (20. Mai 1992)

société nationale
elf aquitaine

Paris, le 20 mai 1992

92.109

Monsieur le Chancelier KOHL

Monsieur le Chancelier,

Permettez-moi de revenir sur ma lettre du 21 avril concernant le projet LEUNA-MINOL. Compte-tenu des développements récents, il m'a semblé utile de vous en soumettre l'état à jour.

Ce projet se veut, par son enjeu, exemplaire de la coopération franco-allemande. Il comprend, comme prévu, la construction d'une nouvelle raffinerie à LEUNA et donne la chance d'un redémarrage de la Chimie ; il assure le maintien en production durant la phase de construction des sites actuels de raffinage et leur reconversion, la création d'un réseau de pipes de brut rénovés avec un approvisionnement de sécurité, si possible à partir de ROSTOCK, ainsi que la restauration de ce qui reste dans MINOL de stockage et de distribution. Il implique, enfin, de la part des Autorités le rejet de tout pipe de produits sous peine de le rendre non viable.

Il est maintenant possible de mieux préciser les emplois qu'il générera : sur la base des critères assez stricts de l'Administration du Land seront créés 2 550 emplois rattachés à la nouvelle raffinerie ; à ce chiffre il convient d'ajouter ceux en relation directe avec cette activité, environ 1 500, et ceux suscités par l'approvisionnement, le transport ou le secteur distribution autre que les stations, ce qui portera ce total à près de 5 000. En prenant en compte les emplois liés aux stations services, aux pipes et aux dépôts, c'est un total d'environ 10 000 emplois créés qui sera atteint. Il convient de l'augmenter des 3000 emplois que nécessitera la construction de la nouvelle raffinerie sur une période de trois ans, cette construction étant réalisée par un consortium d'ingéniérie à dominante allemande, avec 69 % partagés entre THYSSEN et LURGI.

A ce stade des travaux préparatoires, je souhaite, comme Président d'ELF AQUITAINE et leader du Consortium auquel THYSSEN est partie, vous renouveler notre volonté de faire aboutir ce projet, qui selon les derniers calculs porte sur 6,9 milliards de DM et réclame donc un engagement très important pour ma Compagnie.

202

C'est pourquoi, il nous a paru normal que cette réalisation exceptionnelle puisse bénéficier du régime général des aides, tel qu'il était fixé pour les Nouveaux Länder à la date de la signature du Protocole du 15 janvier 1992, soit l'équivalent de 35 % de l'investissement global. Notre projet ne faisait ainsi que se trouver placé à égalité avec d'autres comme celui de SCHWEDT, bien qu'à sa différence, grâce à la construction d'une nouvelle raffinerie, il en résulte des avantages directs plus larges, au delà même des emplois suscités, et sur le long terme, pour l'Allemagne.

Devant certaines difficultés actuellement rencontrées pour assurer l'attribution de ces aides, je me permets de solliciter votre appui.

Croyez que je suis décidé avec THYSSEN à mener à bien ce très important dossier, et à contribuer à l'élargir à la Chimie, en particulier à la filière methanol, urée-formol et amides.

Veuillez agréer, Monsieur le Chancelier, l'assurance confiante de ma très haute considération.

Loïk LE FLOCH-PRIGENT

Sehr geehrter Herr Bundeskanzler,

erlauben Sie mir, auf meinen Brief vom 21. April 1992 zurückzukommen betreffend das Projekt Leuna-Minol. Im Hinblick auf die letzten Entwicklungen scheint es mir nützlich, Ihnen diese mitzuteilen.

Das Projekt ist durch seinen Umfang beispielhaft für die deutsch-französische Kooperation. Es umfasst, wie vorgesehen, die Errichtung einer neuen Raffinerieanlage in Leuna und ermöglicht einen neuen Ansatz für den Chemiebereich. Das Projekt sichert die Fortführung der Produktion der gegenwärtigen Raffinerieanlagen während der Bauphase der neuen Raffinerie, ihre Umstellung und die Errichtung eines erneuerten Pipeline-Netzes mit einer Absicherungsversorgung, wenn möglich ab Rostock, sowie die Erneuerung der verbleibenden Minollagerung und -vertrieb. Es setzt allerdings die Ablehnung jeder Produktenpipeline seitens der Behörden voraus, wenn das Projekt als solches nicht gefährdet werden soll.

Es ist nun möglich, genauere Angaben über die zu schaffenden Arbeitsplätze zu machen. Auf der Basis der relativ strengen Regelungen des Landes Sachsen-Anhalt werden 2550 Arbeitsplätze im Bereich der neuen Raffinerie geschaffen. Man muss diejenigen hinzuzählen, die im direkten Zusammenhang mit dieser Aktivität stehen, d. h. weitere 1500, sowie jene, die durch die Versorgungsaktivitäten, den Transport und die Distributionsaktivitäten (andere als Tankstellen) hinzukommen, was auf eine Gesamtziffer von 5000 Arbeitsplätzen hinausläuft. Wenn man dazu die Arbeitsplätze auf den Tankstellen, den Pipelines und den Lagern hinzunimmt, ergibt sich eine Gesamtzahl von ungefähr 10 000 Arbeitsplätzen. Darüber hinaus muss man die 3000 Arbeitsplätze für den Bau der neuen Raffinerie über einen Zeitraum von drei Jahren hinzurechnen. Dieser Bau wird von einem Ingenieurskonsortium durchgeführt mit einer Beteiligung von 69 Prozent zwischen Thyssen und Lurgi.

In diesem Stadium der Vorbereitungen möchte ich als Präsident von Elf Aquitaine und als Leader des Konsortiums, an dem Thyssen beteiligt ist, Ihnen erneut den Beweis unserer Absicht erbringen, dieses Projekt zu Ende zu führen, welches sich, letzten Berechnungen nach, auf DM 6,9 Milliarden beläuft und das danach ein sehr starkes Engagement meiner

Gruppe verlangt. Deshalb schien es uns normal, dass, zur Zeit der Proto-kollzeichnung vom 15. Januar 1992, die allgemeinen Hilferegelungen, wie sie für die neuen Länder aufgestellt waren, auf die außergewöhnliche Durchführung dieses Projektes Anwendung finden, was 35 Prozent der Gesamtinvestitionen bedeutet. Unser Projekt würde in diesem Fall gleich behandelt wie andere auch, z. B. Schwedt, trotz seiner Andersartigkeit, und ist auf lange Sicht dank des Baus der neuen Raffinerie, die erweiterte direkte Vorteile mit sich bringt, und über zu schaffende Arbeitsplätze hinaus für Deutschland auf lange Sicht vorteilhaft.

Ich erlaube mir deshalb, Sie um Ihre Unterstützung zu bitten im Hinblick auf gewisse Schwierigkeiten, auf die wir bei der Erlangung der nötigen Investitionshilfen gestoßen sind. Seien Sie versichert, dass ich zusammen mit Thyssen den guten Abschluss dieses Projektes und seine Erweiterung auf den Chemiebereich, insbesondere von Methanol, Uree-formol und Amides vorantreibe.

Mit vorzüglicher Hochachtung,

AGNES HÜRLAND-BÜNING
Parl. Staatssekretär a.D.

Hierboomskamp 37
4270 Dorsten
Telefon 02362/51268
Telefax 02362/699037

T. 18.6.92
10⁰⁰

Herrn
Friedrich Bohl MdB
Kanzleramtsminister

Über FAX 0228 56 2048

1. Juni 92

11.06.92

Sehr geehrter Herr Minister,

die Firma Société national elf aquitaine und die Firma Thyssen
haben eine Firma TED gegründet, die in der Region Leuna eine
Raffinerie u. a. errichten will. Das Investitionsvolumen beträgt
nach heutigem Stand ca. 7 Milliarden DM.

Wir haben inzwischen verschiedene Gespräche geführt, u. a. mit
Herrn Ministerpräsidenten Professor Münch und dem
Bundestagsabgeordneten J. Borchert, die beide der Meinung sind,
daß Ihnen persönlich die Angelegenheit vorgetragen werden sollte.
Falls es Ihnen möglich ist, ein solches Gespräch zu führen, für
das ich außerordentlich dankbar wäre, würden von seiten der
Franzosen Herr Hubert Le Blank Bellevaux und von seiten Thyssen
Herr Herbert Brenke, Vorstand Thyssen Handelsunion AG und Sprecher
der Geschäftsleitung Thyssen Rheinstahl Technik GmbH teilnehmen.

Für weitere Nachfragen stehe ich selbstverständlich zur Verfügung.

Ihre
Agnes Hürland Büning

«Die Bedingungen, die ich Herrn Le Blanc genannt habe»
Dieter Holzer an Pierre Lethier (2. Juli 1992)

Dieter Holzer
  KONSUL z. D.

Delta International Establishment
1. Ave. Dumant Henry
Palais de la Scala
MC 98000 Monaco
Tel. 00033/93/301 425
Telex 042/479335
Fax 00033/93.15.09.01
Monaco le 2 juillet 1992

Confidentiel

A l'attention de Monsieur Lethier

Btr: Elf Aquitaine

Sehr geehrter Herr Lethier,

ich komme nochmals auf unser langes Telefonat von heute morgen zurück.
Ich bin fest davon überzeugt, daß die Subventionen in Höhe von
2 Milliarden DM zu erreichen sind, wenn die Bedingungen, die ich Herrn
Le Blanc genannt habe, erfüllt werden:

1. Elf Aquitaine verbindet den Kauf von Minol und Methanol mit der
   neuen Investition und unterschreibt den Vertrag des Kaufes von Minol
   und Methanol unter Voraussetzung, daß wie bereits in den vorhergehenden
   Verträgen festgelegt für die neue Investition ein Zuschuß und eine
   Zulage in Höhe von 35 % der Investitionssumme gezahlt werden.

   Wenn Elf Aquitaine außerstande ist, dies in den Vertrag mit der Treuhand hinein zu schreiben, so sehe ich wenig Hoffnung, daß die
   Subvention zu erreichen ist.

Die Gründe hierfür sind:

Die Treuhand muß den Vertrag den Aufsichtsgremien der Treuhand vorlegen.
Es handelt sich dann um eine politische Entscheidung, ob man das Projekt
Leuna will oder nicht. In Bonn ist man von diesem Projekt überzeugt und
will es.

Die Gefahr, daß ein anderer Unternehmer in das Projekt einsteigt ist gegeben. Diese Gefahr sehe ich auch. Sie ist jedoch nicht relevant, da die
Behörden in Bonn wissen, daß andere Unternehmer auch nur mit Wasser
kochen und die gleichen Forderungen wie Elf Aquitaine stellen werden.

Aus diesem Grunde möchte die Behörde das Projekt Elf auf jeden Fall.

Delta International Establishment
1, Ave. Dunant Henry
Palais de la Scala
MC-9XXX) Monaco
Tel. 0033/93/301 423
Telex 042/479335
Fax 0033/XXXXXXXX 93.15.09.01

Monaco le 2 juillet 1992

Sollte Herr Le Blanc sich nicht bereit erklären, in den Vertrag zwischen Elf und Treuhand eine Conditio sine qua non für den Kauf von Minol einzubauen, so ist das Projekt für Elf gestorben.
(Vertraulich: Bonn erwartet von der Treuhand einen Vertrag, wie wir ihn hier vorgeschlagen haben).

Die Forderung von Herrn Le Blanc, daß irgendein Minister in Deutschland eine Erklärung dahingehend abgibt, daß Subventionen in Höhe von 2 Milliarden DM gezahlt werden, ist unrealistisch und ist von keinem Minister zu erwarten, da dieser nicht autorisiert ist, solch eine Erklärung abzugeben.

Ich bedauere es außerordentlich, daß ich am Samstag nicht nach Paris kommen kann, da ich einer Einladung Folge leisten möchte, zu der auch mit großer Wahrscheinlichkeit der Bundesfinanzminister, Theo Waigel, kommen wird.

Es wurd bisher im einzelnen zugesagt:

Verbindliche Zusagen bestehen für die Differenz der Investitionszulage von 12 % auf 8 %.

Desweiteren wurde zugesagt, daß unter der Voraussetzung daß die o. g. Schritte eingehalten werden, d. h. Elf beim Kauf von Minol und Methanol eine Conditio sine qua non einbaut, Elf so gestellt wird wie Schwedt, d.h. Zuschuß und Zulage betragen 35 % der Investitionssumme, wobei der Kauf von Minol und Methanol nicht zuschußfähig ist.

Ich bin heute abend und morgen unter folgender Nummer in Deutschland zu erreichen: (49) 6871 3561.

Mit freundlichen Grüßen

Dieter Holzer

PS: Sie sind nicht berechtigt, diesen Brief weiterzugeben.

«Treffen mit Hubert und Dieter, heute – 12.00 Uhr»
Pierre Lethier an Holger Pfahls (9. Juli 1992)

CONFIDENTIAL

Paris, 9th July, 1992

<u>For the personal attention of Mr Holger PFAHLS</u>

Re : Meeting with Hubert and Dieter, today - 12 : 00

Dear friend,

A) Dieter has described the proposal made in order to sign on July, 23rd, the contract, that is to say to include the condition that the investment will be accompanied by a 35% subsidies obligation.

It is more than essential that THA has to be prepared to the fact that this condition must be included at the signature of the contract.

The group E, of course, cannot inform THA.

B) Last information given by Hubert :

1/ Further to the meeting on Wednesday July, 8th at THA presided by Dr SCHUCHT, the whole range of technical points are settled and an agreement was found :
During the week of July, 15th / 19th, THA scheduled to write all the texts so that Mr BREUL and Mr LEFLOCH-PRIGENT are able to sign on Thursday, July 23rd in Berlin.

2/ Re. subsidies :

Further to the meeting of Tuesday, July 7th in Magdebourg where the TED Consortium as represented by the DRESDNER BANK and the Professor LAULE, it was mentioned :
- Zuschüße : confirmed to 596,5 million of DM.
The document is over at Dr MUNCH's signature.
- Zulage : on the basis of the new 8% rate it amounts from 429 DM to 469 million of DM.
In this respect, the eligibility letter must be written.

- Possible supports on the subscruptures : it could only amount to maximum 80 million of DM.

The totality of the subsidies amount today to : either 1,105.50 million of DM, or 1,145.50 million of DM (the totality of the global investment being : 6,990 billion of DM, including MINOL's acquisition price (850 million of DM) and METHANOL's acquistion price (250 million of DM).

NOTA :   Without being too precise, the agreement of principles with THA includes a minimum inclusive payment, December 31st, 1992, then balance six months later on presentation of the securities of the assets sold.

Regarding the liabilities which could appear in MINOL, the Consortium accepted not to deduct it from the closing balance but to set in forth a method of "Indemnities" as it is little by little discovered.

Warmest regards,

Pierre.

Paris, den 9. Juli 1992

<u>Zu Händen von Hr. Holger PFAHLS persönlich</u>

Treffen mit Hubert und Dieter, heute – 12:00

Lieber Freund,

A) Dieter hat den Vorschlag erläutert, der gemacht wurde, um den Vertrag am 23. Juli zu unterzeichnen, das heißt, dass die Bedingung einer Subventionszusage in Höhe von 35 Prozent für die Investition eingeschlossen wird.

Es ist überaus wichtig, die THA darauf vorzubereiten, dass diese Bedingung bei Unterzeichnung des Vertrages eingeschlossen wird.

Die E-Gruppe kann natürlich die THA nicht informieren.

B) Letzte Information von Hubert:

1) Im Anschluß an das von Dr. SCHUCHT geführte Treffen vom Mittwoch, den 8. Juli bei THA sind sämtliche technische Punkte geregelt und wurde eine Vereinbarung getroffen:
Während der Woche vom 15./19. Juli plant die THA die Verfassung sämtlicher Texte, sodass Hr. BREUL und Hr. LE FLOCH-PRIGENT am Donnerstag, den 23. Juli in Berlin den Vertrag unterzeichnen können.

2) Subventionen:

Im Anschluß an das Treffen vom 7. Juli in Magdeburg, bei dem das TED-Konsortium durch die DRESDNER BANK und Professor LAULE vertreten war, wurde wie folgt festgehalten:
– Zuschüsse: bestätigt bis 596,5 Millionen DM
Das Dokument liegt bei Dr. MUNCH zur Unterzeichnung vor.
– Zulage: Auf der Basis der neuen 8-Prozent-Quote wurde der Betrag nun von 429 auf 469 Millionen DM angehoben.
In dieser Hinsicht muss das Bestätigungsschreiben geschrieben werden.

– Mögliche Unterstützung (...): könnte maximal nur 80 Millionen DM betragen.

Die Gesamtsubventionen betragen heute: entweder 1.105,50 Millionen DM oder 1,145,50 Millionen DM (wobei die Gesamtinvestition 6,990 Billionen DM beträgt, einschließlich des MINOL-Kaufpreises (850 Millionen DM) und des METHANOL-Kaufpreises (250 Millionen DM).

ANMERKUNG:
Ohne zu sehr ins Detail zu gehen, beinhaltet der Grundsatzvertrag mit der THA eine Mindestglobalzahlung, am 31. Dezember 1992, dann Saldo sechs Monate später gegen Vorlage der Sicherheiten der verkauften Aktiva.

Hinsichtlich der Verbindlichkeiten, die bei MINOL offengelegt werden könnten, akzeptierte das Konsortium, sie nicht vom Abschlusssaldo in Abzug zu bringen, sondern ein «Entschädigungsverfahren» entsprechend den nach und nach ersichtlichen Verbindlichkeiten bereitzustellen.

Mit freundschaftlichen Grüßen

Pierre

«Eine Subventionslücke von ca. 700 Mio DM»
Gesprächsnotiz von Johannes Ludewig (13. Juli 1992)

MD Dr. Ludewig
422 - 350 06 - De 13 NA 5

Bonn, den 13. Juli 1992

[handschriftliche Notizen]

V e r m e r k

[handschriftliche Notizen / Zahlen]

Betr.: Gespräch Chef BK mit Elf-Aquitaine über das Privatisierungsprojekt
Raffinerie-Leuna/Minol am 10. Juli 1992 im Bundeskanzleramt

VIII ½ FB √103 - /17/?

Gesprächsteilnehmer u. a.:
BK: BM Bohl, MD Dr. Ludewig, MR Dr. Pfaffenbach;
Elf-Aquitaine: Präsident Le Floch-Prigent, Herr Le Blanc Bellevaux
Sachsen-Anhalt: MP Münch, Minister Rehberger
Sonstige: StS a. D. Pfahls

Einleitend betonte BM Bohl den reinen Informationscharakter des Gesprächs.
Die Verhandlungen zur Privatisierung Raffinerie-Leuna/Minol müßten zwischen ELF
und der dafür zuständigen THA geführt und zum Abschluß gebracht werden.

Herr Le Floch-Prigent berichtete über sein Gespräch mit THA-Vorstand Schucht am
Mittwoch, den 8. Juli 1992. Danach bestehe nun grundsätzlich Einigkeit beim Bau
der Raffinerie Leuna-Neu. Beim vorübergehenden Weiterbetrieb der Raffinerie
Leuna-Alt seien noch Fragen bei der Übernahme der Betriebskosten durch die THA
zu klären. Bei Minol sei man zu einer abschließenden Einigung gekommen: TED sei
bereit, auf die Eigentumsrechte an den Autobahn-Tankstellen gegen eine entsprechende Entschädigung zu verzichten.

Probleme bereite noch der Komplex "Investitionsförderung". Elf erwarte öffentliche Fördermittel in Höhe von 2 Mrd DM. Dies entspräche 35 % des gesamten
Investitionsaufwands (incl. Minol) und sei aus Gründen der Gleichbehandlung mit
dem Projekt Schwedt gerechtfertigt.

Aus der Gemeinschaftsaufgabe "Verbesserungen der regionalen Wirtschaftsstruk-
tur" (GA) erwarte man Investitionszuschüsse von 596,6 Mio DM. Nach eigenen
Berechnungen dürfte sich die 8 %ige Investitions-Zulage auf 464 Mio DM belau-

fen. Die Differenz zur ursprünglich erwarteten 12-zigen Investitions-Zulage
sollte durch einen Kaufpreisabschlag der THA in Höhe von 230 Mio DM gedeckt   230
werden. Danach bestünde noch eine "Subventionslücke" von ca. 700 Mio DM, die   700
durch weitere öffentliche Mittel - aus welchen Quellen auch immer - geschlossen
werden müsse.   1030

BM Bohl nahm diese Darstellung zur Kenntnis. Im übrigen erläuterten Vertreter
BK die Rahmenbedingungen für die Gewährung von öffentlichen Investitionshilfen
(I-Zuschuß, I-Zulage). Deutlich gemacht wurde insbesondere, daß die Gewährung
dieser Investitionshilfen für die Raffinerie Leuna offensichtlich unstrittig
sei. Zu prüfen wäre allerdings, inwieweit die Investitionshilfen nach den geltenden gesetzlichen Regelungen auch für andere Investitionsvorhaben, wie z. B.
im Tankstellenbereich, gewährt werden könnten.

700
230
100
1 Mrd. DM

214

«Projekt Nord-Ost-Pipeline Wilhelmshaven-Leuna»
Horst Rehberger an Hubert Le Blanc Bellevaux
(21. September 1992)

Ministerium für Wirtschaft, Technologie und Verkehr
Postfach 34 80 · O-3037 Magdeburg   Der Minister   ⊂⊏⊐⊐

—

Herrn
Hubert Le Blanc
Société Nationale
ELF Aquitaine
Tour 11 Cedex 45

F - 92078 Paris La Défense

                                              Bearbeitet von

Ihr Zeichen, Ihre Nachricht vom	(Bitte bei Antwort angeben) Mein Zeichen	☎ (091)	Magdeburg
	Reh.-ha.	567-01	21. Sept. 1992
		-4291	

Projekt Nord-Ost-Pipeline (NOP) Wilhelmshaven-Leuna

Sehr geehrter Herr Le Blanc,

gestatten Sie, daß ich mich in folgender Angelegenheit an Sie wende.
Die sichere Versorgung der zukünftigen Leuna-Raffinerie mit Rohöl
gehört zu den Voraussetzungen eines funktionierenden Betriebs. Es
ist deshalb unstreitig, daß die Rohölversorgung der Raffinerie gegenüber dem derzeitigen Zustand verbessert werden muß. Die Frage, ob
dies durch eine Pipeline von Wilhelmshaven nach Leuna oder aber
einen Ausbau des Hafens Rostock und eine Rohöl-Pipeline
Rostock-Schwedt-Leuna geschehen soll, ist zur Zeit noch offen.

Die Geschäftsleitung des Nord-Ost-Pipeline-Konsortiums hat auf Grund
eines Beschlusses des Lenkungsausschusses, dem u.a. die VEBA und die
ELF angehören, bei der Landesregierung von Sachsen-Anhalt den Antrag
gestellt, ein Raumordnungsverfahren für die Pipeline Wilhelmshaven-
Leuna durchzuführen. Einem solchen Verfahren möchte ich nur zustim-
men, wenn ich davon überzeugt sein kann, daß es die Planung und
Realisierung der neuen Raffinerie in Leuna nicht beeinträchtigen
wird. Ich wäre Ihnen daher sehr zu Dank verbunden, wenn Sie mir
mitteilen würden, wie Sie den geschilderten Sachverhalt beurteilen.

—

Mit freundlichen Grüßen

Dr. Horst Rehberger

«Es gibt keine Veranlassung, an einem positiven Ausgang des Genehmigungsverfahrens zu zweifeln»
Manfred Carstens an Loïk Le Floch-Prigent (6. Oktober 1992)

Der Parlamentarische Staatssekretär
beim
Bundesminister der Finanzen
Manfred Carstens MdB
VIII A 5 - FB 5105 - 53/92

5300 Bonn 1, 6. Oktober 1992
Ortsfahndorfer Straße 101
Telefon: (0228) 682-4283
Fax.: (0228) 682-4450 Tx.: 886645
Tx.: (3348743 = BMF)

Herrn
Loïk Le Floch-Prigent
Président der Société National
Elf Aquitaine
Tour Elf Cedex 45

.... L33.....

, FRANKREICH

Sehr geehrter Herr Präsident,

Herr Konsul a. D. Dieter Holzer hat mich über Ihre Sorgen im Hinblick auf die noch ausstehende haushaltsrechtliche Einwilligung
des Bundesministeriums der Finanzen zu dem Privatisierungsvorhaben
Leuna/Minol unterrichtet.

Ich möchte Sie darüber in Kenntnis setzen, daß der Unterausschuß
Treuhandanstalt des Haushaltsausschusses des Deutschen Bundestages
das Privatisierungsvorhaben in seiner Sitzung am 25. September
1992 abschließend beraten hat. Der Ausschuß hat den Bundesminister
der Finanzen gebeten, das Genehmigungsverfahren zügig abzuwickeln.

Nachdem die erforderlichen Vertragsunterlagen dem Bundesmini-
sterium der Finanzen seit kurzem vollständig vorliegen, will die
Bundesregierung das haushaltsrechtliche Einwilligungsverfahren bis
Mitte Oktober abschließen.

Die haushaltsrechtliche Einwilligung durch das Bundesministerium der Finanzen ist ein normales, gesetzlich normiertes Verfahren, wofür ich um Verständnis bitte.

Es gibt keine Veranlassung, an einem positiven Ausgang des Genehmigungsverfahrens zu zweifeln.

Sofern Sie noch Rückfragen haben, stehe ich gerne zu einem telefonischen Gespräch zur Verfügung.

Mit freundlichen Grüßen

[Unterschrift]

«Betr.: Leuna/Minol: Autobahntankstellen»
Brief vom Bundeskartellamt an Klaus Schucht
(Anfang November 1992)

BUNDESKARTELLAMT
B.BESCHLUßABTEILUNG
DER VORSITZENDE

Gesch.Z. B 8 - 174/92
(Bei Antwort bitte angeben)

Postanschrift/Hausanschrift · Mehringdamm 129 · 1000 Berlin 61

Treuhandanstalt
z. Hd. Herrn Dr. Klaus Schucht
Leipziger Straße 5 - 7

O-1080 Berlin

1000 BERLIN 61, den VI., NOVEMBER 1992
Mehringdamm 129
(am Platz der Luftbrücke)
Telefon: (030) 69 01- 662
            69 01-1 (Zentrale)
Telefax: (030) 69 01-400
Telex: 18 43 21

⌀ Treuhandanstalt
S U6/92   1082
4. NOV. 1992
an   erledigt am

Betr.: Leuna/Minol; Autobahntankstellen
Sehr geehrter Herr Dr. Schucht,

das gestrige Gespräch mit Vertretern der ELF über die in
meinem Schreiben an Sie vom 29. September 1992 dargestellten
Kartellrechtsfragen ist ergebnislos geblieben. Zwar erklärte
Herr Riedinger seine inhaltlich nicht näher konkretisierte
Verhandlungsbereitschaft in der Frage der "Shop-Abgabe".
Von der ELF-Seite wurde jedoch gleichzeitig erklärt, daß
es keinen Sinn mache, darüber zu verhandeln, solange das
Bundeskartellamt an seinem Standpunkt zum Quotensystem fest-
halte. Ich habe im Lichte dieses höchst unbefriedigenden
Gesprächsverlaufs den ELF-Vertretern dringend nahegelegt,
nunmehr umgehend konsensfähige Lösungsvorschläge zu machen,
weil andernfalls mit einer Einstellung des Kartellamts-
verfahrens nicht gerechnet werden könne.

Die in meinem Schreiben an Sie vom 29. September 1992 geltend
gemachten kartellrechtlichen Bedenken einschließlich der
Bitte, die Pachtverträge mit der Minol vor der Ausräumung
dieser Bedenken nicht abzuschließen, bleiben daher aufrecht-
erhalten. Ich vertraue weiterhin auf Ihre Zusage, keine
kartellrechtlich anfechtbaren vollendeten Tatsachen am
Kartellamt vorbei zu schaffen.
Mit freundlichen Grüßen

Le Président

92.321

Paris, le 7 décembre 1992

Monsieur le Ministre de la Chancellerie
Dr Friedrich BOHL
Chancellerie

BONN

Monsieur le Ministre de la Chancellerie,

Le projet du consortium ELF-THYSSEN sur la construction d'une nouvelle raffinerie à LEUNA, a connu de nombreux développements depuis notre dernière rencontre à BONN.

Je ne suis pas sans savoir que l'action conduite par vous-même et les Autorités allemandes a largement contribué à sa signature le 23 juillet et son approbation le 20 octobre.

A l'issue de ce processus qu'a accepté bien volontiers ELF, nous estimions pouvoir parvenir sans plus d'obstacles au "closing".

C'est donc avec un réel étonnement et une sérieuse inquiétude, que nous avons été confrontés, fin octobre-début novembre 92, au KARTELLAMT, qui a suscité des contraintes inattendues concernant le contrat sur la partie MINOL, modifiant unilatéralement dans sa substance l'accord initial.

Si je n'ai pas cru finalement devoir suspendre une coopération franco-allemande décisive et la participation à cet investissement dans les nouveaux landers, cette situation crée un climat négatif pour la bonne suite de ce dossier.

C'est pourquoi, j'ai demandé qu'au moins dans les derniers actes d'application à mettre en place avec la TREUHAND pour le closing, cette dernière respecte exactement les termes et l'esprit du contrat du 23 juillet.

En particulier, je souhaite mentionner trois points qu'ELF n'entendrait pas voir remis en cause par rapport aux conventions antérieures, à savoir :

- qu'ELF n'a pas à prendre en charge des initiatives antérieures à notre accord, engagées par la seule TREUHAND, qui doit donc en faire son affaire, *que ELF ne doit pas sous prétexte de mise au point rédactionnelle de textes, voir retarder les répartitions à intervenir concernant les stations rattachées aux joint ventures conformément au respect de ses intérêts, dans le cas où une solution serait trouvée concernant ces sociétés,*

- que la rémunération de la gestion de l'unité de méthanol soit juste et tienne compte des préjudices par ailleurs subis ; elle a été évaluée, dans ce contexte, à environ 40 millions de DM.

J'en appelle à votre attention pour que les points de finalisation qui restent en suspens, alors que nous avons généreusement agréé aux conditions posées par le KARTELLAMT, bien que non conformes aux engagements pris, se déroulent dans un esprit positif et au bénéfice de tous.

En vous remerciant, Monsieur le Ministre, d'apporter une nouvelle fois votre aide, nous espérons que cette dernière épreuve ne compromettra pas le long parcours que nous souhaitons conduire dans les nouveaux landers allemands.

Veuillez agréer, Monsieur le Ministre de la Chancellerie, l'expression de ma plus grande considération.

Loïc LE FLOCH-PRIGENT

ELF

Der Präsident

92.321   Paris, den 7. Dezember 1992

                                    Herrn Kanzleramtsminister
                                       Dr. Friedrich BOHL
                                          Kanzleramt

                                            BONN

Sehr geehrter Herr Kanzleramtsminister,

das Projekt des Konsortiums ELF-THYSSEN für den Bau einer neuen
Raffinerie in LEUNA hat seit unserem letzten Treffen in BONN zahlreiche Entwicklungen erfahren.

Ich weiß sehr wohl, dass die von Ihnen selbst geführte Aktion und die
deutschen Behörden weitgehend zu seiner Unterzeichnung am 25. Juli
und seiner Genehmigung am 20. Oktober beigetragen haben.

Nach Abschluss dieses Verfahrensprozesses, den ELF gern akzeptiert
hat, waren wir der Meinung, nunmehr ohne weitere Hindernisse zum
«Closing» zu gelangen.

Deshalb waren wir wirklich erstaunt und ernsthaft beunruhigt, als wir
Ende Oktober/Anfang November 1992 mit dem KARTELLAMT konfrontiert wurden, das unerwartete Auflagen hinsichtlich des Vertragstei-
les MINOL vorbrachte, wobei der ursprüngliche Vertrag einseitig wesentlich abgeändert wurde.

Wenn ich letztendlich auch nicht geglaubt habe, eine entscheidende
deutsch-französische Kooperation und die Beteiligung an dieser Investition in den neuen Ländern einstellen zu müssen, schafft diese Situation
doch eine schlechte Atmosphäre für eine guten Weiterverlauf dieser Angelegenheit.

Deshalb habe ich verlangt, dass wenigstens bei den letzten Vollzugshandlungen, die mit der TREUHAND für das Closing abzuwickeln sind, Letztere genau den Wortlaut und den Geist des Vertrages vom 23. Juli respektiert.

Insbesondere möchte ich drei Punkte erwähnen, die ELF in Bezug auf die vorherigen Vereinbarungen nicht in Frage gestellt sehen möchte, nämlich:

– dass ELF nicht die unserer Vereinbarung vorausgehenden Initiativen zu übernehmen hat, die von der TREUHAND allein in die Wege geleitet wurden und damit Sache der TREUHAND sind;

– dass für ELF unter dem Vorwand der redaktionellen Texterstellung keine Verzögerung bei den Verteilungen betreffend die an Joint-Venture-Gesellschaften gebundenen Tankstellen entsteht gemäß der Wahrung ihrer Interessen, in dem Falle, wo eine Lösung für diese Gesellschaften gefunden wird;

– dass die Vergütung für die Führung der Geschäftseinheit Methanol gerecht ist und dem Schaden, der anderweitig für sie entstanden ist, Rechnung trägt; sie wurde in diesem Kontext auf ca. 40 Millionen DM beziffert.

Ich lege Ihnen dabei nahe, dass, unter Berücksichtigung der Tatsache, dass wir großzügig den vom KARTELLAMT gestellten Bedingungen, obwohl nicht gemäß den übernommenen Verpflichtungen, zugestimmt haben, die noch offenen Abschlusspunkte eine positive Abwicklung erfahren und zum Nutzen aller geregelt werden.

Wir danken Ihnen für Ihre erneute Unterstützung und hoffen, dass dieser letzte Prüfstein den langen Weg, den wir in den neuen deutschen Bundesländern anführen, [nicht] beeinträchtigen wird.

Mit vorzüglicher Hochachtung

(Unterschrift unleserlich)

Loïk LE FLOCH-PRIGENT

222

«Im Vertrauen auf die Unterstützung der Behörden»
Hubert Le Blanc Bellevaux an Birgit Breuel (25. Januar 1993)

Paris, le 25 janvier 1993

Note
A l'attention de Madame Birgit BREUEL
Présidente de la TREUHAND

Madame la Présidente,

Dans le cadre du contrat signé par le consortium TED, le 23 juillet 1992, pour l'ensemble constitué de la construction de la nouvelle raffinerie de LEUNA et de la reprise de MINOL, qui lui garantit le débouché minimum nécessaire, ELF AQUITAINE a bénéficié par lettre d'engagements sur un montant à recevoir de Zuschüsse et de Zulage indispensables à l'équilibre du projet et seuls susceptibles d'en permettre la réalisation.

Ce contrat et ces engagements ont été approuvés par l'Administration Allemande compétente en leur totalité le 22 octobre 1992 ; le KARTELLAMT a clos de son côté positivement ce dossier, le 7 décembre 1992.

Toutefois, le vote de la nouvelle loi sur les Zulage intervenue le 21 décembre 1992, qui visait un autre objectif, a remis en cause leur attribution et donc partiellement les engagements pris à l'égard d'ELF.

Si la difficulté a pu être surmontée par la partie des Zulage concernant la nouvelle raffinerie de LEUNA, aucune formule n'a été encore à ce jour trouvée pour la partie des Zulage complémentaires concernant les investissements d'équipements prévus pour MINOL et à effectuer conformément au contrat ELF.

A titre supplémentaire, il n'est pas inutile d'indiquer qu'il reste, de même, en suspens, la question du versement de l'aide spéciale décidée en décembre sur le METHANOL, pour lequel une proposition conjointe avec vos services a été définie.

Confiant dans l'appui des Autorités et en particulier cel... TREUHAND, ELF a cependant donné son accord pour que le closing du ... tienne, sans être retardé, le 18 janvier 1993.

Il apparaît désormais que seule votre intervention et votre initiative peuvent permettre de clôturer ce dossier sur ces points essentiels, conformément aux conditions arrêtées, en trouvant, grâce à vous, la solution adaptée.

C'est pourquoi, il est conseillé à ELF et à nui-même en charge de cet aspect du dossier, de vous demander un rendez-vous.

En vous remerciant de nous recevoir, croyez, Madame la Présidente, à l'expression de notre très haute considération.

Hubert LE BLANC BELLEVAUX

ELF

Paris, den 25. Januar 1993

Notiz
Zu Händen Frau Birgit BREUEL
Präsidentin der TREUHAND

Sehr geehrte Frau Präsidentin,

im Rahmen des vom TED-Konsortium am 23. Juli 1992 unterzeichneten Vertrages für die Geschäftseinheit -Bau einer neuen Raffinerie in LEUNA und Übernahme von MINOL-, welche den notwendigen Mindestabsatz garantiert, erhielt ELF AQUITAINE die schriftliche Zusage für einen zu erhaltenden Betrag an Zuschüssen und Zulagen, die für das Gleichgewicht des Projektes unerlässlich und für die Realisierung unabdingbar sind.

Dieser Vertrag und diese Zusagen wurden von der zuständigen deutschen Behörde in ihrer Gesamtheit am 22. Oktober 1992 genehmigt; das KARTELLAMT hat seinerseits diese Akte am 7. Dezember 1992 positiv zum Abschluss gebracht.

Dennoch hat die Abstimmung über das neue Gesetz über die Zulagen vom 21. Dezember 1992, das ein anderes Ziel verfolgte, die Zuteilung der Beihilfen in Frage gestellt und folglich teilweise die gegenüber ELF gemachten Zusagen.

Wenn auch die Schwierigkeit hinsichtlich des Zulagen-Teils für die neue Raffinerie von LEUNA überwunden werden konnte, wurde bis heute keine Lösung hinsichtlich des Teils der ergänzenden Zulagen, die für MINOL in Form von Ausrüstungsinvestitionen vorgesehen sind, gefunden, diese sind entsprechend dem *(mit ELF geschlossenen Vertrag)* vorzunehmen.

Zusätzlich ist durchaus anzumerken, dass auch die Frage der Sonderzulagenzahlung noch offen ist, die im Dezember für METHANOL beschlossen wurde, und für die ein gemeinsamer Vorschlag mit Ihren Dienststellen festgelegt wurde.

Im Vertrauen auf die Unterstützung der Behörden und insbesondere die Unterstützung der TREUHAND, hat ELF dennoch seine Zustimmung gegeben, damit das Closing (…) ohne weitere Verzögerung am 18. Januar 1993 stattfinden kann.

Es scheint, dass nunmehr der Abschluss dieses Vorgangs in Bezug auf diese wesentlichen Punkte entsprechend den festgelegten Bedingungen nur durch Ihre Intervention und Initiative erfolgen kann, und dabei mit Ihrer Hilfe die passende Lösung gefunden werden soll.

Deshalb ist ELF und mir selbst als Beauftragter in dieser Angelegenheit angeraten, Sie um einen Termin zu bitten.

Ich danke Ihnen im voraus.

Mit freundlichen Grüßen

Hubert LE BLANC BELLEVAUX

«Die kritische Situation um Leuna 2000»
Dieter Holzer an Helmut Kohl (11. November 1993)

Dieter Holzer

Delta International Est / Monaco Agency
Palais de la Scala / 1, Ave Henri Dunant
MC - 98000 Principauté de Monaco
Tel: 93.30.14.23
Fax: 93.15.09.01
Tlx: 479335'

Monaco, 11.11.93

Persönlich - Vertraulich

Btr: Bau der Raffinerie Leuna 2000 durch Elf Aquitaine
hier: Gespräch am Rande des CDU-Landesparteitages in Saarlouis-Roden
Meine Aktennotiz an Sie übergeben durch Herrn BM Prof. Dr. Klaus Töpfer

Sehr geehrter Herr Bundeskanzler,
lieber Helmut Kohl,

Sie haben mich gebeten, Ihnen kurz darzustellen, warum meiner Meinung nach
Elf Aquitaine die Raffinerie in Leuna nicht bauen wird.

Wie Sie wissen, ist das Management von Elf Aquitaine nach dem Sieg der
bürgerlichen Regierung ausgetauscht worden. Der neue Vorstandsvorsitzende,
Herr Philippe Jaffré, ist von der Regierung Balladur beauftragt worden,
das Unternehmen Elf Aquitaine zu privatisieren. Herr Jaffré ist der Meinung,
daß die Privatisierung Elf Aquitaine mit einem Engagement - Bau einer
Raffinerie in Leuna - nicht durchgeführt werden kann. Aus diesem Grund
sucht er als Aktionär einen weiteren Erdölpartner, den er bis dato nicht
gefunden hat.

Herr Walther Leisler Kiep wurde hingegen von Herrn Jaffré/Herrn Isoard
beauftragt, einen weiteren Erdölpartner als finanzstarken Gesellschafter zu
finden. Die Ergebnisse stellen sich wie folgt dar:

- VEBA und Shell haben eine Beteiligung abgelehnt.

- BP verhandelt z. z. ohne konkrete Erfolgsaussichten

- Die Firmen Exxon/Esso prüfen z. Z. das Projekt.
  Die Verhandlungsaussichten sind nicht vielversprechend, obwohl eine
  Rentabilitätsberechnung, die im Auftrag der Dresdner Bank von einer
  amerikanischen Experten-Cosulting erstellt wurde vorliegt, die eine
  Netto-Rendite von 12,1 % nach Steuern ergeben hat (Gutachten liegt vor).

Herr Walther Leisler Kiep hat bei seinen Gesprächen mit Exon/Esso in
New York, die er mit tätiger und wohlwollender Unterstützung
des amerikanischen Botschafters in Bonn, Herrn Richard Holbrooke, geführt
hat, die besondere Bedeutung eines solch großen gemeinsamen Projektes in
einem deutsch-französisch-amerikanischen Joint Venture herausgestellt.

Im Kanzleramt ist die kritische Situation um Leuna 2000 bekannt. Um das
Projekt zu retten, würde ich eine politische Intervention auf höchster
Ebene in Paris für geboten erachten, andernfalls ist die Katastrophe
perfekt.

Sie sollten wissen, daß der Generalbevollmächtigte von Elf Aquitaine,
Herr Le Blanc Bellevaux, den Sie in Leuna bei der Einweihung kennengelernt
haben, alles tut, damit das Projekt realisiert wird. Ihm sind jedoch die
Hände durch den neuen Vorstandsvorsitzenden, Philippe Jaffré, gebunden,
der als Bankier von diesem Projekt nicht überzeugt ist.

Mit freundlichen Grüßen

Ihr

Dieter Holzer

«Der Hinweis von Herrn Holzer ist außerordentlich ernst zu nehmen»
Johannes Ludewig an Friedrich Bohl (22. November 1993)

Abteilungsleiter 4   Bonn, den 22. November 1993
Az: 422–594 00 Tr 3 NA 1
(Kindler/Werner)

Über
Herrn Chef des Bundeskanzleramtes

Herrn Bundeskanzler

Betr.:   Brief Dieter Holzer vom 11. November 1993

Bezug: Raffinerie Leuna

I. Sachverhalt

Herr Holzer, ein Mineralölhändler aus Monaco mit offensichtlich engen Beziehungen zum französischen Mineralölkonzern Elf Aquitaine, äußert in seinem Schreiben die Erwartung, Elf werde die Raffinerie in Leuna nicht bauen. Er begründet dies damit, daß die Suche des neuen Elf-Präsidenten Jaffré nach Partnern für das Investitionsprojekt (6 Milliarden DM, davon 4 Milliarden DM allein für die Raffinerie) bislang nicht erfolgreich verlaufen sei.

Heute hat Herr Holzer im Nachgang zu einem Gespräch mit hohen Elf-Repräsentanten und Herrn Leisler-Kiep seine Informationen dahingehend ergänzt, daß Elf, selbst wenn ein Partner gefunden werde, die Raffinerie nur noch mit halber Kapazität bauen will (5 statt 10 Mio. t). Herr Leisler-Kiep führt im Auftrag von Elf derzeit nur noch mit BP, dem früheren Konkurrenten von Elf bei Privatisierung von Leuna, Gespräche.

Herr Holzer schlägt eine politische Intervention auf höchster Ebene in Paris vor. Andernfalls sei "die Katastrophe perfekt".

229

II. Stellungnahme

1. Die Angaben von Herrn Holzer decken sich mit unseren Informationen dahingehend, daß Elf-Präsident Jaffré, ein enger Vertrauter PM Balladurs, derzeit
alle wichtigen Engagements seines Vorgängers auf finanzielle Rentabilität
überprüft, u.a. vor dem Hintergrund der durch die französische Regierung
beabsichtigten Privatisierung von Elf.

2. Der Hinweis von Herrn Holzer ist außerordentlich ernst zu nehmen, auch wenn
er uns bislang von keiner Stelle bestätigt wurde. Andererseits gibt es auch
Indizien, die gegen einen Ausstieg sprechen:

   - Elf hat seit Juli mit konkreten Bauarbeiten in Leuna begonnen (nach Angaben der THA sind für Planung und Geländeerschließung bereits Aufträge
über 500 Mio. DM vergeben worden). THA geht weiterhin davon aus, daß Elf
zu ihrem Engagement steht.

   - Elf führt gegenwärtig mit BMWi Gespräche wegen einer Bundesbürgschaft zur
Absicherung eines Teils der Investitionskosten für die Raffinerie in Höhe
von 1,3 Mrd. DM (davon 60% Bund, 40% Land).

   - Laut THA dürfte eine Kooperationsvereinbarung über eine 25%ige Beteiligung eines russischen Investors an der Raffinerie noch im Dezember unterschrieben werden. Beteiligungsverhandlungen laufen auch mit saudi-ara-
bischen Interessenten.

3. Auch dann, wenn Elf die Raffinerien nur mit halber Kapazität errichten würde
(dies wäre wegen der Umplanungen mit erheblicher Zeitverzögerung verbunden),
wäre dies ein schwerer Rückschlag für die Entwicklung des "Chemiedreiecks".

   Bereits bei Auftauchen erster Hinweise hatten wir deshalb Matignon und
Elysée auf die strategische Bedeutung des Projekts für ostdeutsche Chemieindustrie hingewiesen.

III. Vorschlag

Sie könnten bei den deutsch-französischen Konsultationen am
30. November/1.Dezember 1993 gegenüber Präsident Mitterand und PM Balladur
nochmals auf die außerordentliche Bedeutung des Projekts – dieses ist auch
ein Markstein der deutsch-französischen Zusammenarbeit – hinweisen. In
diesem Zusammenhang könnten Sie für einen baldigen – offiziellen – Baubeginn
(Grundsteinlegung) werben.

Hierzu würden wir gesonderte Vorbereitung vorlegen.

Ich selbst könnte mit Herrn Leisler-Kiep ansprechen, um ein besseres Bild
von der Situation zu gewinnen.

(Dr. Ludewig)

231

Der Hirsch-Bericht «Über Ermittlungen zum Aktenbestand des Bundeskanzleramtes»

BUNDESKANZLERAMT   Berlin, den 21. Juni 2000
Dr. Burkhard Hirsch
Landesminister a. D.
– *Ermittlungsführer* –

Bericht
über Ermittlungen
zum Aktenbestand des Bundeskanzleramtes zu
ausgewählten Sachbereichen.

Inhaltsverzeichnis

IV. Privatisierung bzw. Neubau der Erdölraffinerie Leuna und Veräußerung des Minol-Tankstellennetzes

V. Verkauf der Anteile des Bundes an den Eisenbahnwohnungsbaugesellschaften des Bundeseisenbahnvermögens

VI. Lieferungen von Flugzeugen durch die Deutsche Airbus GmbH an kanadische und thailändische Fluggesellschaften Ende der 80er/ Anfang der 90er Jahre

VII. Lieferung von MBB-Hubschraubern an die kanadische Küstenwache in der zweiten Hälfte der 80er Jahre

VIII. Projekt der Fa. Bear-Head Industries Ltd. in Kanada

IX. Weiteres Verfahren

Anlagenverzeichnis

Durch Verfügung vom 2. Februar 2000 hat der Chef des Bundeskanzleramtes, Staatssekretär Dr. Frank-Walter Steinmeier, disziplinarrechtliche Vorermittlungen gem. § 26 BDO angeordnet.
Gegenstand der Vorermittlungen war der Verdacht der Vernichtung von Verwaltungsvorgängen und der bewusst unvollständigen Dokumentation von Verwaltungsentscheidungen. Durch die Vorermittlungen sollte das Vorliegen von Dienstvergehen im Rahmen des im Folgenden näher beschriebenen Sachverhaltes aufgeklärt und die dafür Verantwortlichen sollten benannt werden.

Anlass der Ermittlungen war das Ersuchen des Untersuchungsausschusses des 14. Deutschen Bundestages, ihm die Akten des Kanzleramtes zu folgenden Themenkomplexen vorzulegen:

– Verkauf von 36 deutschen Panzerfahrzeugen vom Typ Fuchs an Saudi-Arabien und der Lieferung aus dem Bestand der Bundeswehr im Jahre 1991,

– Privatisierung bzw. Neubau der Erdölraffinerie Leuna und Veräußerung des Minol-Tankstellennetzes,

- Lieferung von Flugzeugen durch die Deutsche Airbus GmbH an kanadische und thailändische Fluggesellschaften Ende der 80er/Anfang der 90er Jahre,

- Lieferung von MBB-Hubschraubern an die kanadische Küstenwache in der zweiten Hälfte der 80er Jahre,

- Verkauf der Anteile des Bundes an den Eisenbahnwohnungsbaugesellschaften des Bundeseisenbahnvermögens,

- Wirtschaftsgipfel Halifax 1995 und Projekte der Bear-Head Industries in Kanada und

- Schriftwechsel des Bundeskanzleramtes mit dem Kaufmann Karlheinz Schreiber.

Die vorgefundenen Verwaltungsvorgänge haben den Verdacht begründet, dass die Akten nicht vollständig sind oder dass aus den einschlägigen Akten bestimmte Vorgänge nachträglich entfernt wurden. Die entsprechenden Verwaltungsvorgänge sind teilweise nicht nachvollziehbar und erwecken daher den Eindruck einer unvollständigen Dokumentation.

Die Bestellung des Ermittlungsführers bezog sich auch auf die Untersuchung der Löschung von Daten im Kanzleramt und umfasste die Befugnis, die ihm zugeordneten Mitarbeiterinnen und Mitarbeiter mit selbständigen Ermittlungshandlungen zu beauftragen oder sie daran zu beteiligen.

In der hier vorgelegten Berichtsfassung wird der vorgefundene Sachverhalt ohne die disziplinarrechtliche Würdigung des gegenwärtigen Ermittlungsergebnisses dargestellt.

A. Gang des Verfahrens

Die konkreten Ermittlungen wurden am 8. 2. 2000 aufgenommen. Es wurde eine Arbeitsgruppe gebildet, zu der außer dem Ermittlungsführer acht weitere Personen gehörten, die entweder Mitarbeiter des Bundeskanzleramtes sind oder zu ihm abgeordnet wurden.

Es wurden insgesamt 79 Personen in formellen Einzelgesprächen angehört. Es wurden alle einschlägigen Aktenvorgänge durchgesehen, die in der Registratur des Kanzleramtes vorhanden sind bzw. in Hangelar zwischengelagert oder zum Bundesarchiv in Koblenz abgegeben worden waren, insgesamt zu über 100 Komplexen.

vgl. Anlage 1) Aktenverzeichnis

Von einzelnen Ministerien, insbesondere dem BMF, dem BMVBW, dem BMVg und dem BMWi wurden Verwaltungsvorgänge mit Kanzleramtsbezug für Quervergleiche mit den hier vorhandenen Akten zur Verfügung gestellt.

Schließlich wurden unter Beteiligung des Bundesamtes für Sicherheit in der Informationstechnik (BSI) umfangreiche technische Vorkehrungen getroffen, um Datenträger des im Bundeskanzleramt inzwischen weitgehend abgelösten egs-Datenverarbeitungssystems gegen Zugriffe zu sichern und sie wieder lesbar zu machen. Es handelte sich dabei um eine gelöschte Festplatte und 99 Sicherungsbänder, die in der Außenstelle des Bundeskanzleramtes in Bonn durch Zufall aufgefunden wurden.

vgl. Anlage 2) Bericht über informationstechnische Maßnahmen mit Datensicherungsbändern des EGS-Datenverarbeitungssystems, sowie Anlage 3) Schreiben des BSI vom 15. 3. 2000

Die Staatsanwaltschaft beim Landgericht Bonn hat mitgeteilt, dass sie aufgrund verschiedener Strafanzeigen in diesem Zusammenhang ein Verfahren gegen Unbekannt eröffnet habe.

B.   Vorläufige Ergebnisse des Verfahrens

Bei der Würdigung der hier festgestellten Sachverhalte müssen die besonderen Verhältnisse eines Kanzleramtes berücksichtigt werden. Die Aufgaben des Kanzleramts unterscheiden sich von den laufenden Geschäften einer vollziehenden Behörde. Es sind Aufgaben mit einer besonderen Nähe zur Politik. Darum hatten in den ersten Jahren nach der Wiedervereinigung die mit der neuen Aufgabe des Aufbaus befassten Teile des Kanzleramtes eine besondere Arbeitslast zu bewältigen. Abgesehen davon spiegelt sich in den durchgesehenen Sachvorgängen das gewandelte Verhältnis zwischen den politischen Repräsentanten und der Wirtschaft wider. Es erscheint als selbstverständlich, dass der Kanzler von einzelnen Unternehmen im Interesse der Wirtschaft und der Arbeitsplätze auf bestimmte Projekte angesprochen und gebeten wird, sein besonderes Prestige insbesondere dann einzusetzen, wenn der Vertragspartner ein anderer Staat oder ein vom Staat beeinflusstes Unternehmen ist. Daran beteiligen sich dementsprechend auch die zuständigen Abteilungsleiter und ihre nachgeordneten Beamten.

Es sind folgende Sachverhalte festgestellt worden:

I. Aus dem Leitungsbereich – Bundeskanzler, Chef des Bundeskanzleramtes, Parlamentarische Staatssekretäre – sind keine eigenen Akten übergeben oder vorgefunden worden. Soweit früher vorhanden, müssen diese Unterlagen also mitgenommen oder vernichtet worden sein. Dies gilt auch für die Auftragsbücher, die in den Sekretariaten von BK und Chef BK neben der EDV über Posteingänge der Leitung und Leitungsaufträge geführt wurden.

II. Der Datenbestand im IT-Netz des Kanzleramtes ist zum Zeitpunkt der Regierungsübergabe im September/Oktober 1998 zu zwei Drittel zentral und heimlich gelöscht worden. Die Löschung geschah ohne Benachrichtigung der Nutzer. Sie war flächendeckend, beschränkte sich also nicht auf Entwürfe, politische Konzepte oder persönliche Daten. Die Aktensammlung des Chef BK sowie die Auftragsdateien der Leitungsebene sind vollständig gelöscht worden.

III. Wesentliche Aktenverluste stehen in Zusammenhang mit den parlamentarischen Untersuchungsausschüssen der 12. Legislaturperiode («Treuhand») und der 13. Legislaturperiode («DDR-Vermögen»):

  1) Die insgesamt 6 Bände der sog. Leuna-Akten «Leuna-Minol» und «Elf Aquitaine» (Tr 3 NA 4 und NA 5, jeweils Bd. 1 bis 3) sind

nach ihrer Rückkehr vom Untersuchungsausschuss – 12. LegP. – des Deutschen Bundestages verschwunden. Auch die für sie ursprünglich angelegten Kopienbände sind verschwunden. Die heute im Kanzleramt vorhandenen Bände, die möglicherweise den dem Bundestag seinerzeit vorgelegten Akten entsprechen, sind Kopien von Kopien und lassen die ihnen zugrunde liegenden Vorgänge nicht mehr nachvollziehen.

2) Die weiterführenden Bände der Akte «Leuna-Minol» – Tr 3 NA 4 – sind lückenhaft. Der Band 5 der Akte «Elf Aquitaine» – Tr 3 NA 5 – ist verschwunden und möglicherweise nach starken Veränderungen der Akten Bd. 4 und Bd. 5 mit diesem zusammengeheftet worden.

3) Die Originale der Akten der weiteren 7 Privatisierungsvorgänge, die in der 12. LegP. dem Treuhand-Untersuchungsausschuss gleichzeitig mit den Leuna-Akten vorgelegt worden waren, nämlich die Akten der Bagger-, Bugsier- und Bergungs-Reederei, der fünf Baukombinate ELBO, der Deutschen Seereederei Rostock, der Fa. Interhotel, der Motorradwerke Zschopau, der Mitteldeutschen Kali und der Fa. Grimmener Hähnchen, sind ebenfalls verschwunden.

4) Bei der Leuna-Akte, die dem Untersuchungsausschuss «DDR-Vermögen» (13. LegP.) des Deutschen Bundestages in Kopie übersandt wurde, ist eine Dokumentation darüber unmöglich gemacht worden, welche Teile der Akten dem Ausschuss vorgelegt und welche Vorgänge zurückgehalten worden sind.

IV. Die Lieferung der Fuchs-Panzer an Saudi-Arabien ist im Kanzleramt behandelt, aber nur unvollständig dokumentiert worden. In den einschlägigen Akten des Kanzleramtes befinden sich heute teilweise mehrjährige Lücken.

V. Der Verkauf der Eisenbahnerwohnungen ist zwar auch im Kanzleramt behandelt worden. Es ist dazu aber praktisch keine Akte vorhanden.

VI. Das Projekt Bear-Head ist im Zusammenhang mit Rüstungsaufträgen im Kanzleramt behandelt, aber nur unvollständig dokumentiert worden.

Diese Sachverhalte führen zu einer Reihe von Empfehlungen, die sich sowohl auf die Fortführung des Verfahrens nach der Bundesdisziplinarordnung gegen einzelne der beteiligten Personen, aber auch auf organisatorische Maßnahmen beziehen, die im Kanzleramt getroffen werden sollten,

a) zur Datenverarbeitung und Nutzung der den einzelnen Mitarbeitern zugewiesenen Computerarbeitsplätze,

b) zur Umstellung der Hauptregistratur auf ein leistungsfähiges Datenverarbeitungssystem, und schließlich

c) zur Arbeitsweise der Registratur.

C. Ergebnisse der Verwaltungsermittlungen

Grundlage der disziplinarrechtlichen Vorermittlungen waren die bereits erwähnten internen Verwaltungsermittlungen, die zu folgenden Ergebnissen geführt hatten (Stand: 1. Februar 2000, Anlage 4)):

Panzerfahrzeuge Typ Fuchs nach Saudi-Arabien

Die nicht eingestuften Akten des Referates 231 (Wehrverwaltung, Rüstung) sowie die teilweise eingestuften Akten des Referates 213 (bilaterale Beziehungen zu Asien, Afrika und Lateinamerika).

– weisen ein geringes Volumen auf,

– bieten teilweise das Bild einer nicht zusammenhängenden Aktenführung,

– enthalten Falscheinheftungen.

Sie ergeben keine Anhaltspunkte zur konkreten Aufklärung des in Frage stehenden Untersuchungsgegenstandes. Allein bleibt festzuhal-

238

ten, dass ausweislich mehrerer Schriftstücke aus 10 und 11/90 die Bundesregierung Kriegswaffenlieferungen nach Saudi-Arabien ablehnte. In einem Fernschreiben vom 11. Februar 1991 aus Rhiad an das Auswärtige Amt (Akte 213) – Wiedergabe eines Gesprächs zwischen Vertreter BReg und saudischem Verteidigungsministerium – wird die Absicht dokumentiert, weiter an der restriktiven Rüstungspolitik festzuhalten.

Leuna/Minol

Nach dem Aktenplan einschlägig ist der Vorgang Tr 3 (für «Treuhand») und zwar bei diesem die Nebenakte (NA 4 «Leuna/Minol) und 5 (Elf Aquitaine in Leuna-Raffinerie»).

– Zu Nebenakte NA 4 «Leuna-Minol»):

Nach dem Aktenplan besteht diese Akte aus acht Bänden. Die ersten drei Bände (Zeitraum: 8. November 1991 bis 24. Juli 1993) sind nicht im Original, sondern nur in Ablichtung vorhanden. Die drei Bände sind weder in sich noch im Verhältnis zueinander chronologisch geordnet.

Band 1 vom 8. November 1991 bis 27. November 1992
Band 2 vom 27. Mai 1992 bis 11. September 1992
Band 3 vom 4. September 1992 bis 24. Juni 1993

Anders als dies § 4 Abs. 1 der Registraturrichtlinie vorsieht («jedes Schriftstück ist grundsätzlich mit den Geschäftszeichen zu kennzeichnen») fehlen die Aktenzeichen fast durchweg oder wurden nachträglich aufgebracht.

Die im fraglichen Zeitraum November 1991 bis Juni 1993 getroffenen Entscheidungen lassen sich anhand der Kopien nicht nachvollziehen. Anders als dies § 24 Abs. 3 GGO I vorsieht – «durch sinnvolle Sachaktenordnung ist sicherzustellen, dass die Akten auch die Entwicklung einer Sache stets vollständig und übersichtlich wiedergeben» – enthalten die Bände vergleichsweise viel minderwertiges Schriftgut, ferner umregistrierte Bürgerbriefe mit Antworten (im Bundeskanzleramt bezeichnet als sog. «K-Vorgänge»). Abgesehen davon bilden sich Zeiträume von mehreren Wochen bis hin zu mehreren Monaten gar nicht ab.

– Zu Nebenakte (NA 5 «Elf Aquitaine in Leuna-Raffinerie»):

Auch bei diesem Vorgang sind die ersten drei Bände (Zeitraum 23. April 1991 bis 24. Juni 1993) nur in Kopie vorhanden, wobei weder im Verhältnis zueinander noch in sich eine chronologische Ordnung besteht:

Band 1 vom 23. April 1991 bis 20. Mai 1992
Band 2 vom 15. Februar 1993 bis zum 24. Juni 1993
Band 3 vom 2. Dezember 1992 bis 11. Februar 1993.

Zum Inhalt dieser Kopienbände wird auf die obigen Ausführungen zur NA 4 Bezug genommen. Insgesamt soll NA 5 aus den drei kopierten und zwei weiteren Bänden bestehen. Indes ist der fünfte Band unauffindbar. Auf der zum Vorgang geführten Karteikarte wurde im Sommer 1999 vor dem Umzug nach Berlin die Notiz angebracht: «Band 5 ist verschollen». Nach dem Stellvermerk soll der Band sich zuletzt beim zuständigen Gruppenleiter befunden haben. Der vierte Band der NA 5 läuft ausweislich seines Vorblattes vom 13. Juli 1993 bis 14. Juli 1994, tatsächlich ist es der Zeitraum 13. Juli 1993 bis 6. Mai 1996. Ein Papier mit dem Datum 14. Juli 1994 fehlt. Das Jahr 1994 bricht mit Pressemeldung vom 26. Mai 1994 (erster Spatenstich Leuna) ab. Die folgende Unterlage trägt das Datum 4. August 1995. Danach folgen Papiere aus den Jahren 1995 und 1996.

Folgendes fällt auf:

– Viele Schriftstücke, insbesondere auch Zugänge von außen, sind mehrfach, nämlich im Original und in (teils mehreren) Ablichtungen vorhanden. Die Schriftstücke sind nur ausnahmsweise mit dem richtigen Aktenzeichen versehen, wo überhaupt, ist es nachträglich aufgebracht (vgl. dazu § 4 Abs. 1 der Registraturrichtlinie, u. a.).

– Viele Schriftstücke sind mehrfach gelocht.

– Ein nennenswerter Fortgang ist nicht zu verzeichnen: vom 15. Juni bis zum 20. September 1993, zwischen Ende November 1993 und Ende 1994, ab Ende April 1995 bis 4. Oktober 1995.

– Zwischen 25. Mai 1994 (Spatenstich Raffinerie Leuna) und 14. Januar 1996 sind 22 Blatt Verwaltungsvorgänge dokumentiert. Es handelt sich um «K-Vorgänge» (= Bearbeitung von Bürgereingaben). Das heißt, dass ein Zeitraum von 1 1/2 Jahren sich in der Akte materiell nicht abbildet.

Zu den sechs Kopiebänden aus den Nebenakten 4 und 5 (je 3 Bände):

– Aufgrund der falschen Kontinuität und der langen Vakanzzeiträume (s. o.), ferner wegen der insgesamt geringen Gewichtigkeit der Unterlagen ist zu vermuten, dass es sich um ein nachträglich zusammengestelltes Konvolut handelt, das nicht als Arbeitsunterlage diente. Die Aktenzeichen Tr 3, Nebenakte 4 und 5 werden in sechs Kopiebänden nicht verwendet. Soweit vorhanden, sind Aktenzeichen nachträglich aufgebracht, und zwar «Tr 3, Nebenakte 1», bis 1992 auch «DE 13, Nebenakte 5 und 8» (= Innerdeutsche Beziehungen). Der Schriftverkehr ab 1997 enthält in der Regel beide Aktenzeichen (Nebenakte 4 und 5) und wird der Nebenakte 4 zugeordnet. Die älteren Schriftstücke (von 1992–1994) tragen auch ein einheitliches Aktenzeichen, nämlich Tr 3, Nebenakte 1.

Recherchen in Parallelakten haben ergeben, dass die Aktenzeichen Nebenakte 4 und Nebenakte 5 erst im Januar 1994 vergeben wurden. Der Grund für die Trennung ergibt sich nicht aus den Akten.

Es ergab sich deshalb die Frage, ob die in den Nebenakten 4 und 5 (heute zusammen: 12 Aktenordner) zusammengestellten Unterlagen das gesamte Leuna/Minol – Schriftgut des Bundeskanzleramtes enthalten. Diese Frage konnte nicht – wie üblich – durch die Registraturkarteikarten geklärt werden. Denn ausgerechnet die Registraturkarte, die Auskunft über den Umfang des Vorgangs Tr 3, Nebenakte 1, Ausgründung der Nebenakten 4 und 5 Anfang 1994 geben müsste, kann nicht aufgefunden werden.

Jedoch finden sich in Parallelakten Notizen über den Umfang der Leuna/Minol-Verwaltungsvorgänge:

– Nach einer Aufstellung vom 5. November 1993 bestand die Nebenakte 1 zu diesem Zeitpunkt aus «höchstens 59 Aktenordnern». Diese Akte hieß «Leuna/Minol (Chemie)» (vgl. Anlage 5 der Verwaltungsermittlungen).

– Außerdem liegt eine Notiz vom 25. Oktober 1993 vor, nach der «Referat 422 etwa 15 m Akten» hat.

Zudem wuchsen die Leuna-Akten im Zeitraum Ende 1993 bis Anfang 1994 offenbar erheblich an. Dies ergibt sich aus einer Vorlage an den ehemaligen Bundeskanzler Dr. Kohl vom 7. März 1994, nach der Privatisierungsakten Leuna-Werke AG einschließlich Minol AG, Referat 422, Stand 24. Februar 1994, «mehr als 100 Aktenbände» umfassen.

Aus der festgestellten Aktenführung ergab sich nicht, welches die Beweggründe für die Ausgründung der Nebenakte 4 und 5 um die Jahreswende 1993/1994 gewesen sein könnten. Hierzu sei auf folgende Vermerke verwiesen:

– Referat 422 in einem Vermerk vom 26. November 1993: «Der Untersuchungsausschuss will die Privatisierung der Leuna-Werke AG, einschließlich Minol AG betreffende Akten des Bundeskanzleramtes beiziehen. Aus der ‹Chemie›-Akte (Tr 3, NA 1), der allgemeinen Treuhand-Akte (Tr 3) sowie der K-Reg-Stichworte ‹Leuna-Minol› habe ich eine vierbändige ‹Akte Leuna› erstellt.» «... weitere Gespräche und voraussichtlich ein weiteres Verkleinern der Akte sind notwendig».

– Ein weiterer Vermerk der Abteilung 4 vom 13. Dezember 1993 besagt, dass «die Leuna-Akte wegen der damit verbundenen Gefahr, dass Elf abspringt, dem Ausschuss nicht herausgegeben werden kann».

Als Ergebnis dieser damaligen amtsinternen Überlegungen wurden in der 12. Legislaturperiode dem Treuhand-Untersuchungsausschuss über Referat 132 und das damals federführende Bundesministerium für Finanzen am 27. Juni 1994 sechs zusammengestellte Aktenbände (je drei aus den Nebenakten 4 und 5) zur Verfügung gestellt. Indes lässt sich heute aus Akten des Bundeskanzleramtes nicht mehr rekonstruieren,

– welches Material diese Ordner im Einzelnen enthielten,

– nach welchen Kriterien das ausgewählte Material von den Fachreferaten 422 und 132 aus dem wesentlich umfangreicheren Rest-Aktenkonvolut zusammengestellt war.

Die, wie ausgeführt, um den Jahreswechsel 1993/1994 ausgegründeten Nebenakten 4 und 5 gelangten mit Schreiben vom 24. Juni 1994 über das Bundesministerium der Finanzen zum Untersuchungsausschuss.

Die Rückkehr der jeweils drei Bände aus den Nebenakten 4 und 5 ist nur lückenhaft dokumentiert. Wegen Ausbleibens eines Empfangsbekenntnisses wird auf Nachfrage des BMF das Eintreffen der sechs Aktenbände mit einem handschriftlichen Vermerk eines inzwischen verstorbenen Sachbearbeiters vom 15. Dezember 1994 bestätigt. Außerdem sind die damals zur Sicherung angefertigten Kopien heute nicht mehr vorhanden; üblich ist deren Vernichtung erst nach Rückkehr der aus dem Haus gegebenen Originale.

Suchaktion ab Mai 1997

Im Mai 1997 kam es zu einer Suchaktion nach den sechs Ordnern der Nebenakten 4 und 5. Referat 422 fragte bei der Registratur nach diesen Akten an. Nach den Stellvermerken hätten sich drei Bände der Nebenakte 4 im Referat 422 und drei Bände der Nebenakte 5 in der Registratur befunden haben müssen.

Die anschließende Suchaktion nach den Originalen beschränkte sich auf die Registratur und wurde am 26. Oktober 1998 ohne Ergebnis abgebrochen.

Vorhanden sind seit dem 4. Juni 1997 (Übergabe vom BMF) so genannte «B-Kopien» der vermissten sechs Bände.

Hierzu ist festzustellen:

– Bis auf die Übergabe selbst ist der Rekonstruktionsvorgang nicht feststellbar (etwa: Wer trat wie in dieser Sache mit der Bitte um Amtshilfe an das Bundesministerium der Finanzen heran etc.?).

– Es ist keinerlei Vermerk oder Notiz feststellbar, der Interesse oder Aufmerksamkeit der Arbeits- oder der Leitungsebene des Bundeskanzleramtes für den Aktenfehlbestand dokumentiert hätte.

– Letztlich wurde die Suche, die auch nach Monaten ohne Erfolg blieb, für erledigt erklärt, indem der zuständige Gruppenleiter unter dem 26. Oktober 1998 bekundete: «Der Inhalt der Akten ist in Kopie vollständig vorhanden.»

– Der damalige Leiter der Registratur vermerkte am 23. Juli 1997, dass er die BMF-Bände, deren Paginierung fehlerhaft sei, kopiert habe. Zu diesem Vermerk sind Schriftstücke als fehlend aufgelistet, die inzwischen offenbar wieder zur Akte gelangten, ohne dass man ersehen könnte, wie es dazu kam.

Lieferung von Airbus-Flugzeugen nach Thailand

Die Durchsicht der Akten des Referates 213 (Bilaterale Beziehungen zu Asien, Afrika und Lateinamerika) trägt zur Dokumentation der Ereignisse nichts bei.

Auffällig ist lediglich Folgendes: Zwar sind ausweislich der «Airbus»-Akten ab 1985 Kooperationsbemühungen von Airbus mit diversen Staaten bzw. den dort ansässigen Fluggesellschaften, u. a. China, Vietnam oder Ungarn, nachzuvollziehen. Darüber hinaus hat sich der damalige Bundeskanzler Dr. Kohl gegenüber den politischen Führungsspitzen z. B. Japans, Saudi-Arabiens, Malaysias und Tunesiens in jeweils persönlichen Briefen für einen Ankauf von Airbus-Flugzeugen durch die dortigen Fluggesellschaften verwendet. Jedoch ist festzustellen, dass entsprechende Vorgänge betreffend Thailand fehlen.

Das Stichwort «Airbuslieferungen nach Thailand» wird in der Akte «Beziehungen Thailand» nur einmal erwähnt, und zwar in einem in der Sache nicht bedeutsamen Fernschreiben aus Bangkok an das Auswärtige Amt aus dem Jahr 1982.

Die jeweiligen Aktenfolgen weisen Lücken von bis zu 1½ Jahren und einige Falscheinheftungen auf.

Die Kanada-Exporte

Wegen des Exports von MBB-Hubschraubern und Airbussen nach Kanada ergibt sich ein ähnliches Bild: Direkte Aufschlüsse über die Vorgänge fehlen. Der Vorgang «Deutsch-kanadische Wirtschaftsbeziehungen» nimmt zwischen Ende 1982 und September 1997 keinen nennenswerten Fortgang. Ab September 1997 widmen sich die Akten ausführlicher dem «Deutsch-französischen Gemeinschaftsunternehmen Eurocopter mit seinem Modell Mk 2» im Rahmen eines Auftrages der «kanadischen Streitkräfte zur Beschaffung von 15 Such- und Rettungshubschraubern».

Im Vorgang «Bilaterale Beziehungen zu Kanada» finden sich etwa nähere Erkenntnisse.

– Der ehemalige PM Brian Mulroney sagte dem ehemaligen Bundeskanzler Dr. Kohl in einem Gespräch vom 12. Mai 1993 eine «kurze Notiz ... zu dem Flugzeuggeschäft zu. Diese fehlt jedoch.

– In einem Fernschreiben der Botschaft vom 28. Juli 1995 wird ausgeführt, «dass das Schreiben von MD Bitterlich vom 3. Juli 1995 hinsichtlich der Firma Thyssen» derzeit «auf höchster Ebene geprüft wird». Dieses Schreiben ist in der Akte indes nicht festzustellen.

– Ferner enthält die Akte eine Zuschrift des Kaufmanns Karlheinz Schreiber, die einen Schriftverkehr mit der kanadischen Botschaft auslöste. Dieser Schriftverkehr aus dem Jahre 1995 berichtet über Ermittlungsverfahren gegen den früheren Premierminister Mulroney, und zwar im Zusammenhang mit zwei Vermittlungen des Kaufmanns Karlheinz Schreiber (34 Airbusse A 320 im Jahr 1988, 12 MBB-Hubschrauber für die kanadische Küstenwache im Jahr 1986).

– Schließlich ergibt sich, dass es sich bei jenem «Eurocopter-Projekt» aus dem Jahr 1997 um einen MBB-Nachfolger handelt. Die bei Referat 231 (Rüstung) geführten Akten «Amerika» (auch Kanada) enthalten zwischen 1987 und 1994, «Rüstungsexporte allgemein» zwischen 1991 und 1996 keine Einheftung.

D   Verlauf und Ergebnisse der Untersuchung

I.   Allgemeine Feststellungen

Folgende Besonderheiten der Ermittlungen sind eingangs zu erwähnen:

1. Ein Teil der zu untersuchenden Vorgänge liegt viele Jahre zurück. Die umfangreichen Aktenbestände befinden sich daher nur zu einem Teil im Kanzleramt in Berlin. Ein weiterer Teil befindet sich in Bonn. Ein Teil der Akten ist in Hangelar zwischengelagert. Ein weiterer Teil wurde bereits in den Bestand des Bundesarchivs in Koblenz übernommen.

2. Das Bundeskanzleramt besteht aus Spiegelreferaten zu den Ressorts der Bundesregierung. Daher kann derselbe Vorgang in unterschiedlichen Referaten behandelt worden sein. So können z. B. Rüstungsexporte sowohl in der Abt. 2 unter außen-, europa- und verteidigungspolitischen als auch in der Abt. 4 unter wirtschafts- und industriepolitischen Gesichtspunkten behandelt werden. Selbst Besuchsvorbereitungen des Bundeskanzlers werden üblicherweise von mehreren Abteilungen getroffen.

Die Referate sind mehrfach umgeordnet worden. Dadurch haben sich jeweils die Bearbeitungszuständigkeiten mit der Folge geändert, dass auch die Aktenzeichen verändert wurden und damit das Auffinden von Aktenzügen erschwert wird. Bei umfangreicheren Vorgängen wurde im Laufe der Zeit entschieden, sog. Nebenakten auszugliedern und getrennt zu führen. Auch daraus folgt eine Diskontinuität der Aktenbezeichnung und des Aktenzeichens. Gelegentlich wurden Schriftstücke mit dem alten Aktenzeichen in die neue Nebenakte umgeordnet. In anderen Fällen sind Schriftstücke von dem Sachbearbeiter mit keinem Aktenzeichen versehen worden. Es wurden auch Aktenzeichen verwendet, die in keinem Aktenplan nachweisbar sind. Schließlich wurden einzelne Vorgänge in die Akten eingebracht, die weder nach dem Inhalt noch nach dem Aktenzeichen dorthin gehörten.

3. Die Registratur des Kanzleramtes arbeitet mit handgeschriebenen Karteikarten. Die Stellvermerke über den Standort der Akten werden z. B. bei der Herausgabe der Akte an das Referat mit Bleistift vorgenommen und bei Rückkehr ausradiert. Dabei wird in der Regel das Jahr der Aktenausgabe nicht angegeben, sondern erst dann nachgetragen, wenn dem Registrator die längere Abwesenheit der Akte auffällt.

   Durch den häufigen Wechsel der für das jeweilige Sachgebiet arbeitenden Registratoren war die notwendige, in der Geschäftsordnung vorgesehene enge Zusammenarbeit zwischen Registratur und der sachbearbeitenden Stelle nicht gewährleistet. Ein späterer lückenloser Nachweis des Verbleibs der Akten ist daher stark erschwert.

4. Schließlich war die Registratur und der dort aufbewahrte Aktenbestand in der hier relevanten Zeit nicht gegen Zugriffe gesichert. Die im Kanzleramt tätigen Mitarbeiter benötigen Zugang zu ihren Akten häufig auch nach Dienstschluss der Registratur. Das führte dazu, dass mehr oder weniger umfangreiche Handakten geführt wurden. Es war auch möglich, ohne Kenntnis des Registrators und dementsprechend ohne Stellvermerk auf der Karteikarte eine Akte zu entnehmen und wieder einzustellen.

5. Das Kanzleramt hat mit unterschiedlichen Datenverarbeitungssystemen gearbeitet. Es führte ab 1987 schrittweise das sog. egs-System ein. Das System war hierarchisch gegliedert. Der Abteilungs- bzw. Gruppenleiter konnte auf eine Datei der jeweils nächstfolgenden Ebene zugreifen und durch Bearbeitung verändern. Das System verfügte nur über eine geringe Speicherkapazität.

   Die im zentralen Speicher enthaltenen Dateien wurden daher damals grundsätzlich gelöscht, wenn sie älter als drei Monate waren und wenn sie von dem jeweiligen Sachbearbeiter nicht ausdrücklich als erhaltenswert gekennzeichnet worden waren. Dieses egs-System wurde 1997 im Wesentlichen durch das allgemein übliche PC-Betriebssystem Novell Netware abgelöst. Jedoch wurde z. B. die Registratur der Geschäftsführung der Leitung (die sog. GdL) auf einem dezentralen Speicher über den Regierungswechsel hinaus auf dem alten Standalone-Gerät im egs-Standard geführt. Auch im Vorzimmer von Staatsminister a.D. Schmidbauer war bis zum Regierungswechsel 1998 ein solches Gerät im Einsatz. Die Auswertung noch vorhandener egs-Datenträger erforderte besondere technische Maßnahmen.

Im Laufe der Ermittlungen wurden im Bundeskanzleramt insgesamt 99 und z. T. unbeaufsichtigt herumliegende Sicherungsbänder aus den Jahren 1988 bis 2000 gefunden. Obwohl sie in dem alten und heute nicht mehr verfügbaren egs-System beschrieben waren, konnten sie im Wesentlichen wieder lesbar gemacht und ausgewertet werden. Dieser Vorgang wurde im Einzelnen dokumentiert, die Bänder unter Verschluss genommen und unter Mitwirkung des BSI auf CD-ROMs überspielt, sodass sie für weitere Ermittlungen zur Verfügung stehen. Insgesamt konnten 960175 Textdokumente und 586488 Textbausteine wieder lesbar gemacht und ausgewertet werden.

vgl. Anlage 2 Bericht über informationstechnische Maßnahmen mit Datensicherungsbändern des egs-Datenverarbeitungssystems

Ab 1997 führte das Kanzleramt die jetzige Datenverarbeitung ein, die ebenfalls über einen zentralen Speicher verfügt, dem einzelnen Bearbeiter auf einer Festplatte aber auch eigene Speichermöglichkeiten eröffnet. Diese verbesserte Arbeitsmöglichkeit führte dazu, dass die EDV des Kanzleramtes in wesentlich erhöhtem Umfang nutzbar gemacht und auch eingesetzt wurde.

Gleichwohl wurde die Nutzung dieser Arbeitsmöglichkeit und das Verhältnis zwischen Datei und Schriftgut nur unter dem Gesichtspunkt der Datensicherheit durch die Hausanordnung IT – Sicherheit im Bundeskanzleramt v. 20. 6. 1996 geregelt.

248

vgl. Anlage 5) Hausanordnung IT – Sicherheit im Bundeskanzler-
amt vom 20. 6. 1996, Az.: *112–020 00, sowie vgl. dazu auch Anlage 6) vorläufige Hausanordnung des BMI zum elektronischen Informations- und Dokumentenaustausch, GGO – IT, vom 1. 10. 1998*

Die Hausanordnung bestimmt unter Tz. 6.4, dass «in regelmäßigen Abständen jeder Benutzer die nicht mehr benötigten Dokumente bzw. Textbausteine in der Ablage zu löschen» habe. Sie enthält aber keine Bestimmungen darüber, welche Dateien wie lange zu speichern sind, wer sie bearbeiten kann und ob eine zentrale Löschung auch ohne oder gegen den Willen des Nutzers zulässig ist.

II. Löschung von Dateien im Kanzleramt

Während der Ermittlungen ergaben sich Hinweise darauf, dass im Bundeskanzleramt vor dem Regierungswechsel im Oktober 1998 in großem Umfang Daten und Arbeitsdateien zentral gelöscht worden sind.

1. Die festgestellten Löschungen waren keine routinemäßigen Datenlöschungen wegen beschränkter Speicherkapazität oder etwa Löschungen nicht mehr benötigter Daten durch die Benutzer. Es handelte sich vielmehr um außergewöhnlich umfangreiche Löschungen in der Absicht, den Datenbestand aus Anlass des Regierungswechsels und der Übergabe des Kanzleramtes an den Nachfolger zu verändern. Gelöscht wurden Textdateien, die im Rahmen der dienstlichen Tätigkeit der Benutzer im Kanzleramt mit dem Textverarbeitungsprogramm WinWord im informationstechnischen (IT) System unter dem Betriebssystem Novell Netware erstellt worden waren.

Der außerordentliche Umfang der Löschungen lässt sich anhand elektronischer Aufzeichnungen im Wesentlichen rekonstruieren. Die Löschungen fanden zentral an drei Tagen, nämlich am 30. 9. 1998, 6. 10. 1998 und 22. 10. 1998, jeweils nach Dienstschluss, statt. Der Umfang der Löschungen lag bei etwa 3 Gigabyte. Das wird im Ergebnis durch das Gutachten des BSI bestätigt. Es wurden zwei Drittel der zu diesem Zeitpunkt im Datenverarbeitungssystem des Kanzleramtes zentral gespeicherten Dateien gelöscht. Dabei wurde durch eine besondere Schaltung sichergestellt, dass die gelöschten Daten nicht rekonstruiert werden können.

> vgl. _Anlage 7)_ *Gutachten des Bundesamtes für Sicherheit in der Informationstechnik über Analyse und Interpretation systemtechnischer Informationen des Novell-Netware-Netzes im Bundeskanzleramt*

2. Die Löschungen führten im Bundeskanzleramt zu erheblichen Diskussionen, weil sie nicht angekündigt worden waren, also ohne Kenntnis und gegen den Willen der einzelnen Datennutzer durchgeführt wurden.

   Nach der ersten Aktion konnten zunächst noch einzelne Dateien wiederhergestellt werden, so z. B. die Dateien des Sozialwerks. Diese Möglichkeit wurde bei den darauf folgenden Löschungen ausgeschlossen. Das ist technisch dadurch möglich, dass statt des sonst aktivierten salvage-Systems das sog. purge-System aktiviert wird.

3. Im Leitungsbereich des Kanzleramtes, d. h. im Bereich des früheren Bundeskanzlers und des Kanzlerbüros, des Chefs des Bundeskanzleramtes und seines Büros sowie der Staatsminister a.D. Pfeifer und Schmidbauer wurden, soweit erkennbar, alle Daten gelöscht und im Übrigen auch keine Aktenvorgänge übergeben, dies obwohl dort durchaus Akten geführt wurden, was für den Bereich von Bundesminister a.D. Bohl wegen einer rekonstruierten Aktenverwaltung bis in Details nachgewiesen werden kann.

   a) Für den gesamten Leitungsbereich gab es die Registratur der GdL, die dem Kanzlerbüro zugeordnet war. Dabei handelt es sich um eine auch heute noch verwendete Auftrags- und Verlaufsdatei, in der grundsätzlich Aufträge aus der Leitung in das Haus sowie Vorlagen aus dem Haus an die Leitung erfasst wurden. Die Aufträge wurden chronologisch nummeriert und zwar durch eine im egs-System betriebene Datei. Diese mit der Datenverarbeitung des Hauses nicht vernetzte Datei wurde zweimal, zuletzt exakt zum Regierungswechsel, vollständig auf null zurückgeführt.

Die Löschung wurde nicht von dem zuständigen Registrator durchgeführt. Das BSI konnte zwar von einer gelöschten Festplatte ca. 29 000 Datensätze des Systems extrahieren, von denen der überwiegende Teil als Folge logischer Löschung auf dem Originalsystem nicht mehr zur Verfügung steht. Die Daten konnten jedoch nicht mehr in eine Datenbank überführt werden, da die Verknüpfungen der einzelnen Datensätze vermutlich gelöscht worden sind. Die gesicherten Daten stehen auf CD-ROM zur weiteren Auswertung zur Verfügung.

vgl. Anlage 3) Schreiben des BSI vom 15. 3. 2000

b) Im Bereich Chef BK wurden zwei besondere Auftragsdateien geführt, nämlich eine Datei über den Vorlagenverkehr mit dem Bundeskanzler und eine Auftragsdatei mit dem Haus.

Die Aufträge wurden – wie in der GdL – fortlaufend elektronisch nummeriert und enthielten eine kurze Bezeichnung des Auftrags, des Auftragsempfängers, der Bearbeitungsfrist und der Wiedervorlage. Diese Informationen waren ursprünglich vor Einführung der Datenverarbeitung in handschriftlichen Kladden festgehalten worden, die längere Zeit im Büro Chef BK aufbewahrt wurden, jetzt jedoch nicht mehr auffindbar sind.

Auch diese Dateien wurden gelöscht.

c) Im Bereich des Bundeskanzlers a.D. Dr. Kohl wurde ein sog. persönliches Archiv geführt, welches im Laufe der Zeit einen beträchtlichen Umfang erreichte und deshalb teilweise in Räumlichkeiten außerhalb des Leitungsbereichs ausgelagert war. In diesem Archiv wurde der gesamte Schriftverkehr des Bundeskanzlers a.D. von einer eigens mit dieser Aufgabe betrauten Kraft verwaltet. Von diesen Vorgängen gibt es in den Verwaltungsvorgängen des Bundeskanzleramtes keine Doppel, sodass nicht festgestellt werden kann, ob es sich in Teilen auch um Sachvorgänge des Amtes handeln könnte.

Im Bereich Chef BK wurde eine umfangreiche elektronische Registratur betrieben, die einen eigenen Aktenbestand des Chef BK belegt. Die Bezeichnung dieser Akten konnte für verschiedene Zeiträume anhand der aufgefundenen egs-Sicherungsbänder gelesen werden. Gegenstand dieser gesonderten Aktenverwaltung waren unterschiedliche Vorgänge, teils partei-, wahlkreisbezogener oder privater Natur, teils aber auch Sachvorgänge des Kanzleramtes. Obwohl diese Vorgänge auf der amtlichen Datenverarbeitungsanlage des Kanzleramtes geführt und bearbeitet worden sind, muss der persönliche und der Bereich der Abgeordnetentätigkeit als nicht dem Zugriff des Kanzleramtes unterliegende Vorgänge respektiert werden. Die im Index aufgeführten Vorgänge wurden also nur insoweit näher untersucht, als sie dem Kanzleramt sachlich zuzuordnen waren. Die Gesamtheit der Vorgänge ist als Index rekonstruiert worden und daher überprüfbar.

Vgl. Anlage 8) Vermerk Dr. Hirsch vom 12. 4. 2000, Computerausdruck Akten Chef BK

Aus diesem Gesamtbestand wurde keine Akte in die Registratur des Kanzleramtes überführt. Der gesamte Bestand ist heute nicht mehr vorhanden.

Der damalige Chef BK, BM a.D. Friedrich Bohl MdB, hat dazu erklärt, er habe weder selbst Akten vernichtet, noch die Vernichtung von Akten oder die Löschung der Dateien angeordnet. Seine persönlichen Unterlagen habe er der Konrad-Adenauer-Stiftung zur Verfügung gestellt. Er sei aber bereit, sie in seiner Gegenwart durchsehen zu lassen, ob einzelne Akten versehentlich falsch zugeordnet worden seien.

Die Mitarbeiter des Chef BK haben bestätigt, dass in seinem Bereich Dateilöschungen vorgenommen wurden und Akten ausgesondert und vernichtet worden sind, die sie als Kopien, Retenten und sonstiges überflüssiges Papier bezeichnet haben.

4. In den bisherigen Ermittlungen und auch öffentlich hat der seinerzeit für die Informationstechnik zuständige Abteilungsleiter erklärt, die

Datenlöschung gehe auf seine Überlegung zurück. Es sei ihm um die Löschung von persönlichen Aufzeichnungen und von politischen Konzepten gegangen, die etwa vorsorglich für Koalitionsverhandlungen entwickelt worden waren, aber durch die Wahlen gegenstandslos geworden seien. Die Verwaltungsvorgänge hätten ja ohnehin auch in ausgedruckter Form, also in den Akten vorhanden sein müssen.

Tatsächlich wurden die Löschungen zentral und heimlich, also ohne Benachrichtigung der Nutzer begonnen. Sie erfassten im Leitungsbereich auch vom Personalrat geführte Daten des Sozialwerks, die auf den einsetzenden Protest hin rekonstruiert werden konnten, während bei späteren Löschungen die Wiederherstellung maschinell ausgeschlossen wurde. Wegen des Protestes von Mitarbeitern, die sich in ihren Arbeitsmöglichkeiten behindert sahen, kam es zu mindestens einer Besprechung bei dem Chef BK, an dem auch die Abteilungsleiter teilnahmen. Keiner der Gesprächsteilnehmer hat von einer eindeutigen Weisung des Chefs BK berichtet. Er hat offenbar empfohlen, nichts zu löschen, was für die weitere Arbeit von Bedeutung sein könne, und nur solche Dateien zu löschen, die von den jeweiligen Mitarbeitern in Listen, die sie vorlegen sollten, nicht ausdrücklich als weiterhin notwendig bezeichnet wurden. Es gibt dazu jedoch keine schriftliche Weisung und kein Gesprächsprotokoll. Chef BK a.D. Bohl hat erklärt, dass er keine Weisung zu einer Löschung gegeben habe. Auch keiner der übrigen Abteilungsleiter hat erklärt, für seinen Bereich eine solche Weisung gegeben zu haben.

Tatsächlich wurden die Löschungen im Wesentlichen wie vorgesehen fortgesetzt und erfassten auch die Dateien der Mitarbeiter, die nicht anwesend waren oder nicht befragt wurden. Von einer Beschränkung auf persönliche Notizen oder vorsorgliche Koalitionsvorbereitungen kann keine Rede sein.

Die Nutzer hatten zum Zeitpunkt der Löschungen Schriftsätze im Entwurfsstadium, Musterdokumente, Textbausteine, Lebensläufe ausländischer Politiker und weitere Dokumente gespeichert, an deren Erhaltung zur zweckmäßigen Aufgabenerfüllung ein objektives dienstliches Interesse bestand. Die Verfügung dieser Dokumente in Sachakten hätte keinen Sinn gegeben. Der Sinn solcher Dateien war es ja gerade, als Datenbestand zur Verfügung zu stehen, beispielsweise zur Vorbereitung absehbar zu fertigender Vorlagen, Vermerke und ähnlicher Schriftstücke.

Eine Rechtsgrundlage für diese zentralen Löschungen ist nicht zu erkennen. Die für die IT-Organisation zuständige Abteilung war über die Dateien der anderen Abteilungen des Hauses nicht verfügungsberechtigt. Ihre Aufgabe war es lediglich, die in der Hausanordnung v. 20. 6. 96 betr. IT-Sicherheit im Bundeskanzleramt vorgesehenen Dienstleistungen zu erfüllen.

5. Gleichwohl war der für IT-Organisation zuständige Abteilungsleiter offenbar entschlossen, alles löschen zu lassen, was nicht ausdrücklich als unbedingt zu erhalten gekennzeichnet worden war. Nur durch dieses Verfahren ist zu erklären, dass es zu einer außerordentlich umfangreichen Datenlöschung gekommen ist, die bei einzelnen Abteilungen fast den gesamten Bestand der vorhandenen Dateien und insgesamt etwa drei Gigabyte umfasst hat.

Daraus ergibt sich die Frage, welchen Sinn die Datenlöschungen haben sollten, gegen die im Hause auch nachdrücklich Zulässigkeitsbedenken geltend gemacht worden sind. Löschungen des dargestellten großen Umfanges konnten sich nicht auf unverbindliche Entwürfe oder Konzepte beschränken, die noch keine Aktenreife hatten. Es drängt sich der Gedanke auf, dass die außerordentlich umfangreiche Löschung der Dateien die Möglichkeit einer ihr nachfolgenden Bereinigung der Akten und der ausgedruckten Informationen eröffnete, wenn ein Mitarbeiter des Kanzleramtes das in seinem Bereich für notwendig halten sollte. Dafür spricht auch, dass die Dateilöschungen eben nicht gezielt nur bei einzelnen Nutzern, sondern generell in allen Abteilungen erfolgte.

6. Auch die Festplatte der GdL ist zweimal auf Null zurückgeführt worden, d. h. die darauf befindlichen Aufträge der Amtsleitung in das Haus wurden ersatzlos gelöscht, zuletzt genau am Tag der Amtsüber-

gabe, dem 28. 10. 1998. Die Löschung führte nicht der zuständige Registrator durch.

Der damalige Leiter des Kanzlerbüros bezieht sich dazu auf den für IT-Organisation zuständigen Abteilungsleiter, obwohl die GdL organisatorisch zum Kanzlerbüro, d. h. zur Leitung des Hauses und gerade nicht zu dieser Abteilung gehört.

Die Löschung der GdL und die Entfernung der parallel geführten Auftragsbücher erschwert es jedem Amtsnachfolger, im Leitungsbereich des Kanzleramtes festzustellen, welche Vorgänge «leben», in welchen Vorgängen Aufträge erteilt worden sind und wann mit Wiedervorlagen gerechnet werden kann, welche Aufträge wann und von wem erledigt wurden oder noch ausstehen. Dasselbe gilt für die Auftragsdatei Chef BK.

Tatsächlich wurde die GdL-Datei regelmäßig zur Verfolgung und Suche von Vorgängen genutzt, nicht nur innerhalb der Leitung, sondern auch aus anderen Arbeitsbereichen des Hauses.

Die Datei wurde auch nicht etwa durch den Wegfall des ursprünglichen Auftraggebers gegenstandslos. Die Aufträge des Chef BK zu Sachvorgängen werden nicht etwa aus seiner privaten oder parteipolitischen Konstellation heraus erteilt, sondern im Zusammenhang mit seinen dienstlich zu erfüllenden Aufgaben als Behördenleiter. Die Löschung dieser Auftragsdateien erschwert die Fortführung der laufenden Geschäfte jedenfalls bei nicht abgeschlossenen Verwaltungsvorgängen.

Dafür ist es ohne Bedeutung, ob einzelne in den Auftragsdateien zum Zeitpunkt der Amtsübergabe verzeichnete konkrete Aufträge bereits erledigt sind oder nicht. Es wäre also allenfalls legitim gewesen, private oder politisch-konzeptionelle Eintragungen auszusondern und zu löschen.

Auch die Auftragsdateien der Leitung sind Verwaltungsvorgänge und keineswegs nur private oder politisch-konzeptionelle Aufzeichnungen, die zur jeweiligen persönlichen Disposition des Amtsinhabers stehen. Eine Weisung der Hausleitung zur Vernichtung der Dateien ist weder erkennbar, noch hat sich einer der dazu befragten Beamten auf eine solche Weisung berufen. Für die Totallöschung der Datei ist weder eine Rechtsgrundlage noch ein akzeptabler Grund zu erkennen.

III. Verkauf von 36 Panzerfahrzeugen vom Typ Fuchs nach Saudi-Arabien

1. Wegen dieses Vorgangs wird zunächst auf die Ergebnisse der internen Verwaltungsermittlungen Bezug genommen. Im Übrigen liegt dem Vorgang der folgende Sachverhalt zugrunde:

Das Königreich Saudi-Arabien (im folgenden SAR genannt) erhielt im Sommer 1991 insgesamt 36 TPZ Fuchs unterschiedlicher Ausstattung aus Bundeswehrbeständen. Es hatte schon vor 1982 intensive Wünsche vorgetragen, Waffen aus der Bundesrepublik zu bekommen. Ihm war von einer dazu berechtigten Stelle im November 1989 die Ausfuhrgenehmigung von Flakpanzern des Typs Gepard in Aussicht gestellt worden. Trotz unterschiedlicher Meinungen in den verschiedenen beteiligten Ressorts hat die Bundesregierung aber im Ergebnis Lieferungen gepanzerter Fahrzeuge nach SAR stets abgelehnt.

Anfang August 1990 besetzte der Irak Kuwait. Der damals im BMVg für Beschaffungsfragen zuständige Staatssekretär Dr. Pfahls ordnete im BMVg am 10. 9. 1990 die Prüfung der Frage an, ob an SAR bestimmte gepanzerte Fahrzeuge aus Bundeswehrbeständen abgegeben werden könnten.

Mitte September 1990 sagte der damalige Bundeskanzler Dr. Kohl dem US-Außenminister Baker die Überlassung von ABC-Spürpanzern vom Typ Fuchs an die USA und wirtschaftliche Rüstungshilfe für Ägypten, Jordanien und die Türkei zu. In den weiteren Verhandlungen der Häuser hat sich das Auswärtige Amt nachdrücklich auf den Standpunkt gestellt, dass ihm vom Bundeskanzleramt keine Zusage von Waffenexporten an SAR bestätigt worden sei und dass der Bundessicherheitsrat über die offizielle Anfrage des Verteidigungsministers SAR nach der Lieferung von Fuchs-Panzern entscheiden müsse.

Trotz der damals schon erfolgten Besetzung Kuwaits durch den Irak erklärte am 1. 10. 1990 der damalige Verteidigungsminister Stoltenberg ebenso wie der damalige Bundeskanzler, dass vorerst keine Waffenlieferungen nach SAR genehmigt werden würden.

Am 17. 1. 1991 begann der militärische Angriff der Alliierten zur Befreiung Kuwaits. Der Bundessicherheitsrat genehmigte den Panzerexport am 27. 2. 1991, einen Tag vor Beendigung des Golfkrieges. Die Lieferung wurde aus Beständen der Bundeswehr bewirkt. Anschließend stellte die Firma Thyssen Henschel aufgrund eines Vertrages vom 1. 8. 1991 eine entsprechende Anzahl von Fuchs-Panzern der verschiedenen Ausführungen in neuester Ausfertigung her und lieferte sie an die Bundeswehr aus.

Nach von den *Stuttgarter Nachrichten* am 21. 3. 2000 wiedergegebenen Feststellungen der StA Augsburg hatte der Kaufmann Karlheinz Schreiber schon Ende 1990 vor Abschluss des Liefervertrages zwischen Thyssen Henschel und dem SAR mit dem Staatssekretär Dr. Pfahls, den Kaufleuten Maßmann und Haastert sowie den Herren Kiep und Strauß verabredet, 6 Prozent der Vertragssumme des Vertrages über die Lieferung der Panzer an den SAR als Provision untereinander aufzuteilen, insgesamt 24,4 Millionen DM. Der Liefervertrag soll Ende 1990 abgeschlossen worden sein.

Dem mit Thyssen verbundenen Kaufmann Karlheinz Schreiber war die zunächst ablehnende Haltung der Bundesregierung bekannt. Daher bat er nach einem vom Magazin *Focus* 18/2000 zitierten, als «vertraulich» bezeichneten Schreiben vom 20. 2. 1991 Herrn Kiep, den Bundeskanzler über die Verstimmung der arabischen Seite zu informieren und ihn zu bitten, sich für die Lieferung der Panzer an SAR einzusetzen. Schreiber soll dann bei dem früheren Staatssekretär Dr. Pfahls die Anordnung erwirkt haben, dass die Lieferung zunächst aus Beständen der Bundeswehr erfolgen könne, obwohl der Bestand von Bundeswehrpanzern dieses Typs infolge der Lieferungen an die USA bereits weit unter den Soll-Bestand abgesunken war.

2. Die Akten des Bundeskanzleramtes spiegeln zwar die lang andauernden Bemühungen des SAR um die Lieferung deutscher Waffen, die Vorbereitung der Gespräche mit dem amerikanischen Außenminister Baker am 15. 9. 1990 und am 8. 1. 1991, die auch danach bestehende Ablehnung der Lieferung von Panzerfahrzeugen nach SAR durch die Bundesregierung sowie die erwähnte Sitzung des Bundessicherheitsrates detailliert wider. Sie geben jedoch keinerlei Auskunft darüber, wie es zu der abschließenden Meinungsbildung kam. Insbesondere ist festzuhalten, dass die Gespräche des Kanzlers mit dem amerikanischen Außenminister Baker nicht erkennen lassen, dass die Lieferung von Panzern nach SAR bei dieser Gelegenheit zugesagt oder auch nur angesprochen worden wäre.

In einzelnen einschlägigen Akten des Kanzleramtes befinden sich außergewöhnliche und aus dem Sachzusammenhang nicht erklärbare zeitliche Lücken.

So befindet sich in der Akte 23 – 378 32 (30) Sa 2 Bd. 4 – Waffenlieferungen an SAR und Nahost (v. 14. 4. 1985 bis zum 16. 2. 1993) eine Zeitlücke von einem Jahr zwischen dem 14. 9. 1989 und dem 25. 9. 1990, sowie zwischen dem 20. 10. 1990 und dem 29. 1. 1993 sogar eine Lücke von 2 ½ Jahren. Insbesondere die zweite Lücke bezieht sich auf einen gerade hier besonders interessanten Zeitraum.

3. Die in den Akten aufgefundenen zeitlichen Lücken sind nach Art und Umfang außergewöhnlich. Die Zeit des Golfkrieges von August 1990 bzw. 17. 1. 1991 bis zum 28. 2. 1991, die Anbahnung der Panzerlieferung und die Durchführung der Lieferung finden trotz ihrer allen Beteiligten bewussten politischen Bedeutung in den Akten des Kanzleramtes kaum einen Niederschlag. Das steht im Gegensatz zu der Intensität, mit der in den vorhergehenden Jahren die Bemühungen des SAR wiedergegeben werden, auf unterschiedlichen Kanälen einen Meinungswandel der Bundesregierung zu bewirken und Zugang zu deutschen Waffenlieferungen zu erhalten. Der Name des Kaufmanns Karlheinz Schreiber findet erst zwei Jahre später in einem Schreiben v. 27. 4. 1993 des Herrn Kiep als Vorsitzenden der Atlantikbrücke an

den Bundeskanzler Erwähnung, ohne dass etwa die Bemerkung Kieps angezweifelt wird, Schreiber habe die Waffenlieferungen im Wesentlichen mitbewirkt. Die von Schreiber nach Presseberichten bereits unter dem 20. 2. 1991 erbetene Intervention Kieps beim Bundeskanzler a.D. ist in den Akten des Amtes nicht enthalten.

Ob die geschilderte Unvollständigkeit der Akten darauf beruht, dass nachträglich Aktenteile entfernt worden sind, konnte bisher nicht geklärt werden.

IV. Privatisierung bzw. Neubau der Erdölraffinerie Leuna und Veräußerung des Minol-Tankstellennetzes

1. Wegen des Vorganges wird auf die oben dargestellten internen Verwaltungsermittlungen verwiesen. Im Übrigen liegt dem Vorgang der folgende Sachverhalt zugrunde:

Dem Aufbau des sogenannten Chemie-Dreiecks wurde für den Wiederaufbau der ostdeutschen Wirtschaft und für die Entwicklung der Arbeitsmarktlage größte wirtschaftliche und politische Bedeutung beigemessen. Für die Privatisierung der Raffinerie Leuna kamen die von der Treuhand beteiligten Unternehmensberatungen McKinsey, Arthur D. Little und schließlich Goldman & Sachs zu dem Ergebnis, dass nur ein Neubau der Raffinerie in Betracht komme und dass dieses Projekt nur bei gleichzeitiger Verwertung des umfangreichen Minol-Tankstellennetzes wirtschaftlich sinnvoll durchgeführt werden könne.

Auf der Grundlage eines Vorvertragsentwurfs vom 15. 1. 1991 der von der Treuhand beauftragten Sozietät Shearman & Sterling lagen Ende 1991 zwei Angebote vor:

– ein verbindliches Angebot des TED-Konsortiums – bestehend aus dem französischen damaligen Staatsunternehmen Elf Aquitaine, der Fa. Thyssen und der Deutschen SB, die später aus dem Konsortium ausschied,

– sowie ein noch unverbindliches Angebot eines anderen Konsortiums unter Führung der BP.

Die Treuhand entschied sich für weitere Verhandlungen mit dem TED-Konsortium, zumal es günstig erschien, Frankreich durch das Staatsunternehmen Elf in den Aufbau der ostdeutschen Wirtschaft einzubinden.

In die schwierigen Verhandlungen zwischen den Vertragspartnern schaltete sich auch das Bundeskanzleramt ein. In seinen Schreiben vom 21. 4. 1992 und 20. 5. 1992 an den Bundeskanzler legte der Präsident von Elf Aquitaine, Le Floch-Prigent, dar, dass Elf auf der Basis des Vorvertrages von 1991 bei einem Investitionsvolumen von 6,9 Milliarden DM mit einer Subvention von 35 Prozent und 1 Million DM für jeden geschaffenen Arbeitsplatz gerechnet habe.

Durch die Investition würden im Übrigen 2.250 förderungsfähige Arbeitsplätze geschaffen, mittelbar sogar 13 000 Arbeitsplätze. Das Bauvorhaben werde zu 69 Prozent von Thyssen und Lurgi durchgeführt. Voraussetzung der Investition sei ferner, dass allein die von Elf Aquitaine zwischen Rostock und dem Chemiedreieck geplante und keine andere Pipeline genehmigt werde. Es kam schließlich bei einer Investition von 4,3 Milliarden DM und der Garantie von 2.250 Arbeitsplätzen zu einer Subventionszusage von 2 Milliarden DM. Außerdem verpflichtete sich die Treuhand, die Altbetriebe Leuna und Zeitz bis 1996 unter Übernahme der Verluste fortzuführen und die Kosten des Sozialplans sowie den wesentlichen Teil der Sanierung ökologischer Altlasten zu übernehmen, die auf den Grundstücken lagen. Elf Aquitaine konnte die Anteile der Treuhand an der Minol Mineralöl AG erwerben und erhielt die Möglichkeit, 18 Autobahntankstellen unabhängig von einer sog. Benzinquote langfristig zu pachten. Auf dieser Grundlage wurde der Hauptvertrag vom 23. 7./30. 7. 1992 unterzeichnet, der im Oktober 1992 nach der Zustimmung des BMF in Kraft trat.

Die Subventionszusage von 2 Milliarden DM war nur dadurch möglich, dass man die in Nebenbetrieben der Raffinerie entstehenden Arbeitsplätze einrechnete und anscheinend bestehende Zweifel wegen der Investitionshöhe zurückstellte.

Diese Phase wurde durch zwei wesentliche Veränderungen beendet:

Nach einem Regierungswechsel in Frankreich wurde Elf Aquitaine Mitte 1993 privatisiert. Der bisherige Präsident Le Floch-Prigent und sein Berater Le Blanc Bellevaux schieden aus. Der neue Elf-Präsident Jaffré stand dem Engagement hinsichtlich seines wirtschaftlichen Nutzens für Elf Aquitaine sehr viel zurückhaltender gegenüber als sein Vorgänger. Es befürchtete vor allem, dass die Börsenkurse des mit großem politischen Aufwand privatisierten Unternehmens sich nicht erwartungsgemäß entwickeln könnten. Hinzu kam, dass Thyssen im August 1993 von seiner sog. Put-Option Gebrauch machte und mit Fertigstellung der Raffinerie aus dem Konsortium ausscheiden wollte. Elf verlangte, dass die Treuhand die Thyssen-Anteile übernehmen solle («Rückverstaatlichung»). Daraus ergaben sich lange und schwierige Auseinandersetzungen, in denen auch der frühere Bundeswirtschaftsminister Dr. Hans Friderichs, Herr Walther Leisler Kiep und der Kaufmann Dieter Holzer erscheinen, Letzter durch Herrn Kiep, aber auch durch die Abg. v. Hammerstein, Ost und Kriedner eingeführt. Nach langen, hier nicht näher interessierenden Auseinandersetzungen kam es im April 1994 zu einem Memorandum of Understanding (MoU), in dem sich die Treuhand u. a. verpflichtete, Elf bei der Suche nach einem neuen Partner für die Raffinerie zu helfen oder notfalls die Thyssen-Anteile von der damaligen Treuhand-Tochter Buna übernehmen zu lassen.

Der erste Spatenstich erfolgte am 26. 5. 1994. Wegen der Tankstellenfrage kam es am 23. 1. 1995 zu einem Vertrag zwischen dem BMVBW, Elf und der Treuhand-Nachfolgerin BvS. Schließlich wurde am 30. 6. 1997 die alte Raffinerie Leuna geschlossen.

Bereits am 18. 2. 1994 hatte die EU-Kommission die Bundesregierung darüber unterrichtet, dass sie wegen des Verdachtes zu hoch veranschlagter Baukosten ein Untersuchungsverfahren eingeleitet habe. Es bestand der Verdacht, dass unangemessen hohe Subventionen gefordert und bewilligt worden seien. Das dazu von der BvS angeforderte sog. Solomon-Gutachten kam zu dem – von Elf bestrittenen – Ergebnis, dass die Baukosten um bis zu einer Milliarde DM zu hoch berechnet worden seien. Daraufhin wurden die zugesagten Bundes- bzw. Landesbürgschaften 1996 nur zu einem entsprechenden Teil geleistet.

Wegen der Verpflichtung aus dem MoU zur Übernahme bzw. Übertragung der Thyssen-Anteile kam es zu einem Rechtsstreit, der im Februar 1998 zwischen Elf und der BvS verglichen wurde. Dabei erhielt Elf zur Abgeltung der Ansprüche aus dem MoU insgesamt 360 Millionen DM, nämlich 240 Millionen DM von der BvS und vom Land Sachsen-Anhalt weitere 120 Millionen DM.

Die Auseinandersetzung zwischen der Treuhand bzw. der BvS, dem Bundeskartellamt und Elf wegen der Autobahntankstellen zogen sich bis zum Dezember 1998 hin.

2. Wesentliches Ergebnis der Ermittlungen

Die Ermittlungen haben die Darstellung der Verwaltungsermittlungen über das äußere Bild der heute vorhandenen Akten 044–594 00 Tr 3 (NA 4), Leuna – Minol, und 044–594 00 Tr 3 (NA 5), Elf – Aquitaine, und über den Aktenlauf bzw. die festgestellten Aktenverluste bestätigt.

a) Ausgangspunkt ist die Bildung des Untersuchungsausschusses «Treuhand» in der 12. Legislaturperiode, der sich am 29. 9. 1993 unter Vorsitz von Otto Schily, MdB, konstituierte und die Einflussnahme der Bundesregierung auf die politisch umstrittenen Entscheidungen der Treuhand prüfen sollte.

Das Kanzleramt befürchtete damals, dass das Investitionsklima in den neuen Bundesländern und insbesondere die in einer schwierigen Phase befindlichen Großinvestitionen Leuna/Minol unter dem politischen Eindruck des Untersuchungsausschusses erheblich in Mitleidenschaft gezogen werden könnten.

Daraufhin richteten die fünf Ministerpräsidenten der neuen Bundesländer am 17. 9. 1993 an den damaligen Bundesvorsitzenden der SPD, Rudolf Scharping, MdB, und an den damaligen Vorsitzenden der

SPD-Bundestagsfraktion, Hans-Ulrich Klose, MdB, ein Schreiben, mit dem sie eindringlich vor den möglichen negativen wirtschaftlichen Folgen eines Untersuchungsausschusses des Deutschen Bundestages für die neuen Bundesländer warnten und «nachdrücklich ersuchen, von dem Vorhaben des Untersuchungsausschusses Treuhandanstalt Abstand zu nehmen». Es solle bei dem bisherigen Instrument parlamentarischer Information und Kontrolle, nämlich dem Treuhandausschuss des Bundestages bleiben. Dieses Schreiben der Ministerpräsidenten ist auch von dem Regierenden Bürgermeister Berlins unterzeichnet worden. Für den Ministerpräsidenten des Landes Brandenburg wird mitgeteilt, dass das Schreiben von ihm «inhaltlich mitgetragen» werde.

Das Schreiben brachte der damalige 1. Parlamentarische Geschäftsführer der CDU/CSU-Bundestagsfraktion, Dr. Jürgen Rüttgers, MdB, mit Rundschreiben vom 22. 9. 1993 den Mitgliedern seiner Fraktion zur Kenntnis. Ein Original des Rundschreibens nebst teils abgedeckter Kopie des Ministerpräsidentenbriefs befindet sich in den Akten des Bundeskanzleramtes. Darauf ist die handschriftliche Notiz des persönlichen Referenten des Chef BK angebracht: «War das Schreiben nicht vertraulich?» und die Antwort des Chef BK: «Nein!».

In den rekonstruierten Dateien des Kanzleramtes wurde der vollständige Textentwurf des Schreibens der Ministerpräsidenten gefunden, der von einem Referatsleiter verfasst und in seiner Datenablage gespeichert worden war. Darüber hinaus findet das Schreiben eine gesonderte Erwähnung in dem vom Chef BK geführten Aktenbestand, nämlich in der Sonderablage «Schriftwechsel, der außer Haus gegeben wurde».

vgl. Anlage 9) rekonstruierte Datei aus EGS-Sicherungsbändern: Textentwurf des Schreibens der Ministerpräsidenten

Ein irgendwie geartetes Hinweis auf die Entstehung dieses Ministerpräsidentenschreibens im Kanzleramt fehlt in den Akten. Der Vorgang war gleichwohl zur Kenntnis Chef BK gelangt, und zwar ursprünglich ersichtlich als vertrauliche Angelegenheit, wie sich aus der

263

zitierten handschriftlichen Frage des persönlichen Referenten ergibt. Demnach gab es eine entsprechende Leitungsvorlage und einen entsprechenden Auftrag. Dass es sich bei dem Datenausdruck nur um den Entwurf einer Formulierung gehandelt habe, die aber nicht umgesetzt worden sei, kann angesichts der wörtlichen Identität des rekonstruierten EDV-Ausdrucks mit dem tatsächlich herausgegangenen Schreiben der Ministerpräsidenten ausgeschlossen werden. Es ist danach davon auszugehen, dass das Schreiben der Ministerpräsidenten von dem damaligen Referatsleiter verfasst, jedoch von allen an diesem Vorgang beteiligten Personen vorsätzlich nicht zu den Akten gebracht worden ist.

b) Erst nach Bildung des Untersuchungsausschusses «Treuhand» kam es zu der Ausgründung der Akten Tr 3 NA 4 «Leuna – Minol» am 28. 12. 1993 und Tr 3 NA 5 «Elf – Aquitaine» am 1. 2. 1994 aus der ursprünglichen Akte Tr 3 NA1 «Leuna Minol», die bei dieser Gelegenheit in «Chemische Industrie» umbenannt wurde.

Es ist nicht mehr feststellbar, auf wessen Anweisung die Ausgründungen erfolgten und welchen Umfang die ursprüngliche Akte Tr 3 NA 1 hatte. Die ursprüngliche Stellkarte der Akte Tr 3 NA 1, aus der darüber etwas zu erkennen gewesen sein könnte, ist nicht mehr vorhanden und konnte trotz umfangreicher und aufwendiger Suche nicht wieder aufgefunden werden.

Die Frage nach dem Sinn der Ausgründung ist deswegen von Bedeutung, weil die Umbenennung der Akte Tr 3 NA 1 und die Ausgründungen von NA 4 und NA 5 im engen zeitlichen Zusammenhang mit der Bildung des Untersuchungsausschusses «Treuhand» standen, und weil aus dem Aktenbestand von NA 1 zunächst vier Aktenbände zusammengestellt werden mussten, die für den Untersuchungsausschuss bestimmt waren. Dabei wurde durch umfangreiche Abstimmungen zwischen den Häusern angestrebt, die Akten, die z. B. auch im BMF bzw. der Treuhand vorhanden waren, jeweils in gleicher Weise zu behandeln. Darüber gibt es umfangreiche Vermerke, auch zu der Frage, was zum Untersuchungsthema gehört und welche Fragen zum sog.

exekutiven Kernbereich zu zählen seien oder aus anderen Gründen dem Untersuchungsausschuss nicht vorgelegt werden müssen.

vgl. u. a. Anlage 4) vorläufiger Abschlussbericht der Verwaltungs-ermittlungen im Bundeskanzleramt

Über den Gesamtumfang der ursprünglich vorhandenen «Leuna-Akte» gibt es unterschiedliche Angaben. So heißt es an einer Stelle:

«Aus Sicht des BK ist der Umfang derzeit unabsehbar. Ref. 422 hat etwa 15 m Akten, was aber bei Ref. 322 u. a. noch ist, konnte noch nicht festgestellt werden …»

In einer tabellarischen Aufstellung, die aufgrund des Beweisvorberei-tungsbeschlusses 2/17 vom 21. 10. 1993 für den Untersuchungsaus-schuss erstellt wurde, werden 59 Aktenbände aufgeführt für «Treu-handanstalt (auch BT-Ausschuss THS) allgemeine Akte, einschließlich Einzelfälle (in Einzelheften) NA 1: Leuna/Minol (Chemie)»

In einer Kanzlervorlage vom 7. 3. 1994 heißt es, das Bundeskanzler-amt sei «durch eine Reihe von Fällen, in denen Aktenherausgabe ver-langt wird, tangiert». Dort wird in einer tabellarischen Übersicht vom 24. 2. 1994 zum Beweisbeschluss 2/40 der gesamte vorhandene Ak-tenbestand «Beiziehung der Privatisierungsakten Leuna Werke AG einschl. Minol AG mit «mehr als 100 AB» beschrieben.

c) Durch weitere Beweisbeschlüsse forderte der Untersuchungsaus-schuss auch andere Privatisierungsvorgänge an, an denen das Bundes-kanzleramt ebenfalls beteiligt war, so die Vorgänge Bagger-, Bugsier- und Bergungsreederei (BewB. 2/28), Deutsche Seereederei Rostock (2/29), Thüringische Faser (2/35), Interflug (2/44), Interhotel (2/45), Grimmener Hähnchen (2/50), Landwirtschaftliche Flächen (2/55), ELBO (2/94), Motorradwerke Zschopau (2/121) und Mittel-deutsche Kali (2/129).

d) Gegenüber dem Deutschen Bundestag sollte das BMF federführend sein; weil es die Dienstaufsicht über die Treuhand führte. Das BMF richtete einen Arbeitsstab ein, dasselbe geschah im Bundeskanzleramt.

Nachdem der Untersuchungsausschuss die Vorlage von Originalakten und die jeweilige Versicherung der Vollständigkeit verlangte, wurde zwischen den Beteiligten das Verfahren im Einzelnen abgestimmt.

aa) Die aktenführende Stelle sollte der Arbeitsgruppe des BMF die herauszugebenden Originale und eine so genannte B-Kopie zuleiten. Die Originale und die sog. B-Kopie sollten im BMF unter Beteiligung der aktenführenden Stelle gegenüber dem Bundestag, soweit erforderlich, als VS eingestuft und die entsprechenden Seiten entsprechend gestempelt werden. Die aktenführende Stelle sollte die herauszugebenden Akten in Kartons chronologisch geordnet mit einer Inhaltsübersicht und paginiert dem BMF zuleiten und selbst eine vorher gezogene Kopie – die sog. C-Kopie – bei sich als Ersatz für die Originale aufbewahren.

bb) Im Kanzleramt sollte das jeweils betroffene Referat die Akten zusammenstellen und über den Arbeitsstab dem BMF zuleiten.

e) Zu der Frage, welche Vorgänge zum so genannten «exekutiven Kernbereich» gehören, dem Untersuchungsausschuss also nicht vorzulegen seien, kam es alsbald im Kanzleramt zu unterschiedlichen Meinungen, die hinsichtlich der Akten des Verwaltungsrats der Treuhand auch im Kabinett erörtert wurden. In Bezug auf die Leuna-Akten (betroffen waren: BMF, BMWi und das Bundeskanzleramt) bat die Bundesregierung den Untersuchungsausschuss, mit dem Verlangen der Aktenvorlage bis zum ersten Spatenstich zu warten, der als gefährdet betrachtet wurde.

Die sog. Leuna-Akten des Bundeskanzleramts – nämlich die Bände 1–3 der Akte Leuna – Minol – Az.: 044–594 00 Tr 3 NA 4 – und die Bände 1–3 der Akte Elf – Aquitaine – Az.: 044–594 00 Tr 3 NA 5 – wurden schließlich nach den o. g. Kriterien zusammengestellt und dem BMF am 27. 6. 1994 zugesandt. Dort wurden die Treuhandakten am 18. 7. 1994 eingestuft und auch kopiert. Die sog. C-Kopien wurden am 20. 7. 1994 durch einen Mitarbeiter zum Kanzleramt zurückgebracht.

Eine inhaltliche Prüfung der 6 Aktenbände außerhalb des aktenführenden Referates ist nicht nachweisbar. Sie wurden einfach weitergereicht.

Die Akten wurden am 7. 6. 1994 im BMF zur vorbereitenden Einsicht durch die Abgeordneten Jungmann und Diederichs bereit- und am 20. 7. 1994 über die VS-Registratur des Bundestages dem Sekretariat des Untersuchungsausschusses zur Verfügung gestellt.

f) Die SPD-Fraktion hatte bereits am 22. 3. 1994 ein Organstreitverfahren wegen der Nichtherausgabe der Akten des Verwaltungsrates der Treuhand erhoben. Über dieses Verfahren (2 BvE 2/94) ist bis heute nicht entschieden worden. Daher erstellte der Ausschuss am 5. 9. 1994 einen Abschlussbericht und übersandte unter anderem auch die Originale der Leuna-Akten unter Zurückhaltung einer eigenen Kopie dem BMF, das seinerseits die Original-Akten am 26. 10. 1994 dem Bundeskanzleramt weitergab. Ihren Eingang im Bundeskanzleramt bestätigte der Leiter des Arbeitsstabes des BK erst am 15. 12. 1994, nachdem ihm vom Fachreferat aufgrund einer Mahnung des BMF mitgeteilt worden war, dass sich die Akten in der Hauptregistratur befinden.

4) Diese 6 Aktenbände wurden im Mai 1997 auf Anfrage des zuständigen Referates vermisst und gesucht. Sowohl die Originalbände wie die oben erwähnten 6 Bände C-Kopien, die am 20. 7. 1994 in das Kanzleramt gebracht worden waren, sind in der Registratur nicht mehr vorhanden. Sie konnten trotz umfangreicher Suchaktionen im Kanzleramt nicht mehr gefunden werden.

Um die Akten des Bundeskanzleramtes zu vervollständigen, wurden hier am 4. 6. 1997 die so genannten B-Kopien des BMF kopiert und in den Aktenbestand des Kanzleramtes aufgenommen. Die Suchaktion wurde schließlich beendet, nachdem der zuständige Gruppenleiter am 26. 10. 1998 erklärt hatte, dass «der Inhalt der Akten in Kopie vollständig vorhanden» sei.

Die Amtsleitung wurde über den Verlust der Akten nicht informiert, weil man hoffte, man werde sie wieder finden, und weil man schließlich glaubte, der Inhalt stehe – wenn auch in Kopie – vollständig zur Verfügung.

Selbst wenn man davon ausgeht, dass es sich bei den Akten um die Kopie einer Kopie handelt, kann von Vollständigkeit keine Rede sein. Die Chronologie der 6 Bände ist übereinander gelagert. Sie weisen in politisch und wirtschaftlich wichtigen Zeiträumen erhebliche Lücken auf und enthalten überwiegend minder wichtiges Schriftgut. Ein in sich schlüssiges Verwaltungshandeln kann diesen Kopien nicht entnommen werden.

Die Stellkarten der Registratur des Kanzleramts lassen bei dem gegenwärtigen Stand der Ermittlungen noch keinen sicheren Schluss auf den Verbleib der Akten zu, also ob und wann sie nach ihrer Rückkehr aus dem BMF innerhalb des Kanzleramtes ausgegeben worden waren.

5) Es bleibt die Frage, was mit Band 5 der Akte Tr 3 NA 5 – Elf – Aquitaine geschehen ist.

Auf der Stellkarte für die Akte Tr 3 NA 5 in der jetzigen Originalfassung ist eingetragen, dass der Bd. 5 der Akte an den zuständigen Gruppenleiter am 20. 11. ausgeliehen worden sei. Das Jahr der Ausleihe ist dabei – wie üblich – nicht vermerkt worden. Da eine im Mai 1997 vom damaligen Leiter der Registratur angefertigte Kopie diese Eintragung noch nicht aufwies, kann der Ausleihevorgang erst nach diesem Zeitpunkt liegen.

In der Tat fand am 24. 11. 1997 im Zusammenhang mit dem Untersuchungsausschuss «DDR-Vermögen» in der 13. Legislaturperiode eine Besprechung statt, in der im Kanzleramt die Frage erörtert wurde, welche Leuna-Unterlagen dem Untersuchungsausschuss herausgegeben werden könnten. Dabei spielte eine Rolle, dass dem Untersuchungsausschuss bereits die Kopien der 6 Leuna-Bände aus der 12. Legislaturperiode vorlagen. Bei den Unterlagen zum sog. MoU, zum Solomon-Gutachten und zur Investitionszulage handelte es sich nach Meinung der Sitzungsteilnehmer um einen noch laufenden Vorgang, von dem sie die Auffassung vertraten, er sei nicht vorzulegen.

Der Sitzungsvermerk vom 24. 11. 1997 und das Absendungsschreiben der damals zuständigen Referentin tragen das Aktenzeichen Tr 3 NA 5. Das ist deswegen bemerkenswert, weil dieser Vermerk nach seiner zeitlichen Zuordnung zu dem Bd. 5 der Akte Tr3 NA 5 gehört, also dem Band, mit dem diese Akte endete und der trotz intensiver Suche nicht mehr aufgefunden werden kann. Er wird auf der Stellkarte als «verschollen» bezeichnet.

Es ist ausgeschlossen, dass die Referentin versehentlich das Az. Tr 3 NA 5 anstelle des auch möglichen Tr 3 NA 4 wählte. Denn jene Akte befasst sich zu diesem Zeitpunkt auf Gespräche über Vergleichsverhandlungen zum MoU, die der zuständige Gruppenleiter am selben Tage mit dem Elf-Vorstandsmitglied de Combret führte.

Der Bd. 4 der Akte Elf – Aquitaine Tr 3 NA 5 endet nach seinem Vorblatt am 14. 7. 1994. Nach seinem heute festgestellten Inhalt trägt die letzte Einheftung das Datum 6. 5. 1996. Die Akte besteht nicht wie die Bände 1–3 aus Kopien, sondern sie «lebt». So führt z. B. der Abg. v. Hammerstein, MdB, am 15. 10. 1993 den Kaufmann Dieter Holzer im Bundeskanzleramt ein, vgl. Bl. 23 d. A. Das Jahr 1994 bricht mit Pressemeldungen vom 26. 5. 1994, dem Datum des ersten Spatenstiches zum Neubau der Raffinerie Leuna, ab. Eine Einheftung für den 14. 7. 1994 fehlt. Die Akte setzt sich vielmehr erst nach einer Lücke von über einem Jahr, nämlich mit dem 4. 8. 1995 fort, als sich ein Informant meldet, der berichten wollte, dass Elf überhöhte Kosten für den Neubau der Raffinerie angegeben habe. Die Akte endet am 6. 5. 1996. Irgendein nennenswerter und in sich konsequenter Ablauf verwaltungsmäßigen Handelns wird in der Akte nicht mehr dokumentiert. Sie ist offensichtlich aufgefüllt und zusammengestellt worden.

vgl. Anlage 4) vorläufiger Abschlussbericht der Verwaltungsermittlungen im Bundeskanzleramt, S. 8 f.

Es liegt nahe, dass der Inhalt der Aktenbände Elf – Aquitaine – Az. 594 00 – Tr 3 NA 5 Bd. 4 und Bd. 5 nachträglich verändert wurde, dass Teile der Akten entfernt und dass die verbliebenen Teile der beiden Bände zusammengeheftet worden sind. Eine andere Erklärung für den Befund bietet sich nicht an.

Die Feststellungen zu dem Untersuchungsausschuss DDR-Vermögen in der 13. Legislaturperiode werden im Übrigen später behandelt.

Da der Untersuchungsausschuss Treuhand des Deutschen Bundestages (12. Legislaturperiode) weitere Akten vom Bundeskanzleramt angefordert hatte, wurde der Verwaltungsablauf auch dieser Vorgänge in der Erwartung nachgeprüft, daraus Schlüsse über die Handhabung bei den sog. Leuna-Akten ziehen zu können. Es handelt sich um die bereits erwähnten Vorgänge:

Bagger-, Bugsier- und Bergungsreederei (Beweisbeschluss 2/28), Deutsche Seereederei Rostock (2/29), Thüringische Faser (2/35), Interhotel (2/45), Grimmener Hähnchen (2/50), ELBO (2/75), Motorradwerke Zschopau (2/121), Mitteldeutsche Kali (2/129), Landwirtschaftliche Flächen (2/194), Interflug (3/44).

a) Für die Behandlung dieser Akten war im Grundsatz derselbe Weg vorgesehen, wie er für alle anderen entsprechenden Vorgänge verabredet worden war:

Es sollte im zuständigen Referat, ggf. unter Beteiligung der Arbeitsgruppe Untersuchungsausschuss, geprüft werden, welche Teile der im Kanzleramt vorhandenen Akten sich unmittelbar auf den Beweisbeschluss beziehen, ob die Vorgänge abgeschlossen seien und ob sie ganz oder teilweise zum sog. exekutiven Kernbereich gehören, der dem Untersuchungsausschuss gegenüber nicht offenbart werden muss.

Die herauszugebenden Akten sollten dann im Kanzleramt kopiert werden. Die sog. C-Kopien sollten im Kanzleramt bleiben, die Originale und die sog. B-Kopie sollte dem BMF zur Verfügung gestellt werden. Dort sollte die Einstufung und die entsprechende Aufbringung des VS-Stempels erfolgen. Die Originale sollten dann vom BMF dem Untersuchungsausschuss des Deutschen Bundestages zur Verfügung gestellt und nach Erledigung des Untersuchungsausschusses über das BMF an das Kanzleramt zurückgeführt werden.

b) Zu der tatsächlichen Behandlung der Akten ergibt sich aus den Akten Folgendes:

Die Vorgänge wurden – wie vorgesehen – im aktenführenden Referat zusammengestellt und dem Arbeitsstab Untersuchungsausschuss zugeleitet. Dort wurden die Originale zweimal kopiert. Jeweils eine Kopie ging als Beleg an die aktenführende Stelle zurück, während die Originale und die zweite Kopie dem BMF zur VS-Einstufung und Weiterleitung an den Bundestag zugeleitet wurden. Abgesehen von der Akte Leuna wurden die erforderlichen Vollständigkeitserklärungen teils vom Leiter des Arbeitsstabes, teils von dem zuständigen Referenten dem BMF telefonisch mitgeteilt. Für Leuna wurde keine Vollständigkeitserklärung abgegeben. Es konnte nicht ermittelt werden, warum.

Die einzelnen Vorgänge sandte das Bundeskanzleramt dem BMF zu, und zwar: Bagger-, Bugsier- und Bergungsreederei (Beweisbeschluss 2/28) am 3. 1. 1994, Thüringische Faser (2/35) am 28. 1. 1994, Grimmener Hähnchen (2/59) am 7. 3. 1994, ELBO (2/75), Deutsche Seereederei Rostock (2/29) und Interhotel (2/45) am 21. 3. 1994, Landwirtschaftliche Flächen (2/194; 2/125) am 26. 5. 1994 und schließlich Leuna (2/49), Motorradwerke Zschopau (2/121) und Mitteldeutsche Kali (2/129) am 27. 6. 1994.

Diese Übersendungen sind dokumentiert, und zwar im Bundeskanzleramt wie auch im BMF.

c) Es ist zwar davon auszugehen, dass die Akten vom BMF über die VS-Registratur des Deutschen Bundestages dem Sekretariat des Untersuchungsausschusses zugeleitet wurden. Es ist auch anzunehmen, dass sie nach Ende des Untersuchungsausschusses über das BMF an das Bundeskanzleramt zurückgekehrt sind. Letzteres ist jedoch nicht in allen Fällen dokumentiert.

aa) BBB, Az.: 044–594 00 Tr 3 (NA 3), Privatisierung Einzelfälle:

Die C-Kopie ist in den Akten des Kanzleramtes vorhanden. Sie stimmt mit der vom BMF beigezogenen B-Kopie inhaltlich überein und unterscheidet sich – wie auch in den folgenden Fällen – von den B-Kopien nur insoweit, als die Seiten nicht VS gestempelt sind.

Die Rückgabe der Originale an das Kanzleramt ist nicht dokumentiert.

Der Originalband ist verschwunden.

bb)Thüringische Faser, Az.: 422 – 59 400 Tr (NA 1), Sonderhefter:

Von dieser Akte ist offenbar nur ein Vermerk des BMF vom 22. 6. 1993 herausgegeben worden. Der übrige Vorgang ist nicht an das BMF weitergeleitet worden und besteht als Sonderhefter ganz überwiegend aus Originalen.

Der entsprechende Vorgang Märkische Faser (Az. 422 – 59 400 Tr 3 (NA 2 Bd. 1) ist ebenfalls im Original vorhanden. Es befindet sich dort der Eingangsvermerk, der Vorgang werde wohl bald auf dem Programm stehen und deswegen müsse die «Chemieakte» noch einmal «geflöht» werden.

Der Vorgang ist vom Bundestag nicht angefordert worden und im Original erhalten.

cc) Grimmener Hähnchen, Az.: 322 – 680 De 1 (NA 2):

Die im Kanzleramt vorhandenen Akten bestehen aus Kopien, jeweils mit der Aufschrift «Original an THA-Ausschuss». Die Originale sind im BMF eingestuft und gestempelt worden. Die Rückgabe an das Kanzleramt ist nicht dokumentiert. Bemerkenswert ist die vollständige Dokumentation der Vorbereitung der Akte für den Untersuchungsausschuss und ihrer Abgabe an das BMF durch das zuständige Referat 332.

Der Originalband ist verschwunden.

dd)ELBO, Az.: 044 – 594 00 Tr 3 (NA 3), Privatisierung Einzelfälle:

Es handelt sich um einen Vorgang von erheblicher wirtschaftlicher Bedeutung, nämlich um die Privatisierung von fünf Baukombinaten mit anfangs 10000 Mitarbeitern. An diesem Vorgang bestand erhebliches Interesse, insbesondere der ostdeutschen Bundestagsabgeordneten.

Die im Kanzleramt hergestellte C-Kopie wurde der aktenführenden Abteilung zur Verfügung gestellt und ist vorhanden. Der Vorgang, der am 18. 12. 1991 beginnt und am 4. 12. 1992 endet, besteht vollkommen aus Kopien und ist insoweit identisch mit der vom BMF beigezogenen B-Kopie.

Die Rückgabe vom BMF an das Kanzleramt ist nicht dokumentiert.

Der Originalband ist verschwunden.

ee) Deutsche Seereederei Rostock, Az.: 044–594 00 Tr 3 (NA 3), Privatisierung Einzelfälle:

Der Vorgang wurde im Kanzleramt kopiert und die Kopien wurden der aktenführenden Abteilung zugeleitet. Der Vorgang wurde am 23. 6. 1994 dem Bundestag zugeleitet. Die Rückgabe der Originalakten wird vom Kanzleramt gegenüber dem BMF am 15. 12. 1994 gemeinsam mit den Akten Leuna und Mitteldeutsche Kali quittiert. Die hier vorhandenen Kopien entsprechen den im BMF vorhandenen und beigezogenen B-Kopien.

Der Originalband ist verschwunden.

ff) Interhotel, Az.: 441–51 994 00 Tr 3, Treuhandanstalt:

Der Vorgang wurde im Kanzleramt kopiert und der aktenführenden Abteilung zur Verfügung gestellt. Die hier vorhandene C-Kopie beginnt mit dem 26. 12. 1990 und enthält bis zum 20. 12. 1991 ausschließlich Fotokopien. Insoweit stimmt sie mit der B-Kopie im BMF überein.

Die Akte setzt sich dann fort mit dem 31. 10. 1994 und enthält ab dann auch Originale. Über den Zeitraum zwischen dem 20. 12. 1991 und dem 31. 10. 1994 ist aus der Akte nichts zu erkennen.

Die Rückgabe des Originalbandes an das Kanzleramt ist nicht dokumentiert. Er ist verschwunden.

gg) Motorradwerke Zschopau (MZ), Az.: 441 – 59 400 – Tr 3 (NA 3) Bd. 3:

Die Akte wurde im Kanzleramt kopiert. Die Kopie wurde der aktenführenden Abteilung zur Verfügung gestellt.

Die Akte beginnt mit dem 3. 6. 1993 und besteht bis zum 11. 7. 1994 ausschließlich aus Fotokopien. Insoweit stimmt sie mit der B-Kopie des BMF überein. Ab dann setzt sich die Akte bis zu ihrem Ende am 31. 1. 1995 mit Originalen fort.

Die Rückkehr der Originale in das Bundeskanzleramt ist nicht dokumentiert.

Der Originalband ist verschwunden.

hh) Landwirtschaftliche Flächen, Az.: 423 – 52 602- En 21:

Der Vorgang wurde im Kanzleramt kopiert und die Kopien dem zuständigen Referat zur Verfügung gestellt: Die Originale – 4 Kartons – wurden am 4. 10. 1994 vom BMF an das Kanzleramt zurückgeschickt und mit Schreiben vom 18. 10. 1994 von dem zuständigen Referat bestätigt.

Die Originale sind im Kanzleramt vorhanden.

ii) Interflug, Az.: 441 – 594 00 Tr 3 (NA 3):

Die Akte beginnt mit einer Zusammenstellung von Originalen vom 25. 8. 1990 bis zum 28. 2. 1991. Dieser Zusammenstellung folgt derselbe Vorgang als Kopie. Er ist also doppelt vorhanden. Ihm folgt ein weiterer Vorgang aus dem Jahr 1990, der am 1. 2. 1994 bearbeitet wurde. Der gesamte Vorgang wurde als «exekutiver Kernbereich» betrachtet, weil sich der Bundeskanzler für eine beschleunigte Abwicklung des Unternehmens ausgesprochen hatte. Gegenüber dem BMF bzw. dem Bundestag wurde «Fehlanzeige» gemeldet. Die Sache wurde letzten Endes nicht formell entschieden, weil der Deutsche Bundestag wegen des Endes des Untersuchungsausschusses den Vorgang nicht mehr anforderte.

Das Original der Akte ist vorhanden.

jj) Mitteldeutsche Kali, Az.: 431–621 02 Ka 66 (NA 1):

Der Vorgang wurde im Kanzleramt kopiert. Die Kopien wurden dem zuständigen Referat zur Verfügung gestellt. Auf dem ersten Band befindet sich eine handschriftliche Notiz: «Akte wurde an das BMF gesandt, Kopie für ... (die zuständige Abteilung)». Diese Notiz ist unter dem 8. 7. 1994 im zuständigen Referat abgezeichnet. Die Originale gingen am 29. 6. 1994 in 3 Ordnern an den Deutschen Bundestag. Die Rücksendung der Originale über das BMF an das Bundeskanzleramt erfolgte am 26. 10. 1994 und wurde – gleichzeitig mit der Rückkehr der Vorgänge Deutsche Seereederei Rostock und Leuna – am 15. 12. 1994 bestätigt.

Die 3 ursprünglichen Originalbände sind verschwunden.

Diese Akte hat in der Registratur eine Stellkarte Kali und Salz Ka 66 NA 1. Auf dieser Stellkarte befindet sich die undatierte Eintragung «Bände 1–3 nicht mehr vorhanden (nie von Herrn ...(zust. Referent) zurückgegeben) ein Ersatzband angelegt!»

Die Akte Mitteldeutsche Kali besteht heute zunächst aus 3 Hängeordnern, bei denen es sich offenkundig um die sog. C-Kopien handelt, die im Kanzleramt verblieben waren. Diese Kopienbände beginnen mit dem 7. 4. 1993, dem 13. 7. 1993 und dem 24. 9. 1993.

Neben diesen Kopien gibt es einen Originalband, beginnend mit dem 12. 2. 1993 und endend am 22. 7. 1997. Ein großer Teil dieses Bandes behandelt also denselben Zeitraum wie die erwähnten Kopien, nämlich überlappend vom 12. 2. 1993 bis zum 21. 12. 1993. In diesem Zeitraum befinden sich in der Akte fast ausschließlich Schriftstücke mit Paraphen des Bundeskanzlers oder mit Verfügungen des Chefs BK. Die Akte setzt sich dann mit normalen Originalpapieren fort.

Wie es zu dieser Aktenbildung gekommen ist, lässt sich aus den Anhörungen nicht erklären.

Die drei in das Kanzleramt zurückgekehrten Originalbände sind verschwunden.

Aus der Tatsache, dass die sich in dem Ersatzband befindlichen qualifizierten Dokumente aus demselben Zeitraum stammen wie die im Kanzleramt noch vorhandenen C-Kopien, kann man nur den Schluss ziehen, dass es sich dabei um diejenigen Originale handelt, die aus den ursprünglichen 3 Originalbänden vor ihrem Abgang an das BMF im zuständigen Referat aussortiert wurden und dort offenbar gesondert aufbewahrt worden sind. Möglicherweise sind sie dann auf Drängen der Registratorin zur Bildung des auf der Stellkarte vermerkten Ersatzbandes der Registratur zugeleitet worden, nachdem diese das Fehlen der ausgeliehenen Akten bemerkt hatte und tätig geworden war.

6. Es ist festzuhalten, dass von den vom Untersuchungsausschuss angeforderten Treuhandfällen, und zwar Bagger-, Bugsier- und Bergungsreederei, ELBO, DSR, Grimmener Hähnchen, Interhotel, Motorradwerke Zschopau, Mitteldeutsche Kali und Leuna – Minol sowie Elf – Aquitaine jeweils die Originalakten verschwunden sind, und zwar unabhängig davon, ob ihre Rückkehr in das Kanzleramt dokumentiert wurde – wie in den Fällen Leuna, Mitteldeutsche Kali und die DSR – oder nicht.

Im Fall Landwirtschaftliche Flächen ist die Rückkehr aus dem BMF vom zuständigen Referat mit Angabe des Aktenzeitraums vom 24. 4. 1992 bis zum 27. 5. 1993 direkt, d. h. ohne Einschaltung des Arbeitsstabes Untersuchungsausschuss, quittiert worden. Die zurückgekehrten Originale mit entsprechendem VS-Stempel sind in die Bände 1–5 der Akte einsortiert worden.

In den Fällen Interflug und Thüringische bzw. Märkische Faser sind die Originale vorhanden. Sie haben das Kanzleramt nicht verlassen.

Im Fall Mitteldeutsche Kali sind die Originalbände zwar ebenfalls verschwunden. Die seinerzeit aussortierten, aber dem Bundestag nicht ausgehändigten Originale sind nachträglich wieder aufgetaucht. Alle Vorgänge – mit Ausnahme der Landwirtschaftlichen Flächen und der Grimmener Hähnchen – ressortieren im selben Referat.

a) Es konnte im BMF nicht festgestellt werden, warum die Rückkehr einzelner Akten in das Kanzleramt nicht dokumentiert wurde bzw. ob eventuell in diesen Fällen vom BMF Akten ohne Empfangsbekenntnis ausgehändigt worden sind. Die dortige, für den Untersuchungsausschuss zuständige Arbeitsgruppe hat, wie sich im Fall Leuna ergibt, bei fehlendem Empfangsbekenntnis der zurückgesendeten Akten jedenfalls dann nachgefragt, wenn ein Begleitschreiben zur Übersendung vorlag.

Über die Schlussordnung der Akten hat die im BMF zuständige Arbeitsgruppe einen ins Einzelne gehenden Schlussvermerk am 28. 10. 1994 angelegt.

Die Anhörung der Mitarbeiter im Kanzleramt führten bisher zu keiner weiteren Aufklärung der Vorgänge.

b) Der Untersuchungsausschuss «Treuhand» endete mit Ablauf der 12. Legislaturperiode, ohne seinen Untersuchungsauftrag erfüllt zu haben. Der Verfassungsrechtsstreit zwischen der SPD-Fraktion des Deutschen Bundestages und der Bundesregierung über die Frage, ob die Verwaltungsratsakten der Treuhand herausgegeben werden sollten, war nicht entschieden worden. Zu einer Verständigung kam es trotz verschiedener Bemühungen infolge der strikten Weigerung der Treuhandanstalt nicht, obwohl auch in der Bundesregierung unterschiedliche Meinungen über die Rechtslage vertreten wurden. Man konnte damals also erwarten, dass in der darauf folgenden Legislaturperiode erneut ein Untersuchungsausschuss gebildet und die bisher nicht abgeschlossenen Untersuchungen fortgesetzt werden würden. Das könnte eine Erklärung dafür sein, warum die aus dem BMF zurückgekehrten Originalunterlagen nicht in die Hauptregistratur gelangten und dort eingeordnet wurden. Möglicherweise wurden die Originale und die schon einmal als nicht zur Vorlage an den Bundestag geeigneten, ausgesonderten Dokumente getrennt aufbewahrt. Es ist jedenfalls auffällig, dass niemand nach Ende des Untersuchungsausschusses das Fehlen der zahlreichen Originalbände der Akten reklamierte und dass man in den dargestellten Fällen klaglos auf der Grundlage der Kopien weiterarbeitete. Belegt werden kann diese Annahme jedoch nicht.

7. Auch der in der 13. Legislaturperiode des Deutschen Bundestages gebildete Untersuchungsausschuss «DDR-Vermögen» führte im Zusammenhang mit Leuna zu Verwaltungsvorgängen des Bundeskanzleramtes, die trotz ihrer politischen und wirtschaftlichen Bedeutung nicht ausreichend dokumentiert worden sind.

a) Der Untersuchungsausschuss konstituierte sich unter Vorsitz von Volker Neumann, MdB. Der Ausschuss forderte durch seinen Beweisbeschluss 13–330 vom 13. 11. 1997 vom Bundeskanzleramt die Vorlage der Akten an «über die Privatisierung der Raffinerien in Leuna und Zeitz und der Minol Mineralölhandel AG und über die damit im Zusammenhang stehenden Aktivitäten des Bundeskanzleramtes».

Im Bundeskanzleramt wurde dazu wiederum ein «Arbeitsstab Untersuchungsausschuss» gebildet. Er sollte die gleichen Funktionen gegenüber dem BMF haben wie die – personell anders besetzte – Arbeitsgruppe in der 12. Legislaturperiode.

Es wurde festgelegt, dass alle Kontakte mit dem Deutschen Bundestag nur über diesen Arbeitsstab laufen sollten.

b) Im Kanzleramt war man sich der politischen Bedeutung des Untersuchungsausschusses bewusst. Es waren zu diesem Zeitpunkt bereits Meldungen entstanden, dass Elf – Aquitaine durch überhöhte Angabe von Baukosten zu hohe Subventionen erhalten und dass es im Zusammenhang mit Leuna auch inoffizielle Provisionszahlungen gegeben habe. So wurde schon am 4. 8. 1995, wie dargelegt, jener Informant eingeführt, ein früherer Mitarbeiter der Treuhand, der Angaben zu überteuerten Aufbauarbeiten machen zu können glaubte.

Es hatte auch wiederholt von hochrangiger politischer Seite den Versuch gegeben, die Auftragsvergabe der Treuhand zu beeinflussen. So hatte sich z. B. der belgische Ministerpräsident Martens an den damaligen Bundeskanzler Dr. Kohl zugunsten einer Beteiligung der belgischen Firma Domo im Zusammenhang mit der Produktion eines Faserstoffes Caprolactam gewendet.

In mehreren Vermerken wies der zuständige Gruppenleiter den Chef BK darauf hin, dass das Bundeskanzleramt sich im Fall Leuna völlig korrekt verhalten und konsequent darauf geachtet habe, dass trotz aller gegenteiligen Versuche die tatsächlichen Entscheidungen in der Treuhand und nicht im Bundeskanzleramt getroffen wurden. Er erwähnt dabei die damaligen Kontakte zu dem Präsidenten von Elf und die Aktivitäten der Herren Kiep und Holzer, den er als langjähriges Mitglied der Atlantikbrücke und als Geschäftspartner von Kiep bezeichnet, seinerzeit eingeführt durch Freiherrn v. Hammerstein, MdB.

c) Um angesichts dieser politischen Bedeutung keine Formfehler zu begehen, berief der zuständige Gruppenleiter wegen der Handhabung der Leuna-Akten am 24. 11. 1997 eine größere Ressortbesprechung ein, an der neben den anderen beteiligten Häusern insbesondere die beiden Verfassungsressorts teilnahmen. Dabei wurde das weitere Verfahren abgestimmt. Es bestand Einverständnis darüber, dass die Leuna-Akten, die sich noch aus der 12. Legislaturperiode in Kopie in der Geheimschutzstelle des Deutschen

Bundestages befanden, nicht erneut zusammengestellt und herausgegeben werden müssten. Es wurde dann im Einzelnen erörtert, dass die Vorlage der Ausstiegsproblematik von Elf und der Abschluss des MoU – einschließlich der sog. Kiep-Aktivitäten und der Verhandlungen mit Elf – ebenso wie die Aushändigung des Textes des MoU zu unerwünschten Reaktionen sowohl in der Öffentlichkeit als auch bei Elf führen könnten. Die Auftragsvergabe an ostdeutsche Unternehmen für den Raffineriebau sei nicht vorzulegen, ebenso nicht die Problematik der Pipeline Böhlen/Rostock einschl. der in diesem Zusammenhang erneuerten Ausstiegsdrohungen von Elf. Die Bürgschaftsgewährung sei vorzulegen, nicht aber die Vorgänge über die Investitionszulagen und das Kommissionsverfahren, weil sich daraus unerwünschte Rückschlüsse ergeben könnten.

Der im Kanzleramt vorhandene Bestand wurde dementsprechend erneut danach durchgesehen, welche Vorgänge nach diesen Grundsätzen dem Untersuchungsausschuss vorzulegen seien, welche Vorgänge abgeschlossen waren und für welche Vorgänge das sog. Exekutivprivileg in Anspruch genommen werden sollte. Dazu sollten interne Mitteilungen der anderen Ressorts gehören, Vorgänge, die außenpolitisch sensitiv sein könnten oder die vom BK oder dem Chef BK mit handschriftlichen Vermerken versehen worden seien. Die eigentlichen Entscheidungen traf dabei der zuständige Gruppenleiter.

Zu den auf diese Weise zusammengestellten Unterlagen teilte Chef BK mit Schreiben vom 22. 12. 1997 dem Untersuchungsausschuss mit, dass diejenigen Unterlagen nicht vorgelegt würden, die sich

– auf die Umsetzung des im April 1994 abgeschlossenen MoU,

– auf das Solomon-Gutachten oder

– auf die Gewährung einer Investitionszulage beziehen.

Diese Unterlagen beträfen jeweils einen noch nicht abgeschlossenen Vorgang.

In seinem Schreiben teilte Chef BK dem Untersuchungsausschuss nicht mit, dass das Kanzleramt für 9 Dokumente das sog. Exekutivprivileg in Anspruch nahm.

d) Die Unterlagen selbst wurden mit Schreiben vom 22. 12. 1997 von der fachlich zuständigen Gruppe dem Untersuchungsausschuss direkt zugeleitet, also nicht über den Arbeitsstab des Kanzleramtes.

Dieses Verfahren wurde von Chef BK auf Vorlage des fachlich zuständigen GL vom 17. 12. 1997 unter Mitzeichnung aller im BK fachlich außerdem beteiligten Stellen gegengezeichnet.

Es wurde kein Bestandsverzeichnis der herausgegebenen Unterlagen angelegt. Es ist daher nicht feststellbar, welche Unterlagen dem Bundestag zugeleitet wurden und ob damit möglicherweise die erhebliche Lücke zwischen Bd. Tr 3 NA 4 Bd 5 und Bd. 6 vom Juli 1996 bis Februar 1997 sowie die oben beschriebene Ausheftung von Teilen der Aktenbände Tr 3 NA 5 Bd. 4 und 5 zusammenhängen könnte. Möglicherweise wurde deswegen kein Bestandsverzeichnis angelegt, weil Kopien herausgegeben wurden und die Originale in einem gesonderten Band im Kanzleramt verblieben.

Nach Rückkehr aus dem Deutschen Bundestag ist der herausgegebene Kopienband jedoch unverzüglich vernichtet und die Originale sind auf Anordnung des zuständigen Gruppenleiters wieder in die Akte eingeordnet worden, sodass aus keinem Dokument des Hauses mehr ersichtlich ist, welche Unterlagen dem Untersuchungsausschuss des Deutschen Bundestages vorgelegt worden sind. Die Vernichtung der Kopien bei Rückkehr der Originale ist nicht zu beanstanden. Es gehört aber zur einwandfreien Dokumentation eines – wie dargestellt – wesentlichen politischen Vorganges, dass nachvollzogen werden kann, welche Unterlagen ausgehändigt und welche dem Bundestag vorenthalten wurden.

e) Es kann nicht mehr mit hinreichender Sicherheit nachvollzogen werden, wer die unverzügliche Vernichtung der Kopien angeordnet und durchgeführt hat.

aa) Es konnte nicht geklärt werden, wo sich während der Dauer des Untersuchungsausschusses die im Kanzleramt verbliebene Originalakte befand. Die zuständigen Beamten des höheren Dienstes erklärten hierzu, dass sie im fraglichen Zeitraum die Akte nicht gehabt hätten, bzw. dass sie sich nicht in «ihrem Machtbereich» befunden habe. Sie können sich aber auch nicht daran erinnern, warum sich der Originalband während der Tätigkeit des Untersuchungsausschusses nicht in der zuständigen Arbeitseinheit befand.

Es machte keinen Sinn, die Originale während der Dauer des Untersuchungsausschusses «aus dem Machtbereich» des Referats zu entfernen. Es konnte auch kein anderer Vorgang festgestellt werden, in dem etwa in gleicher Weise eine offene Akte nicht zur Hauptregistratur, sondern zur VS-Registratur gegeben worden wäre. Es ist insbesondere ausgeschlossen, dass der Originalband sich während der Dauer des Untersuchungsausschusses in der offenen oder der VS- Registratur befand. Denn dann hätte er sich nicht «außerhalb des Machtbereiches» der Arbeitseinheit befunden. Die zuständigen Beamten hätten die Akte jederzeit aus der Registratur, sei es nun die offene oder die VS-Registratur, anfordern können. Dieser Vorgang lässt nur den Schluss zu, dass die Originalakte offenbar nach ihrem Inhalt zumindest im Verhältnis zum Bundestag als sensibel betrachtet und daher in besonderer Weise außerhalb von Arbeitseinheit und Registratur verwahrt wurde.

bb) Die beim Bundestag befindliche, als VS eingestufte Kopienakte kehrte mit einem ebenfalls VS eingestuften Begleitschreiben am 8. 9. 1998 in das Bundeskanzleramt zurück. Sie wurde durch einen Boten des Bundestages in der Geheimschutzregistratur abgegeben und dort am 17. 9. 1998 quittiert. Die Kopien waren, wie dargestellt, im Kanzleramt «offen», während das Begleitschreiben formal ein VS-Schriftstück war.

Dieses Begleitschreiben wurde auf Grundlage einer Anweisung, die das zuständige Referat auf diesem Schreiben angebracht hatte, noch am selben Tage in der VS-Registratur auftragsgemäß vernichtet. Die beteiligten Registratoren erinnern sich an diesen Vorgang deswegen, weil es ungewöhnlich gewesen sei, dass der Vorgang noch am selben Tag vernichtet werden sollte.

Hinsichtlich des Kopienbandes steht zwar fest, dass er vernichtet wurde, nicht aber von wem.

Unstreitig ist jedenfalls, dass die Originale unverzüglich in die Akten des Kanzleramtes wieder einsortiert wurden, nachdem der zuständige Gruppenleiter sie dazu freigegeben hatte. Es ist daher nicht mehr rekonstruierbar, welche Akten tatsächlich dem Untersuchungsausschuss des Deutschen Bundestages vorgelegt worden waren und welche nicht.

8. Im Ergebnis ist festzuhalten:

Die Akte Elf – Aquitaine 044–594 00 Tr 3 NA 5, Bd. 1-3, ist im Originalbestand verschwunden. Die diesen Bänden entsprechenden, ursprünglich im Kanzleramt vorhandenen Kopien sind ebenfalls verschwunden. Die drei heute vorhandenen Ersatzkopien entsprechen nicht den Originalakten. Die Bände 4 und 5 dieser Akte sind in ihrer Substanz verändert worden und nur noch teilweise vorhanden.

Die Akte Leuna – Minol 044–594 00 Tr 3 NA 4, Bd. 1-3, ist im Originalbestand verschwunden. Die diesen Bänden entsprechenden, ursprünglich im Kanzleramt vorhandenen Kopien sind ebenfalls verschwunden. Die drei heute vorhandenen Ersatzkopien entsprechen nicht den Originalakten. Zwischen dem Band 5 und 6 dieser Akte besteht eine zeitliche Lücke, die nicht interpretiert werden kann.

Es ist aktenmäßig nicht dokumentiert und infolge der unverzüglichen Vernichtung der aus dem Bundestag zurückgekehrten Kopien auch nicht mehr feststellbar, welche Aktenteile in der 13. Legislaturperiode dem Untersuchungsausschuss des Bundestages «DDR-Vermögen» in Kopie zugeleitet worden sind und wo sich während der Dauer des Untersuchungsausschusses der diesen Kopien entsprechende Originalbestand befunden hat.

Die Originalbände der dem Treuhand-Untersuchungsausschuss des Deutschen Bundestages in der 12. Legislaturperiode zugeleiteten Privatisierungsvorgänge: Interhotel, Deutsche Seereederei Rostock, Motorradwerke Zschopau, ELBO, Mitteldeutsche Kali, Bagger-, Bugsier- und Bergungsreederei, Grimmener Hähnchen sind verschwunden. In der Akte Mitteldeutsche Kali ist ein Ersatzband angelegt worden, der zu einem erheblichen Teil aus aussortierten Originalen besteht.

Es ließ sich jedoch nicht feststellen, wer die Akten vernichtet hat und wann das geschehen ist.

Es bleibt merkwürdig und nicht erklärbar, dass den Mitarbeitern das Fehlen der oben bezeichneten Originalbände auch dann nicht aufgefallen ist, wenn sie an den Kopien weitergearbeitet haben. Der Verlust einer Akte ist kein normaler Vorgang. Das gilt umso mehr, wenn es sich um Vorgänge handelt, die erkennbar mit erheblichen politischen und wirtschaftlichen Implikationen verbunden sind. Es ist daher schwer erklärbar, dass die zuständigen Beamten die geschilderten Merkwürdigkeiten nicht bemerkt und die Vorgesetzten und/oder die Leitung des Bundeskanzleramts nicht informiert haben.

V. Verkauf der Anteile des Bundes an den Eisenbahnwohnungsbaugesellschalten des Bundeseisenbahnvermögens

1. Zu diesem Vorgang wird zunächst auf die internen Verwaltungsermittlungen hingewiesen. Im Übrigen liegt ihm der folgende Sachverhalt zugrunde: Anfang 1997 wurde ein Wettbewerbsverfahren zur Privatisierung der Eisenbahnwohnungsgesellschaften eingeleitet. Dazu beauftragte das Bundeseisenbahnvermögen (BEV) die Firma Druecker & Co., die Entscheidung über die Veräußerung der Gesellschaftsanteile des Bundeseisenbahnvermögens an den Eisenbahnwohnungsgesellschaften vorzubereiten. Die Verhandlungen wurden zunächst mit zehn in- und ausländischen Interessenten geführt. Seit November 1997 wurden sie auf drei Interessenten konzentriert, nämlich auf die Deutsche Anekdon Immobilien GmbH – an der auch eine japanische Bank beteiligt ist –, die IVG Holding AG und auf einen Bie-

terkreis regionaler Landesentwicklungs-, sowie kommunaler und privater Wohnungsgesellschaften, die sog. Regionallösung.

Im Januar 1998 wurde das Verhandlungsergebnis dem Bundesminister für Verkehr vorgelegt. Danach bot die Deutsche Anekdon 8,1 Mrd. DM, die IVG Holding 6,5 Mrd. und die Regionallösung 7,1 Mrd. DM als Kaufpreis an. Am 23. 6. 1998 hat der Bundesminister für Verkehr in Abstimmung mit dem Bundesminister der Finanzen der sog. Regionallösung den Zuschlag unter Berufung darauf erteilt, dass bei der zu treffenden Entscheidung nicht nur kommerzielle Gesichtspunkte, sondern auch andere Aspekte berücksichtigt werden müssten, wie die fortdauernde Wohnungsfürsorge für Eisenbahner, die sozialen Belange der Mieter und die politische Akzeptanz.

Der Hauptpersonalrat lehnte die Veräußerung am 17. 8. 1998 ab und blieb auch in seiner Entscheidung vom 5. 5. 1999 bei dieser Haltung, obwohl die sozialen Bedingungen in Nachverhandlungen verbessert worden waren. Nachdem die Einigungsstelle schließlich am 17. 11. 1999 der Veräußerung zugestimmt hatte, erhob der Hauptpersonalrat Klage beim Verwaltungsgericht, über die noch nicht rechtskräftig entschieden worden ist.

2. Im Bundeskanzleramt wird der Vorgang in der Akte 323 – 910 00 Ba 6 – Bundeseisenbahnvermögen – behandelt

a) Die Akte 323 B – 843 00 Wo 128 – Privatisierung von Wohnungen aus dem Besitz des Bundes und der Länder – hat keinen einschlägigen Inhalt. Sie enthält fast ausschließlich Pressemeldungen und Kenntnisnahmen. Aus dem gesamten Jahr 1998 enthält sie nur zwei Pressemeldungen, zuletzt vom 11. 8. 1998, denen ein Papier der Deutschen Bank vom 6. 12. 1999 folgt.

b) Die Akte 323 B – 843 00 Wo 128 – Bundeseisenbahnvermögen – weist einige Besonderheiten auf: Band 1 dieser Akte bezieht sich auf den Zeitraum vom 26. 7. 1994 bis zum 20. 6. 1996. Er lässt keinen geordneten Verwaltungsgang erkennen. So bleibt offen, in welchem Zusammenhang und auf welcher sachlichen Grundlage der

Sachbericht vom 5. 4. 1995 unter dem unzutreffenden Aktenzeichen 323–910 00 Ba 1 NA 1 (Bl. 204 der Akte) für den Gruppenleiter 43 erstellt wurde oder für wen, aus welchem Anlass und für welche Teilnehmer ein «Sprechzettel» für eine «Gesprächsführung» im November 1995 (Bl. 212 der Akte) verfasst worden ist. Bd. 2 dieser Akte beginnt am 29. 5. 1998 und endet am 19. 1. 2000. Zwischen beiden Aktenbänden besteht also eine Lücke von etwa 2 Jahren. In Bd. 2 ist ein weiteres halbes Jahr, nämlich der Zeitraum vom 8. 10. 1998 bis zum 2. 3. 1999 nicht belegt. Die Akte ist unvollständig. Für das gesamte Jahr 1998 enthält sie nur vier Schriftstücke, nämlich vom 29. 5. 1998, vom 17. 6. 1998, vom 23. 6. 1998 und schließlich vom 8. 10. 1998. Diese vier Unterlagen sind unzusammenhängend. Sie lassen weder die Grundlage erkennen, auf der sie erstellt wurden, noch den Sachzusammenhang. Auf Bl. 3 der Akte wird eine Vereinbarung vom Oktober 1997 zwischen dem BMV, dem BEV, der DBAG und der Gewerkschaft erwähnt, die in den Akten nicht enthalten ist. Auf Bl. 14 wird ein «Vorgang» erwähnt, der dem Chef BK zur Unterschrift vorliege, ohne dass erkennbar ist, welcher Vorgang mit welchem Inhalt gemeint ist. Die Chronologie der Akte ist chaotisch. Sie wird erst ab Bl. 30 mit einem Vermerk vom 2. 3. 1999 aussagefähig und in sich schlüssig.

Die zuständige Referatsleiterin hat einen Band 3 nachgereicht, der Arbeitsunterlagen vom 8. 10. 1998 bis zum 16. 12. 1999 enthält und chronologisch rückläufig geordnet ist.

Es fehlt also aktenmäßig der Zeitraum, in dem die Entscheidung über den endgültigen Zuschlag zwischen dem BMV und dem BMF vorbereitet und abgestimmt wurde. Obwohl sich aus der Akte das große finanzielle Interesse des Bundes an einem möglichst günstigen Verkauf der Wohnungen ergibt, ist irgendeine Beteiligung des Kanzleramtes an der Entscheidung über den Zuschlag oder an der Abstimmung zwischen BMV und BMF nicht zu erkennen.

Es ist angesichts der sonst üblichen Teilnahme an Entscheidungen ungewöhnlich, dass das Bundeskanzleramt sich nicht an der Entscheidung der Frage beteiligt haben sollte, ob der Zuschlag aus allgemeinpolitischen Gründen einer Bietergemeinschaft erteilt wird, die immerhin eine Milliarde DM weniger bot als der höchste Bieter. Der frühere Bundeskanzler Dr. Kohl hatte dazu in dem ZDF-Interview «Was nun, Herr Kohl?» am 16. 12. 1999 erklärt, man habe den Zuschlag über die Eisenbahnerwohnungen nicht einem japanischen Bieter erteilen können. Gleichwohl ist in der einschlägigen Akte des Kanzleramtes keine Kanzlervorlage oder auch nur Kenntnisnahme des Kanzlers, etwa durch eine Paraphe, nachweisbar. Daher liegt die Annahme nahe, dass diese Akte nachträglich verändert worden ist.

c) Die zuständige Referatsleiterin hat erklärt, daß sie unter außerordentlichem Arbeitsdruck gestanden und sehr viel telefonisch erledigt habe. Es muss aber in diesem Zeitraum etwa 6 Leitungsvorlagen gegeben haben, die in der Akte nicht mehr dokumentiert sind. Es sind daher weitere Feststellungen erforderlich.

VI. Lieferungen von Flugzeugen durch die Deutsche Airbus GmbH an kanadische und thailändische Fluggesellschaften Ende der 80er und Anfang der 90er Jahre

1. Dem Vorgang liegt folgender Sachverhalt zugrunde:

Die Firma Airbus – Industries verkaufte und lieferte in dem hier relevanten Zeitraum u.a. 17 Flugzeuge vom Typ A 300, A 310 und A 330 an thailändische Fluggesellschaften. In demselben Zeitraum lieferte sie auch 34 Flugzeuge vom Typ A 320 an 3 kanadische Fluggesellschaften. Daraus ergaben sich für deutsche Vermittler dieser Geschäfte Provisionszahlungen in sehr erheblicher Höhe.

2. In den Akten des Bundeskanzleramtes befinden sich detaillierte Unterlagen über die Unterstützung von Airbusexporten in zahlreichen Fällen, so z. B. nach Japan 1985, in den Jahren 1988 bis 1992 Verhandlungen mit Olympic Airways (Griechenland), mit IranAir 1991, Saudi-Arabien 1992 und 1992, Marokko 1992, Ungarn 1994, China 1994, Malaysia 1995.

Über Airbuslieferungen nach Thailand konnten im Aktenbestand des Bundeskanzleramtes keine relevanten Unterlagen gefunden werden.

3. Die Airbuslieferung nach Kanada wird – allerdings nur mittelbar – in den Akten des Bundeskanzleramtes unter dem Gesichtspunkt der bilateralen Beziehungen zu Kanada behandelt.

Die deutsche Botschaft war wegen einer möglichen Beeinträchtigung der deutsch-kanadischen Beziehungen besorgt, als es in Kanada zu einem Ermittlungsverfahren gegen den Ministerpräsidenten Brian Mulroney kam. Ihm wurde vorgeworfen, er habe im Zusammenhang mit dem Airbusgeschäft durch Vermittlung des deutschen Kaufmanns Karlheinz Schreiber hohe Provisionszahlungen erhalten. Es wurde befürchtet, dass diese Vorwürfe die deutsch-kanadischen Wirtschaftsbeziehungen auf vielen Gebieten beschädigen könnten, wenn sie sich als zutreffend erweisen sollten. Der damals zuständige Abteilungsleiter machte den Bundeskanzler am 13. 2. 1997 darauf aufmerksam, dass ein staatsanwaltschaftliches Ermittlungsverfahren gegen die Herren Schreiber, Pfahls, Kiep und Strauss eingeleitet worden sei.

Das Verfahren gegen PM a.D. Mulroney wurde durch einen Vergleich offiziell beendet, aber auf der Ermittlungsebene fortgeführt, wie sich aus einer Mitteilung der deutschen Botschaft ergab.

Obwohl die Airbuslieferungen nach Kanada also nur mittelbar im Kontext eines Schmiergeldverfahrens angesprochen wurden, ist davon auszugehen, dass die Akte unter den Gesichtspunkten der für Außenpolitik zuständigen Abt. 2 des Kanzleramtes einwandfrei geführt wurde.

Unter dem Gesichtspunkt wirtschaftlicher Beziehungen, also im Rahmen der Abt. 4, waren für die Verwaltungsvorgänge in den Parallelfällen (Airbuslieferungen nach Japan, Griechenland, Saudi-Arabien, Marokko, Ungarn, China, Malaysia) jeweils konkrete Anlässe gegeben, die das Kanzleramt veranlasst haben, sich mit dem Vorgang zu befassen.

Für die Airbuslieferungen nach Kanada bzw. Thailand ist jedoch in den Akten kein von außen kommender Anstoß zu erkennen. Es gibt auch sonst keinen ersichtlichen Anlass anzunehmen, das Kanzleramt sei auch wegen Kanada bzw. Thailand um Einflussnahme gebeten worden und habe eine Tätigkeit entfaltet, die sich in den Akten nicht widerspiegelt.

Nach dem jetzigen Erkenntnisstand gibt die aktenmäßige Behandlung bzw. Nichtbehandlung des Vorganges innerhalb der verwaltungsmäßigen Abläufe des Kanzleramtes keinen Anlass zu einer Beanstandung.

VII. Lieferung von MBB-Hubschraubern an die kanadische Küstenwache in der zweiten Hälfte der 80er Jahre

1. Dem Vorgang liegt folgender Sachverhalt zugrunde:

Im Jahre 1986 kam es zum Verkauf von 12 Hubschraubern der Firma Messerschmidt-Bölkow-Blohm GmbH an die kanadische Küstenwache, der durch einen deutschen Kaufmann vermittelt wurde. Er erwarb dabei erhebliche Provisionseinnahmen. Wegen der Einzelheiten wird auf die Verwaltungsermittlungen Bezug genommen, die eingangs geschildert wurden.

vgl. Anlage 4) vorläufiger Abschlussbericht der Verwaltungsermittlungen im Bundeskanzleramt

Aus den beiden Akten «Deutsch-kanadische Wirtschaftsbeziehungen» (Akte 211 – 301 32 K 8 Ka 16) und «Beziehungen der BRD zu anderen Ländern, hier: Kanada» (Akte 211 – 301 32 K 8) ergeben sich dazu keine weiteren Erkenntnisse.

Es gibt zwar Hinweise auf eine Beteiligung des Bundeskanzleramtes an dem Versuch der Firma Eurocopter, den Hubschrauber Cougar an die kanadische Küstenwache zu verkaufen. So hat sich die Firma am 28. 10. 1997 an den Bundeskanzler mit der Bitte gewandt, sich in diesem Sinne bei dem kanadischen Ministerpräsidenten Chretien für den Einkauf zu verwenden.

Es gibt auch eine Vorlage des Referates 412 über eine gemeinsame Initiative des Bundeskanzlers Dr. Kohl und des Staatspräsidenten Chirac in dieser Sache. Die Bemühungen blieben erfolglos.

Weitere Hinweise auf eine Tätigkeit des Bundeskanzleramtes in dieser Sache ergeben sich weder aus den Akten noch aus den Aussagen der angehörten Mitarbeiter.

2. Nach dem jetzigen Erkenntnisstand gibt es zu diesem Vorgang hinsichtlich der aktenmäßigen Behandlung der Verwaltungsabläufe innerhalb des Kanzleramtes keinen konkreten Anlass zu einer Beanstandung.

VIII. Projekte der Fa. Bear-Head Industries Ltd. in Kanada

1. Dem Vorgang liegt folgender Sachverhalt zugrunde:

Die Firma Bear-Head Industries Ltd., eine Tochter der Thyssen AG, gab am 29. 9. 1988 in Halifax, Nova Scotia, die Errichtung einer Produktionsstätte in Port Hawkesbury, N.S., bekannt. Thyssen kooperierte dabei mit Krauss Maffei und der kanadischen Firma Lavalin. Repräsentant der Bear-Head Industries war der deutsche Kaufmann Karlheinz Schreiber als Treuhänder von Thyssen und Thyssen-Henschel. Die Gründung von Bear-Head und der Bau der Produktionsstätte in Kanada hatte für die beteiligten Unternehmen insbesondere den Sinn, dort gepanzerte Fahrzeuge auch in deutscher Lizenz zu bauen, auf diese Weise leichteren Zugang zu den erhofften kanadischen und US-amerikanischen Beschaffungsprogrammen zu bekommen und im Übrigen im Waffenexport den Zugang zu Märkten zu erlangen, die sowohl durch die politischen Gegebenheiten als auch durch die Regelungen des Kriegswaffenkontrollgesetzes für deutsche Rüstungsexporte verschlossen waren.

2. Das Bundeskanzleramt hat sich mehrfach für dieses Projekt eingesetzt. Zunächst hatte der damalige PSt im BMWi, Dr. Erich Riedl, MdB, durch Schreiben vom 8. 6. 1988 das Bundeskanzleramt darum gebeten, ein Memorandum der Firma Thyssen in die Besuchsvorberei-

tung des Bundeskanzlers für seinen Besuch Kanadas im Juni 1988 aufzunehmen und den Bundeskanzler zu veranlassen, das Projekt auf seiner Kanadareise anzusprechen.

Demgegenüber vertrat das zuständige Referat die Auffassung, das Projekt sei insbesondere wegen der Fragen der Rüstungsexportpolitik nicht ausdiskutiert und habe überdies in Kanada zu umweltpolitischen Diskussionen geführt. Daher sei das Projekt für ein Gespräch auf der Kanzlerebene nicht geeignet. Gleichwohl wurde das Projekt in die Gesprächsvorbereitung unter dem Stichwort: «Rüstungskooperation, Beschaffungsprojekt Kampfpanzer-Montagewerk in Nova Scotia» mit einem Thyssen-Memorandum in die Besuchsvorbereitung aufgenommen. Aus einer Mitteilung der deutschen Botschaft vom 11. 10. 1988 ergibt sich, dass der Kanzler das Projekt bei seinem Besuch zur Sprache gebracht hat und dass die kanadische Regierung einen «letter of intent» unterzeichnet habe.

Die kanadische Regierung verpflichtete sich zwar nicht zum Ankauf von gepanzerten Fahrzeugen, sagte aber wohlwollende Prüfungen zu.

Ein Vermerk über das Gespräch des Bundeskanzlers ist in den Akten nicht vorhanden.

Das Projekt Bear-Head wird in der Folgezeit mehrfach erwähnt, so im Zusammenhang mit dem angebotenen Thyssen-Panzer TH 495, für den die Herren Karlheinz Schreiber und Walther Leisler Kiep mit Schreiben vom 23. 4. 1993, 27. 4. 1993 und 28. 5. 1993 den Bundeskanzler um Unterstützung gebeten haben. Diese Schreiben waren auf einen Besuch des kanadischen Ministerpräsidenten Mulroney in der Bundesrepublik abgestimmt und führten am Tage des Besuchs (10. 5.) zu einem Gespräch des Bundeskanzlers mit Herrn Kiep über dieses Projekt.

Auf seinem Flug zu dem Wirtschaftsgipfel in Halifax am 14. 6. 1995 hat sich der damalige Bundeskanzler Dr. Kohl auf Grund eines Schreibens der Fa. Thyssen Industrie AG vom 14. 6. 1995, unterschrieben von den Vorstandsmitgliedern Rohkamm und Haastert und veranlasst durch eine ihm vor Antritt der Reise «übergebene Visitenkarte von Herrn Schreiber, Thyssen», vom zuständigen Abteilungsleiter an Hand eines Memorandums über dieses Projekt vortragen lassen. Thyssen erhoffte einen Auftrag in zwei- oder dreistelliger Milliardenhöhe und wollte erreichen, an einer entsprechenden Ausschreibung in Kanada beteiligt zu werden. Der Bundeskanzler bat den damals zuständigen Abteilungsleiter, ihn zu informieren, wer Karlheinz Schreiber sei, und veranlasste Bundesminister Dr. Rexrodt, am Rande des G7-Gipfels in Halifax ein Gespräch mit dem kanadischen Wirtschaftsminister McLaren zu führen.

Eine Gesprächsunterlage des Bundeskanzlers für Halifax oder ein Vermerk über ein entsprechendes Gespräch ist in den Akten nicht vorhanden. Ein weiteres Schreiben der Botschaft vom 20. 7. 1995 nebst mitübersandten Unterlagen – Vermerk der Botschaft vom 22. 12. 1994 und Doppel eines Drahtberichts vom 18. 5. 1995 – ist in den Kanzleramtsakten nicht auffindbar.

Nach einem Drahtbericht der deutschen Botschaft vom 18. 5. 1995 hatte sich auch BM a.D. Volker Rühe für das Projekt Bear-Head verwendet. Dieser Bericht ist dem Bundeskanzleramt zwar am 20. 7. 1995 übersandt worden, jedoch heute nicht mehr auffindbar. Am Rande des Besuches in Halifax haben darüber hinaus beide zuständigen Abteilungsleiter in einem Gespräch mit dem kanadischen Unterstaatssekretär James Bartleman für das Thyssenprojekt geworben.

Das ergibt sich aus dem Dankschreiben eines zuständigen Abteilungsleiters vom 3. 7. 1995. Darin bedankt er sich für das gemeinsam mit dem anderen zuständigen Abteilungsleiter geführte Gespräch und weist in einem beigefügten Memorandum darauf hin, dass die kanadische Regierung seinerzeit in dem «Letter of intent» den Kauf von gepanzerten Fahrzeugen in Aussicht gestellt habe und dass nun ein Anschlussprogramm anstehe.

Der deutsche Botschafter war zunächst von dem Kaufmann Karlheinz Schreiber über die bevorstehenden Gespräche informiert worden. Er berichtete dann darüber, dass dieses Schreiben (vom 3. 7. 1995) in der kanadischen Regierung hochrangig behandelt wurde, und beklagte sich am 17. 7. 1995 darüber, über die Argumentationslinien nicht informiert gewesen zu sein. Daher habe er bei anderer Gelegenheit darauf nicht zurückkommen können.

Am 30. 10. 1995 teilte er schließlich mit, dass die Bewerbung Thyssens um Teilnahme an der Beschaffung gepanzerter Fahrzeuge ergebnislos geblieben sei, weil die kanadische Regierung sich bereits für ein anderes Projekt entschieden hatte.

Der zuständige Abteilungsleiter unterrichtete nach seiner Rückkehr in einer Aktennotiz und in einer Leitungsvorlage den Bundeskanzler jeweils darüber, dass er den CDU-Fraktionsvorsitzenden Dr. Schäuble über den Sachstand der Angelegenheit unterrichtet habe. Eine Beteiligung Dr. Schäubles an dem Vorgang ist aus den Akten nicht ersichtlich.

3. Die aktenmäßige Behandlung des Vorgangs ist nicht korrekt. Sie enthält eine Reihe von Unstimmigkeiten.

a) Die Behandlung des Bear-Head-Projektes am Rande des Weltwirtschaftsgipfels in Halifax ergab sich zunächst aus einer rekonstruierten Datenaufzeichnung. Das dabei verwendete Aktenzeichen konnte im Aktenplan des Kanzleramtes nicht festgestellt werden. Der Vorgang fand sich schließlich in einer Akte für innerdeutsche Industriestruktur, und zwar in einer Akte, die sich auf Fragen des Standortes Rüdesheim einer Weinbrandbrennerei bezieht.

b) Der Bundeskanzler ließ sich bei seinem Besuch 1988 in Kanada auf Anregung des damaligen PSt Dr. Riedl dazu bewegen, das Projekt Bear-Head anzusprechen, obwohl er von der Fachabteilung des Kanzleramtes darauf aufmerksam gemacht worden war, dass das Projekt nicht ausgereift sei. Eine Unterlage über Inhalt und Verlauf des von ihm dazu geführten Gespräches ist in den Akten nicht enthalten.

c) Der Bundeskanzler ließ sich von den Herren Schreiber und Kiep dazu bewegen, das Projekt des Thyssen-Panzers TH 495 bei seinem Besuch in Halifax in seine Gespräche aufzunehmen, obwohl das Fachreferat darauf hingewiesen hatte, dass das BMVg das Fahrzeug nicht anschaffen werde, weil Probleme mit der Panzerung und Luftverladbarkeit bestünden.

Ein Vermerk über Verlauf und Gespräche des Bundeskanzlers in Kanada steht nicht zur Verfügung.

d) Schließlich sind die Gespräche der beiden Abteilungsleiter und der Grund für die Benachrichtigung des Bundeskanzlers darüber, dass der CDU-Fraktionsvorsitzende Dr. Schäuble über den Sachstand informiert wurde, nicht dokumentiert.

Diese mangelhafte Dokumentation ist deswegen ungewöhnlich, weil sich sowohl der Bundeskanzler a.D. selbst wie auch Bundeswirtschaftsminister a.D. Dr. Rexrodt und Verteidigungsminister a.D. Rühe in diese Sache eingeschaltet hatten und die wirtschaftliche Bedeutung des Vorganges von dem beteiligten Unternehmen sehr hoch veranschlagt wurde (dreistelliger Milliarden-Betrag). Die politische Bedeutung der Angelegenheit war nicht nur für die deutsch-kanadischen Beziehungen von Interesse. Innenpolitisch war das Bear-Head-Projekt wegen seiner Implikationen für die deutsche Rüstungsexportpolitik bereits 1986 zum Gegenstand einer umfangreichen kleinen Anfrage der Abgeordneten Kelly und der Fraktion Die Grünen im Bundestag gemacht worden.

vgl. Bundestagsdrucksache 10/5163 vom 10. 3. 1986

Auf der anderen Seite war der Wunsch der Fa. Thyssen, wenigstens an der Ausschreibung des Beschaffungsprogramms der Kanadier beteiligt zu werden, durchaus verständlich und berechtigt. Die beteiligten Beamten betrachteten das als einen von vielen normalen Vorgängen, in denen das Kanzleramt sich für Exportabsichten eingesetzt habe. Indes fehlt in Akten des Bundeskanzleramtes relevantes Schriftgut hierzu, wie der Ressortabgleich mit dem BMVg ergibt.

IX. Eine abschließende Entscheidung über das weitere Verfahren im Rahmen der BDO ist von Chef BK, Staatssekretär Dr. Steinmeier, zu treffen.

Zeittafel

Mai 1987 Dieter Holzer gründet in Liechtenstein die Delta International Establishment. Zweck der Firma: Handel mit Ölen und Fetten. Holzer etabliert Werner und Wolfgang Strub als Treuhänder.

Mai 1990 Bundeskanzler Helmut Kohl verspricht die Erhaltung des Chemie-Standortes Leuna.

Juli 1990 Das Treuhand-Gesetz tritt in Kraft.

Dezember 1990 Der Treuhand-Vorstand befasst sich mit Zukunftskonzepten für die ostdeutsche Chemieindustrie.

April 1991 Fünfzehn namhafte Unternehmen bekunden Interesse am ostdeutschen Minol-Tankstellennetz. Der französische Mineralölkonzern Elf Aquitaine führt erste Verhandlungen mit der Treuhand über den Kauf der Minol-Tankstellen.

Mai 1991 Kohl gibt eine Bestandsgarantie für das ostdeutsche Chemie-Dreieck Leuna.

September 1991 Ein Konsortium aus Thyssen, Elf Aquitaine und der deutschen SB-Kauf macht ein erstes Angebot zur Übernahme von Leuna.

November 1991 Die Treuhand erhält ein Konkurrenzangebot des Konsortiums aus BP, Agip, ÖMV, Total und Statoil. Fachleute bewerten das Angebot von BP als die bessere Alternative.

Dezember 1991 Elf Aquitaine und Thyssen legen ein verbindliches und unterschriftsreifes Angebot vor.

Januar 1992 Der Treuhand-Vorstand entscheidet sich für Elf Aquitaine/Thyssen. Der Vorvertrag wird notariell beurkundet.

Februar 1992 Staatssekretär Holger Ludwig Pfahls verlässt das Verteidigungsministerium.

März 1992 Der frühere Wirtschaftsminister Dr. Hans Friderichs wird auf Wunsch von Elf Aquitaine Vorsitzender des Aufsichtsrates der Leuna AG und der Minol AG. Gleichzeitig ist Friderichs als Berater bei der Investmentbank Goldman & Sachs tätig, die die Konkurrenzangebote von Elf und BP prüfen und bewerten soll. Weder Friderichs noch die Treuhand sehen hierin einen Interessenkonflikt.

Mai 1992 Pfahls nimmt Geschäftsbeziehungen zu Elf-Managern auf.

Mai 1992 Dieter Holzer gründet in Liechtenstein die Standby Establishment, eine Briefkastenfirma.

Mai 1992 Bundesverkehrsminister Günter Krause wehrt sich vehement gegen den Verkauf der Minol-Tankstellenkette an Elf Aquitaine.

Mai 1992 CDU-Politiker Walther Leisler Kiep schaltet sich in die Verhandlungen zwischen Elf Aquitaine und der Treuhand ein. Er überbringt Briefe von Elf-Präsident Le Floch-Prigent. Zu diesem Zeitpunkt ist die Höhe der von der Bundesrepublik zu zahlenden Subventionen umstritten. Der französische Konzern erwartet von der Bundesregierung Zusagen in Höhe von 2,5 Milliarden Mark. Ohne diese Zusagen droht das Leuna-Geschäft zu scheitern.

Mai 1992 Verkehrsminister Günter Krause verbringt das Wochenende bei Dieter Holzer in Monaco. Er trifft dort Holger Pfahls und Hubert Le Blanc Bellevaux, der im Auftrag von Elf Aquitaine die Verhandlungen mit den Deutschen führt. Einige Tage später gibt Krause überraschend seinen Widerstand gegen die Übernahme der Minol-Tankstellen durch Elf auf.

Juni 1992 Holzer wendet sich in mehreren Briefen an das Bundesfinanzministerium, um die Verhandlungen zwischen Elf Aquitaine und den beteiligten Ministerien zu beschleunigen.

Juni 1992 Elf-Aquitaine-Präsident Le Floch-Prigent trifft sich im Bundeskanzleramt mit Kanzleramtsminister Friedrich Bohl. Bei diesem Gespräch ist Pfahls anwesend. Es geht um Investitionszuschüsse und einen Kaufpreisabschlag in Höhe von insgesamt 1,2 Milliarden Mark.

Juli 1992 Elf Aquitaine und die Treuhand paraphieren einen Vertrag. Der Leuna-Kaufpreis beläuft sich auf 720 Millionen Mark, Elf Aquitaine verpflichtet sich, insgesamt 4,7 Milliarden Mark zu investieren.

September 1992 Erste Gerüchte, dass bei dem Vertrag zwischen der Treuhand und Elf Aquitaine nicht alles mit rechten Dingen zugegangen sei.

September 1992 Die EU-Kommission genehmigt den Vertrag.

24. 12. 1992 Auf Anweisung des zweiten Mannes von Elf Aquitaine, Alfred Sirven, der die schwarzen Kassen des Konzerns verwalten soll, werden 256 Millionen Französische Franc an André Guelfis Briefkastenfirma überwiesen. Guelfi ist ein alter Geheimdienstkollege von Sirven. Auf Anweisung des Elf-Bevollmächtigten Le Blanc Bellevaux überweist Guelfi am selben Tag 220 Millionen Franc an Holzers Standby Establishment und 36 Millionen Franc an die Briefkastenfirma Show Fast Ltd., die Holzers Freund und Partner Pierre Lethier gehört.

Februar 1993 152 Millionen Franc werden in das Konto- und Firmengeflecht von Dieter Holzer eingespeist.

August 1993 Der bisher staatliche Elf-Konzern bekommt einen neuen Präsidenten, Philippe Jaffré. Der Konzern wird privatisiert. Jaffré stellt den Vertrag in Frage, es wird nachverhandelt. Strittig sind abermals Subventionen und die Regelung der Altlasten.

November 1993 Nach langen Verhandlungen, während deren Dieter Holzer brieflich bei Bundeskanzler Helmut Kohl interveniert, einigen sich die Verhandlungspartner.

1994 Ein Gutachten der Firma Solomon kommt zu dem Schluss, dass die Baukosten für die Raffinerie Leuna um mindestens 355 Millionen Mark zu hoch seien. Das würde bedeuten, dass zu viel an Subventionen gezahlt wurde.

Mai 1994 Bundeskanzler Kohl setzt den ersten Spatenstich für den Neubau der Leuna-Raffinerie (vgl. das Titelfoto dieses Bandes).

Sommer 1995 Die Treuhand-Nachfolgeorganisation BvS dementiert hartnäckige Gerüchte, wonach es im Zusammenhang mit der Privatisierung und dem Neubau der Leuna-Raffinerie zu Subventionsbetrug gekommen sei.

September 1995 Der Bundestag setzt den Untersuchungsausschuss DDR-Vermögen ein, der sich später mit diesem Fall beschäftigen wird.

April 1996 Die Staatsanwaltschaft Berlin beginnt Ermittlungen wegen des Verdachts des Subventionsbetrugs gegen Elf Aquitaine. Da sie nicht zuständig sei, gibt sie das Verfahren nach Magdeburg ab.

Juli 1996 Ex-Elf-Präsident Le Floch-Prigent wird verhaftet. Der Vorwurf lautet auf Betrug und Untreue zu Lasten von Elf Aquitaine. Später wird Le Floch-Prigent gegen Kaution wieder auf freien Fuß gesetzt.

Juli 1996 Die Staatsanwaltschaft Magdeburg ermittelt wegen Betrugsverdacht. Elf soll die Baukosten der Leuna-Raffinerie künstlich in die Höhe getrieben und so überhöhte Subventionen kassiert haben.

November 1996 Ein zweites Gutachten der Firma Solomon geht von überhöhten Baukosten von 700 Millionen Mark aus.

Dezember 1996 Die Staatsanwaltschaft Magdeburg stellt ihre Ermittlungen ein. Die Staatsanwaltschaft Halle, die wegen Verdacht auf Subventionsbetrug ermittelt hatte, stellt ihr Verfahren ebenfalls ein.

1997 In Paris ermittelt die Richterin Eva Joly gegen eine Reihe ehemaliger Elf-Manager und diverse Lobbyisten. Sie stößt auf zweifelhafte Zahlungen von mindestens 100 Millionen Mark im Zusammenhang mit dem Leuna-Projekt.

März 1997 Der ehemalige Elf-Manager Maurice Mallet behauptet gegenüber Joly, es seien «gewaltige Schmiergelder und Provisionen» nach Deutschland geflossen. Empfänger seien deutsche Politiker gewesen.

April 1997 In der französischen Presse wird der Verdacht geäußert, Elf Aquitaine habe Schmiergeld an die CDU bezahlt.

April 1997 In das Büro der französischen Finanzpolizei in Paris wird eingebrochen. Die Täter kennen das Kodewort für den Zentralcomputer und stehlen alle Unterlagen, die auf die deutsche Spur hinweisen. Einen Tag später dementiert der Bundesnachrichtendienst ohne erkennbaren Anlass eine Beteiligung an diesem Einbruch.

Mai 1997 Die Genfer Justiz beginnt ihre Ermittlungen, zunächst auf Bitten der französischen Richterin Joly. Sie durchsucht Büros von Treuhandfirmen, von Managern und Lobbyisten des Elf-Konzerns.

Juni 1997 Der Bundestags-Untersuchungsausschuss DDR-Vermögen beginnt, sich mit der Leuna-Privatisierung zu befassen.

19. 8. 1997 Die EU-Kommission übermittelt der Bundesregierung den Beschluss zur Eröffnung eines förmlichen Prüfverfahrens zu den Raffinerie-Neubaukosten; es ist bis September 2001 noch nicht abgeschlossen.

September 1997 In Paris wird ein offizielles Ermittlungsverfahren in Sachen Leuna wegen des Verdachts eröffnet, es seien 76 Millionen Mark an Bestechungsgeldern geflossen.

12. 2. 1998 Der Bundestags-Untersuchungsausschuss DDR-Vermögen beschließt die Beiziehung der Akten von Bundesfinanzministerium und Bundeswirtschaftsministerium zum Leuna-Komplex, kann die erst Monate später gelieferten circa 100 Bände aber nicht mehr auswerten.

30. 10. 1998 Nach der verlorenen Wahl verlassen Kohl und sein Kanzleramts-minister Friedrich Bohl das Kanzleramt.

3. 3. 1999 André Guelfi berichtet über den Geldtransfer vom 24. 12. 1992 (256 Millionen Franc). Dies seien Schmiergelder für Deutschland gewesen.

5. 5. 1999 Der Genfer Untersuchungsrichter Perraudin vernimmt Holzer zu 50 Millionen Mark Vermögen/Provision.

7. 5. 1999 Der mit internationalem Haftbefehl gesuchte Pfahls taucht in Asien unter. Alfred Holzer, der Sohn Dieter Holzers, wird in der Grenzregion Bietingen gegen Mitternacht gestoppt; die Zollfahndung beschlagnahmt Kopien von Geschäftsunterlagen seines Vaters; Verdacht der Geldwäsche.

4. 11. 1999 Haftbefehl gegen Kiep wegen des Verdachts der Steuerhinterziehung.

30. 11. 1999 Kohl offenbart schwarze Kassen.

14. 3. 1999 Der korsische Geschäftsmann André Guelfi behauptet, über seine in Liechtenstein ansässige Firma Nobleplac seien knapp 85 Millionen Mark Kommissionen an eine deutsche Partei geflossen. Darüber seien Frankreichs verstorbener Staatschef Mitterrand und Kanzler Kohl informiert gewesen. Kohl dementiert das: «Ich habe zu keinem Zeitpunkt Geld erhalten und auch keinerlei Kenntnisse von anrüchigen Finanzmachenschaften gehabt.» Nach Aussagen Guelfis sollen mit der Millionenzahlung «Widerstände in Deutschland gegen das Leuna-Geschäft» überwunden worden sein. Von den 85 Millionen Mark soll der französische Lobbyist Pierre Lethier 26,8 Millionen und der deutsche Geschäftsmann Dieter Holzer 48 Millionen erhalten haben. Beide erklären, sie hätten kein Geld an Dritte weitergeleitet.

16. 12. 1999 Kohl gesteht im Fernsehen, er habe anonyme Spenden erhalten. Er habe den Spendern sein Ehrenwort gegeben, ihre Identität nicht zu enthüllen.

17. 12. 1999 In der Öffentlichkeit wird bekannt, dass bei den «Bundeslöschtagen» 1998 die Originale der Leuna-Akten aus dem Bundeskanzleramt verschwunden sind.

Dezember 1999 Der Bundestag beschließt die Einsetzung eines Untersuchungsausschusses zur Klärung der Frage, ob Entscheidungen der Regierung Kohl käuflich waren.

27. 5. 2000 Ex-Elf-Präsident Le Floch-Prigent berichtet in einem ZEIT-Interview über Einzelheiten der Schmiergeldaffäre im Zusammenhang mit der Privatisierung von Leuna/Minol.

23. 6. 2000 Sonderermittler Burkhard Hirsch stellt in seinem Untersuchungsbericht fest, dass sensible Akten u. a. über die Privatisierung der Leuna-Raffinerie und des Tankstellennetzes Minol nicht falsch abgelegt, sondern bewusst aus dem Kanzleramt entfernt wurden. Auch die Unterlagen des früheren Kanzleramtsministers Bohl weisen größere Lücken auf.

10. 8. 2000 Die Pariser Justiz erlässt Haftbefehl gegen Dieter Holzer; er flüchtet nach Deutschland, von wo er nicht ausgeliefert werden kann.

11. 8. 2000 Holzer erklärt sich bereit, vor dem Bundestags-Untersuchungsausschuss zur CDU-Finanzaffäre auszusagen.

September 2000 Die Schweizer Justiz übergibt der Augsburger Staatsanwaltschaft einen wesentlichen Teil ihrer Ermittlungsergebnisse. Auf einem großen Schaubild («Tapete») dokumentiert sie die undurchsichtigen Geldflüsse des Holzer'schen Firmengeflechts. Die Genfer Richter klagen über die Untätigkeit der deutschen Justiz. Sieben Staatsanwaltschaften haben sich bis zu diesem Zeitpunkt für nicht zuständig erklärt, in Sachen Leuna zu ermitteln. Einzig die Saarbrücker Staatsanwaltschaft ermittelt nach monatelanger Vorprüfung wegen des Verdachts der Geldwäsche gegen Dieter Holzer.

Februar 2001 Alfred Sirven wird auf den Philippinen aufgrund eines internationalen Haftbefehls festgenommen und mit einer Lufthansa-Maschine zunächst nach Frankfurt ausgeflogen und dann nach Frankreich ausgeliefert.

August 2001 Der Generalbundesanwalt erhält die Ermittlungsergebnisse der Schweizer Justiz in Sachen Leuna. Die Ergebnisse der französischen, der luxemburgischen sowie der Liechtensteiner Justiz liegen dem Generalbundesanwalt nicht vor.

August 2001 Dieter Holzer, der trotz des französischen internationalen Haftbefehls mehrmals nach Frankreich reiste, wird im österreichischen Lech am Arlberg verhaftet. Nach einer Nacht im Gefängnis wird Holzer gegen Kaution wieder freigelassen. Das BKA war davon ausgegangen, dass Holzer die Flucht von Pfahls organisiert hatte; es hatte Pfahls zum Zeitpunkt der Verhaftung Holzers in dessen unmittelbarer Nähe vermutet. Doch dieser bleibt weiter flüchtig.

Literaturverzeichnis

Augstein, Franziska: Wie man aus einem Elefanten eine Mücke macht. Der Untersuchungsausschuß und die CDU-Spendenaffäre. In: MERKUR, Nr. 5/2001

Bommarius, Christian/Schaupensteiner, Wolfgang: Filz und Speck. In: Kursbuch Korruption. Berlin 1995

Brauchitsch, Eberhard von: Der Preis des Schweigens. Berlin 1999

Busche, Jürgen: Helmut Kohl. Anatomie eines Erfolgs. Berlin 1998

Dettmer, Markus: Dossier Leuna. In: DER SPIEGEL, 9. 10. 2000

Dettmer, Markus/Herbermann, Jan Dirk: Einfach tot gestellt. Gespräch mit dem Genfer Generalstaatsanwalt Bernard Bertossa. In: DER SPIEGEL, 23. 7. 2001

Dreher, Klaus: Helmut Kohl. Leben mit Macht. Stuttgart 1998

Giesen, Thomas: Hirschs Ergebnisse stehen auf tönernen Füßen. Der Einsatz des Sonderermittlers im Bundeskanzlermat verstößt gegen fundamentale Rechtsgrundsätze. In: FRANKFURTER ALLGEMEINE ZEITUNG, 8. 7. 2000

Goetz, John/Neumann, Conny/Schröm, Oliver: Allein gegen Kohl, Kiep & Co. Berlin 2000

Hefty, Georg Paul: Ein Entwurf mit Mängeln und Tücken. Das unzulängliche Untersuchungsausschußgesetz. In: FRANKFURTER ALLGEMEINE ZEITUNG, 22. 3. 2001

Hennis, Wilhelm: Untätig. Die trägen Anwälte des Staates. In: FRANKFURTER ALLGEMEINE ZEITUNG, 7. 4. 2001

Hennis, Wilhelm: Deutschlands untertänige Justiz. In: DIE ZEIT, 19. 4. 2001

Kiep, Walther Leisler: Was bleibt, ist große Zuversicht. Berlin, Wien 1999

Kilz, Hans Werner/Preuss, Joachim: Flick. Die gekaufte Republik. Hamburg 1983

Klingst, Martin: Staatsanwälte am Gängelband der Politik. In: DIE ZEIT, 21. 6. 2000

Klingst, Martin: Feuer unter den Roben. Die Kohl-Affäre und die Pflichtvergessenheit der Politik. In: DIE ZEIT, 26. 4. 2001

Klingst, Martin: Wer klagt an? In: DIE ZEIT, 5. 7. 2001

Kohl, Helmut: Mein Tagebuch 1998–2000. München 2000

Kommission zur Reform der Parteienfinanzierung: Wie der Geldfluss an die Parteien durchsichtiger werden soll. In: FRANKFURTER RUND-SCHAU, 19. 7. 2001

Leicht, Robert: Heilige Kühe, etwas magerer. Wie sich eine Kommission des Bundespräsidenten die Parteienfinanzierung vorstellt. In: DIE ZEIT, 19. 7. 2001

Leyendecker, Hans/Prantl, Heribert/Stiller, Michael: Helmut Kohl, die Macht und das Geld. Göttingen 2000

Leyendecker, Hans: Die Rätsel der Brigitte Baumeister. In: SÜDDEUTSCHE ZEITUNG, 2. 3. 2001

Müller, Uwe: Sensationsgier statt Aufklärung: Der ewige Fall Leuna. In: DIE WELT, 31. 7. 2001

Neckel, Sighard: Der unmoralische Tausch. In: Kursbuch Korruption. Berlin 1995

OECD: No longer business as usual. Fighting bribery and corruption. Paris 2000

Palmer, Hartmut: Post für den Staatsanwalt. In: DER SPIEGEL, 2. 7. 2001

Prantl, Heribert: Als hätten die Russen vor der Tür gestanden. Gespräch mit Burkhard Hirsch. In: SÜDDEUTSCHE ZEITUNG, 7. 4. 2001

Schäuble, Wolfgang: Mitten im Leben. München 2000

Scheuch, Erwin K. und Ute: An den Krippen der Macht. Korruption zum Wohle der Korporation. In: FRANKFURTER ALLGEMEINE ZEITUNG, 24. 12. 1999

Scholz, Reiner: Wie käuflich ist die Politik? In: DEUTSCHES ALLGEMEINES SONNTAGSBLATT, 7. 1. 2000

Strauß, Franz Josef: Die Erinnerungen. Berlin 1989

Streck, Bernhard: Geben und Nehmen. In: Kursbuch Korruption. Berlin 1995

Transparency International: Vorschläge für die Reform der Parteienfinanzierung vom 11. 5. 2001. Berlin 2001